弁護士 宮崎 裕二
不動産鑑定士 仲嶋 保
不動産鑑定士 難波 里美
不動産鑑定士 髙島 博

新版
不動産取引における
心理的瑕疵の裁判例と評価
自殺・孤独死等によって、不動産の価値はどれだけ下がるか？

新版にあたって

　本書の初版を発刊して，早いもので5年を経過し，元号も平成から令和に変わりました。

　本書で取り上げている「心理的瑕疵」の問題は不動産取引においてしばしば経験することでありながら，類書があまり見当たらないこともあり，お陰さまでロングセラーとなっており，この度，新版を世に送り出すこととなりました。

　この間に，民法の世界では，債権法改正が2017年に，相続法改正が2018年にそれぞれ立法化され，2020年までにすべて施行されます。本書で引用している条文は，原則として，判旨を除き，改正民法によっています。

　特に，債権法改正の中で，これまでの「瑕疵担保責任」と言われてきたものが，「契約不適合責任」になり，その内容にも変更があります。

　そこで，新版においての標題をどうするかについて執筆者間で議論しましたが，「心理的瑕疵」という言葉が世間一般に浸透していること，心理的瑕疵は瑕疵担保責任だけでなく説明義務違反として債務不履行責任や不法行為責任にも用いられていること，特に本書で扱う自殺等の死亡に係る事案については，契約不適合よりも，心理的瑕疵の方が心にスーと入りやすいことから，標題を変えないこととしました。

　また，賃借人の保証人のような個人根保証の規制の厳格化も見逃せません。

　初版では昭和の2例を含む平成22年9月までの30例を取り上げましたが，平成19年の1例と平成22年12月以降の16例が新たに加わりました。このように心理的瑕疵の裁判例が大幅に増加傾向にあることは，それだけ不動産の売買や賃貸借において心理的瑕疵の問題が重要視されてきたといえるでしょう

し，本書がその契機になった可能性も否定できません。

今回の新版が，不動産取引にかかわる方々にとって少しでもお役に立つとともに，不動産取引の円滑化と紛争の未然防止に資することを，執筆者一同心より願っています。

2019年　盛夏

執筆者を代表して　弁護士　宮崎　裕二

はじめに

　わが国では毎年3万人前後の方々が自殺されていますが，この内，相当数が自分の持ち家や賃貸住宅で亡くなっています。自宅で誰にも看取られずに亡くなる孤独死も少なくありません。

　持ち家や借家で自殺などがあった場合に，わが国ではこれらの不動産の価値が大きく下がるという現実があります。日本人には死を忌み嫌い，とりわけ自殺や他殺，そして孤独死さえも遠ざけたいという，死生観があります。このような考えは，亡くなられた方以外にも不幸な関係者を生じさせます。持ち家であればその相続人，借家であればその賃貸人ならびに亡き賃借人の相続人および保証人がその影響を受けるのです。

　持ち家の相続人は，その家に住みたいとは思わず売却処分を考えることが多くなります。賃貸人もいつまでも空き家にしておくわけにもいかず，次の賃借人を入れようとします。いずれの場合も，買主や新しく入居しようとする人に亡くなられた事情を告げないわけにはいきません。そのことを隠したままで売却したり，賃貸すれば，買主や新たな賃借人から損害賠償請求を受ける可能性があるからです。これらを「不動産取引における心理的瑕疵」といいます。自殺などで心理的なキズが生じている物件の取引上の問題という意味です。

　新聞報道によれば，兵庫県のある市で自殺があったことを知らせずに貸した賃貸人が，賃借人から損害賠償請求を提訴され，裁判所がこの請求を認めたと報じられています（平成25年10月29日朝日新聞夕刊）。

　それでは，自殺などがあった場合に不動産の売買代金や賃料といった価値はどの程度下がるのでしょうか。また，そのような出来事が発生してからどれくらいの期間が経過したら，これらの事情を相手方に告げなくてよくなるのでし

ょうか。その期間内に相手方に言わずに売却や賃貸をした場合に負担すること
になるかも知れない損害賠償の額はいくらでしょうか。そして，賃貸物件で自
殺をした賃借人の相続人や保証人は，借り手がなかなかつかないことや，貸主
が賃料の減額を余儀なくされている場合に，どの程度まで責任を負わなければ
ならないのでしょうか。

　これまで，このような自殺等による心理的瑕疵に焦点を絞った文献はほとん
ど見当りませんでしたので，不動産取引の実情に詳しい不動産鑑定士の先生方
と弁護士が共同して，今回本書を上梓することに致しました。

　仲嶋先生には心理的瑕疵のある不動産の賃貸・売買市場の実態を，難波先生
には心理的瑕疵による減価率の査定手法を，髙島先生には賃貸用不動産の実際
上の取扱いを，それぞれ執筆していただいています。そして，私は心理的瑕疵
に関係する様々な裁判例や競売事例を報告しています。

　執筆者一同，本書が不動産取引において心理的瑕疵の問題に遭遇された方の
手助けになり，また不動産取引の円滑化と紛争の未然防止に少しでも役にたて
ればと願っています。

　平成 26 年　初春

　　　　　　　　　　　　　執筆者を代表して　弁護士　宮崎　裕二

目　　次

第 1 章　不動産取引における心理的瑕疵

第 1 節　不動産取引における心理的瑕疵とは *2*

1 不動産取引における心理的瑕疵とは *2*

2 契約不適合責任 *6*

  1 契約不適合とは　*6*

  2 契約不適合責任の内容　*6*

  3 瑕疵の種類　*7*

  4 特別法による保護　*8*

3 説明義務違反 *9*

  1 説明義務の根拠　*9*

  2 一般的な説明義務違反の法律構成　*9*

第 2 節　裁判例の紹介と分析（売買）................. *12*

1 問題となり得る責任 *12*

  1 売主の責任　*12*

   （1）契約不適合責任　*12*

   （2）説明義務違反　*12*

  2 仲介業者の責任　*14*

2 裁判例の紹介 *15*

1 はじめに　*15*

2 自殺等があった古家利用付土地建物の売買　*15*

3 自殺等があった建物取壊し前提の土地建物の売買　*21*

4 自殺等があった建物取壊しや自動車撤去後の土地売買　*31*

5 マンション（1棟もしくは1室）やビルの売買　*56*

③ 裁判例の分析 ･･ *85*

1 はじめに　*85*

2 建物取壊しの有無（建物の現状）　*86*

3 買主の属性と使用目的　*87*

4 期間の経過　*88*

5 死因とその態様　*89*

6 死亡の原因となった場所または死亡場所　*90*

7 地域性と周辺住民の記憶　*90*

8 死亡後の取引経緯などその他の事情　*91*

9 結論の分かれ目　*92*

10 損害額と売買代金に対する割合　*93*

第3節　裁判例の紹介と分析（賃貸） ･････････････････････ *96*

① **自殺等があった建物の賃貸** ･･････････････････････････････ *96*

1 問題となり得る責任　*96*

(1) 貸主の責任　*96*

(2) 仲介業者の責任　*96*

2 裁判例の紹介　*97*

② **賃貸している建物での自殺等** ･･････････････････････････ *109*

1 問題となり得る責任　*109*

(1) 借主の相続人の責任　*109*

（2）　保証人の責任　*109*

　2　裁判例の紹介　*110*

3　裁判例の分析 ·· *158*

　1　賃貸物件で自殺等があった場合の賃貸人や仲介業者の告知・
　　説明義務　*158*

　2　告知義務と死亡場所　*159*

　3　告知義務違反が問題となる期間　*160*

　4　賃貸人が請求された損害額について　*161*

　5　賃借人の相続人らが請求された損害額のうちの逸失利益に
　　ついて　*161*

　6　その他の損害について　*163*

第4節　競売に関する裁判例の紹介と分析 ··············· *165*

1　裁判例の紹介 ··· *167*

2　裁判例の分析 ··· *206*

　1　民事執行法の手続き内か否か　*206*

　2　民事執行法の手続きで売却許可決定が否定された事例　*207*

　3　民事執行法の手続きによらない訴訟の事例　*208*

　4　売却許可が否定された事例　*208*

　5　競売事例で考慮される特有の事情　*209*

第5節　各事例間の心理的瑕疵の損害賠償額についての不続一性などへの批判 ··············· *211*

第2章　心理的瑕疵物件の賃貸・売買市場の実態

1　はじめに ··· *216*

2 心理的瑕疵のある賃貸物件 ……………………………………… *216*

3 心理的瑕疵のある売買物件 ……………………………………… *220*

   1 一次流通（物件買取り業者）市場　*220*

   2 二次流通（一般顧客）市場　*221*

4 まとめ ………………………………………………………………… *226*

第3章　心理的瑕疵による減価率の査定手法

1 はじめに ……………………………………………………………… *232*

2 心理的要因は不動産の減価となり得るか否か ……………… *232*

   1 瑕疵担保責任と不動産売買　*232*

      （1）瑕疵担保責任の意義　*232*

      （2）法的性質　*233*

      （3）「瑕疵」の定義　*233*

      （4）「瑕疵」の種類　*233*

   2 心理的瑕疵における不動産の減価　*234*

   3 心理的瑕疵と認められるための判断基準　*246*

3 心理的要因による減価率の査定 …………………………………… *247*

   1 第1手法の適用　*247*

   2 第2手法の適用　*250*

   3 第3手法の適用　*251*

      （1）不動産業者に対するアンケート調査　*251*

      （2）実例調査　*252*

   4 第4手法の適用　*254*

   5 土地の減価率の考え方　*255*

4 評価例 ………………………………………………………………… *257*

第4章　心理的瑕疵のある賃貸用不動産の取扱い

① 心理的瑕疵のある不動産が発生する背景 ……………………………… 268

1　孤立死・孤独死　*268*

2　自　　殺　*269*

3　公営住宅等における孤独死数の増加傾向　*271*

4　事故物件数の推定　*273*

② 心理的瑕疵に関する最近の動向 ……………………………………… 274

③ 心理的瑕疵のある不動産の取扱い …………………………………… 277

1　心理的瑕疵物件の呼び方　*277*

2　建物賃借人に対する告知　*278*

3　具体的ケースへの対応　*281*

4　賃料への影響　*284*

5　再募集までの期間　*285*

6　リフォームの内容　*285*

7　お祓い　*286*

8　遺族に対する損害賠償の請求　*286*

9　心理的瑕疵に対応した保険への加入　*287*

10　賃貸借契約書の記載方法　*287*

11　新賃借人の属性　*287*

用語索引 …………………………………………………………………………… *289*

裁判例索引 ………………………………………………………………………… *290*

第 1 章 不動産取引における心理的瑕疵

2

第1節　不動産取引における心理的瑕疵とは

① 不動産取引における心理的瑕疵とは

　売買の目的物が通常有すべき品質や性能を欠いていることを，通常は，「欠陥」という。「欠陥住宅」というのは，その典型である。改正前の民法570条では，この欠陥が「隠れた」ものである場合に，売主は買主に対し，「瑕疵担保責任」を負うとされていた。そこで，法律的には，欠陥のことを「瑕疵」と呼ぶことがむしろ一般的になり，不動産売買契約書にも，必ず瑕疵担保責任条項が入っており，宅地建物取引業法（以下，「宅建業法」という）においても40条で宅建業者が売主の場合の「瑕疵担保責任の特約の制限」の規定が置かれていた。

　ところが，約120年ぶりに大改正された2017年改正民法（2020年施行）562条以下では，「引き渡された目的物が種類，品質又は数量に関して契約の内容に適合しないものであるとき」にその不適合を担保すべき責任，つまり「契約不適合責任」を負うことと改められた。これに伴い，宅建業法40条の標題も「担保責任についての特約の制限」と直されたのである。

　これをもって，民法412条以下の「債務不履行責任」とは別に，法定責任としての瑕疵担保責任が規定されているという従来の考え方から，契約内容に合致する目的物を引き渡す義務を負うという点で債務不履行責任の一つという位置づけになったと言われている。そして，これまでの瑕疵担保責任の要件とされていた「隠れた」瑕疵である必要がなくなったので，買主や賃借人がその瑕疵もしくは欠陥について，知っていたあるいは知らないことにつき過失があっ

たかどうかは，今後争点とはならなくなると思われる。

とはいえ，従来の瑕疵の中身が「売買の目的物が通常有すべき品質や性能を欠いていること」であることから，それはまさに契約不適合責任でいう「目的物が種類，品質又は数量に関して契約の内容に適合しないものであるとき」とは，「隠れた」を除けば同じ意味であるといえる。そして，［新版にあたって］で述べたとおり，「心理的瑕疵」という言葉が一般的になじみ深いものとなっていることから，本書でも，以下では，「瑕疵」あるいは「心理的瑕疵」という言葉を使うことにする。ただし，「責任」という場合には，法改正を踏まえて「契約不適合責任」を使用する場合もあるし，裁判例が「瑕疵担保責任」を使っているために，その解説の関係でそのまま瑕疵担保責任の使用もあり得ることをお許し願いたい。

さて，契約不適合責任の「瑕疵」の典型として物理的な瑕疵が挙げられるが，物理的瑕疵以外でも契約不適合責任は認められる。

一般に，契約不適合責任が問題となる「瑕疵」の内容は，大きく分けて，「物理的瑕疵」，「法律的瑕疵」，「環境的瑕疵」，そして，本書で取り上げる「心理的瑕疵」の四つに分類され，「対象物件自体，周辺環境にも問題はないが，その目的物を使用するに当たり，心理的嫌悪感がある瑕疵」を心理的瑕疵というと考えられている。

ただ，このように分類することができるとしても，その内容は明確ではない。近くに暴力団員が居住していることや暴力団事務所があることが心理的瑕疵に当たるとした裁判例がある（東京地判平9・7・7判時1605号71頁）。同判決では，多数の組員が深夜にわたり大騒ぎをしていたことが，通常人にとって明らかに住み心地の良さを欠く状態に至っており，本件事情は心理的欠陥としての不動産の瑕疵である，とした。しかし，「住み心地の悪さ」の原因となっているのは，暴力団員や暴力団事務所の存在により具体的に不愉快な目にあうとか，危険性を感じるということがあるからで，その存在そのものによる漠然とした気味悪さだけではないと思われる。つまり，単なる心理的欠陥というよりも，これらの存在による環境的要因の瑕疵の面が強いのではないかと考えら

れる。

　売買されたマンションが前入居者によって性風俗特殊営業に使用されていたことが瑕疵に当たるとして売主に対して瑕疵担保責任に基づく損害賠償責任を認めた裁判例もある（福岡高判平23・3・8判タ1365号119頁）。また，賃借した事務所の住所が「振り込め詐欺関連住所」として警視庁のホームページに公開されたことについて，瑕疵担保責任が否定された裁判例がある（東京地判平27・9・1判タ1422号278頁）。心理的瑕疵を，前述のように，「対象物件自体，周辺環境にも問題はないが，その目的物を使用するに当たり，心理的嫌悪感がある瑕疵」をいうと考えると，当該事例も心理的瑕疵に該当すると思われる。

　もっとも，不動産取引において主に問題となるのは，自殺や他殺があったとされる物件について主張される瑕疵である。そこで，本書でいう心理的瑕疵とは，当該対象物件内もしくはその近くで自殺，殺人等の死亡があった場合と限定して考える。

　心理的瑕疵を認めた最初の事例は，松山地判昭35・8・5判タ107号102頁と言われている。これは，不動産取引ではなく自動車の売買に関する事案であるが，心理的瑕疵の古典的裁判例としてここで紹介する。

【松山地判昭35・8・5判タ107号102頁】

〈事案の概要〉

　Xは，ディーラーYより180万円の新車の納入を受けたが，Yが車検を受けるために陸運局に向けて走行中に人を轢死させたことがその後判明し，Yに対し瑕疵担保責任に基づく損害賠償を求めた。

　これに対し，本判決は，自動車に嫌悪すべき歴史または由来の付着したときはその思想的感情的性質の著しい欠点があり，交換価値の減少を招くものであるから新品と称しがたい瑕疵あるものと認めるのが相当である，として代金額の6分相当の10万8,000円（ただし，1万円の贈与金を控除すると9万8,000円）についてYの損害賠償義務を認めた原審の判断を維持した。

〈判決の要旨〉

「民法第570条にいわゆる売買目的物の隠れたる瑕疵とはその物が取引の観念又は当事者の意思により通有すべき性質上の欠点があるため価値を害するものをいうものであるところ，右性質には単なる物理的法律的性質のみならずひろく思想的感情的性質をも包含するものと解するのが相当である。けだし一般の取引においては右の各性質が物の価値とりわけ交換価値を形成するものだからである。これを本件についてみるに原審におけるXの本人尋問の結果によればXが買受けた自動車は俗にいう新車であるからいわゆる新品の自動車を指すことは論をまたないところ右自動車に前認定のような他人の嫌悪すべき歴史又は由来の附著したときはその思想的感情的性質に著るしい欠点があり交換価値の減少を招くものであるから新品と称し難い瑕疵あるものと認めるのが相当である。

しかして右のような瑕疵は売主の告知がなければ買主に分らないのが通常であり本件においてXが売買当時右瑕疵の存在を知らなかつたことは原審及び当審におけるXの本人尋問の結果によつて認めることができ，これに反する証拠はないから本件自動車には前叙隠れたる瑕疵があつたものといわなければならない。そうするとXは特別の事情のない限り前記代金額と右瑕疵のある自動車の売買当時における客観的取引価格との差額に相当する財産出損の損害を蒙つたものと認められるから売主たるYに対し民法第570条，第566条に基く損害賠償請求権を有するものである。」

〈解説〉

本件では，物質的欠陥や瑕疵はないが，「他人の嫌悪すべき歴史又は由来の附著したときはその思想的感情的性質に著るしい欠点があり交換価値の減少を招くものである。」として，瑕疵担保責任を認めた。50年以上前の判決であるから，時代がかったオーバーな表現であるが，心理的瑕疵のイメージを巧みに表した判決といえる。

② 契約不適合責任

　心理的瑕疵がある場合にどのような責任が生じうるかについては，第2節や第3節で場面ごとに検討するが，契約不適合責任について，ここでその内容を簡単に述べる。

1　契約不適合とは

　まず，契約不適合について，民法562条1項第1文の初めに，「引き渡された目的物が種類，品質又は数量に関して契約の内容に適合しないものであるとき」と定義している。従来は，「瑕疵」の意味について，2つの説が対立していた。客観説と主観説である。瑕疵について，客観説が，その種類の物が通常有すべき性質・性能を有していないことで，取引において一般的に要求される水準を基準としているのに対して，主観説は，当該契約において予定された性質・性能を欠いていることで，契約当事者の合意を考慮して判断する。
　判例は，通常有すべき品質・性能を欠いている場合だけでなく，売主が特に保有すると保証した品質・性能を欠いている場合も瑕疵に当たるとしており（大判昭8・1・14民集12巻71頁），主観説を採用していると言われていた。今回の改正民法も，契約内容を重視していることから，判例の主観説と変わらないと思われる。

2　契約不適合責任の内容

　契約不適合責任の内容としては，まず民法562条1項で，「目的物の修補，代替物の引渡し又は不足分の引渡しによる履行の追完を請求することができる。」として，追完請求権を認めている。また，563条1項で，「買主が相当の期間を定めて履行の追完の催告をし，その期間内に履行の追完がないときは，

買主は，その不適合の程度に応じて代金の減額を請求することができる。」として，代金減額請求権を認めている。これらの場合は，売主の「責めに帰すべき事由」つまり，故意や過失は不要である。

他方で，564条で，「第415条の規定による損害賠償の請求並びに第541条及び第542条の規定による解除権の行使を妨げない。」と定めて，損害賠償については，売主の責めに帰すべき事由が必要だが，その立証責任は売主にあり，そのような事由がないことを証明しなければならない。解除権については，責めに帰すべき事由は不要だが，「契約の目的を達することができない場合」に限るので，軽微な場合に解除できない。

以上の各請求については，「売主が種類又は品質に関して契約の内容に適合しない目的物を買主に引き渡した場合において，買主がその不適合を知った時から1年以内にその旨を売主に通知しないときは，買主は，その不適合を理由として，履行の追完の請求，代金の減額の請求，損害賠償の請求及び契約の解除をすることができない。ただし，売主が引渡しの時にその不適合を知り，又は重大な過失によって知らなかったときは，この限りでない。」（566条）と規定されている。ここでは，権利行使について，瑕疵担保責任と同様に知ったときから1年という期間制限があることに注意する必要がある。ただし，ここでは，「種類又は品質」と限定しており，「数量不足」が入っていない。数量不足の場合には，売主をそこまで保護する必要がないということであろう。

3 　瑕疵の種類

① 　物理的瑕疵

物に物質的欠陥がある場合である。たとえば，家を買ったが雨漏りが発生したという場合，強度が不足しているといった場合が，これに該当する。

② 　法律的瑕疵

目的物の利用について，法律上制限がある場合である。たとえば，土地

を買ったが，その土地に建築基準法上の制限があり，家を建てることができない場合が，これに該当する。

法律上の制限も「瑕疵」として瑕疵担保責任の対象となるかどうかについては争いがあるが，判例はこれを肯定する（大判大 4・12・21 民録 21 輯 2144 頁，大判昭 5・4・16 民集 9 巻 376 頁，最判昭 41・4・14 民集 20 巻 4 号 649 頁等）。

③　環境的瑕疵

対象物件自体には問題はないが，周辺環境に問題がある瑕疵である。たとえば，購入した土地の近くに工場があり，その騒音が問題となる場合である。

④　心理的瑕疵

対象物件自体や周辺環境にも問題はないが，その目的物を使用するに当たり，心理的嫌悪感がある瑕疵である。

もっとも，近くに暴力団員が居住していることや暴力団事務所があることが心理的瑕疵に当たるとした裁判例もあり（東京地判平 9・7・7 判時 1605 号 71 頁），環境的瑕疵と心理的瑕疵との区別ははっきりしない。

4　特別法による保護

契約自由の原則のもとでは，契約不適合責任を排除することも可能となる。しかし，一般消費者が事業者から物品を購入するような場合や宅建業者から土地や建物を購入する場合など，買主と売主との間に情報や交渉力に格差がある場合でも契約内容を自由に決定できるとすると，事業者に一方的に有利な内容の契約が締結される危険がある。そこで，専門知識等が不十分であると想定される者の利益を保護する規定が特別法に定められている。

たとえば，消費者契約法 8 条では，事業者の損害賠償の責任を免除する条項は無効とされている。また，宅建業法 40 条でも，宅建業者が「自ら売主となる宅地又は建物の売買契約において，その目的物が種類又は品質に関して契約

の内容に適合しない場合におけるその不適合を担保すべき責任に関し，民法第
566条に規定する期間についてその目的物の引渡しの日から2年以上となる特
約をする場合を除き，同条に規定するものより買主に不利となる特約をしては
ならない。」（1項）とし，「前項の規定に反する特約は，無効とする。」（2項）
と厳しい規制をしている。

　さらに，住宅の品質確保の促進等に関する法律95条でも，新築住宅の売買
契約において，売主は，住宅の構造耐力上主要な部分等の瑕疵について，引渡
しのときから10年間担保責任を負うことが定められている。

③　説明義務違反

1　説明義務の根拠

　説明義務について，個別法により定められている場合は，これらの規定が直
接の根拠となる。特に，宅建業者は，宅建業法35条に列挙された事由につい
て重要事項説明義務を負う。また，同条に列挙された事由や「宅地建物取引業
者の相手方等の判断に重要な影響を及ぼすこととなるもの」等について，事実
を告げず，または不実の告知をしてはならない（宅建業法47条1号）。

　個別法がない場合であっても，民法上の信義則（民法1条）に基づく義務，
あるいは契約に付随する義務として，説明義務を負うのが一般である。

2　一般的な説明義務違反の法律構成

　説明義務違反には，大きく分けて二つの法律構成があるといわれている。不
法行為構成と債務不履行構成である。不法行為構成とは，契約締結関係に立っ
ているか否かにかかわらず，ある状況下で当然なすべき義務に違反したのだか
ら，不法行為責任を負うとする考え方である。債務不履行構成とは，契約当事

者は，売買契約等の本来の義務に付随する義務として説明義務を負い，当該義務に違反したため債務不履行責任を負うと構成する考え方である。

　これは単に理論上の問題にとどまらない。どちらの考え方を採るかで，消滅時効期間に違いが出るからである。不法行為に基づく損害賠償請求権の時効は，損害および加害者を知ったときから3年間，不法行為のときから20年間（民法724条）であるのに対して，債務不履行による損害賠償請求権の時効は，一般の債権の場合と同様に，権利を行使することができることを知ったときから5年間，権利を行使することができるときから10年間である（同法166条1項。ただし，人の生命または身体の侵害による損害賠償請求権については20年間とする旨の同法167条の規定があるが，心理的瑕疵の場合にこれが適用されることはまずない）。つまり，知ったときからは不法行為の方が早く時効にかかる反面，知らない場合には債務不履行の方が早く時効消滅するので，損害賠償請求を行使する際には両者の時効期間の違いを念頭に置く必要がある。

　最判平23・4・22判時2116号53頁は，契約締結に先立ち，信義則上の説明義務に違反して，契約締結の可否に関する判断に影響を及ぼすべき情報を相手方に提供しなかった場合にも，相手方が契約締結により被った損害につき，債務不履行責任を否定して，不法行為構成を採用した。

　すなわち，「契約の一方当事者が，当該契約の締結に先立ち，信義則上の説明義務に違反して，当該契約を締結するか否かに関する判断に影響を及ぼすべき情報を相手方に提供しなかった場合には，上記一方当事者は，相手方が当該契約を締結したことにより被った損害につき，不法行為による賠償責任を負うことがあるのは格別，当該契約上の債務の不履行による賠償責任を負うことはないというべきである。

　なぜなら，上記のように，一方当事者が信義則上の説明義務に違反したために，相手方が本来であれば締結しなかったはずの契約を締結するに至り，損害を被った場合には，後に締結された契約は，上記説明義務の違反によって生じた結果と位置付けられるのであって，上記説明義務をもって上記契約に基づいて生じた義務であるということは，それを契約上の本来的な債務というか付随

義務というかにかかわらず，一種の背理であるといわざるを得ないからである。」と判旨した。

　また，千葉勝美裁判官は，補足意見で，債務不履行構成について，「あくまでも契約交渉に入ったこと自体を発生の根拠として捉えるものであり，その後に締結された契約そのものから生ずるものではなく，契約上の債務不履行と捉えることはそもそも理論的に無理があるといわなければならない。」と述べている。

第2節 裁判例の紹介と分析（売買）

1 問題となり得る責任

典型的には，以下の事例が考えられる。

売主Yが，所有する土地・建物を買主Xに売却した。当該売買契約は，仲介業者Zが仲介した。この建物では過去に殺人事件が発生していたことを，Y，Zは知りながら，Xに告げていなかった。

1 売主の責任

(1) 契約不適合責任

契約不適合責任については第1節で述べたが，土地や建物で自殺等があり，通常人にとって住み心地の良さを欠くとして，心理的瑕疵の存在が認められる場合には，契約不適合責任を負うことになる。

このような場合，買主は売主に対して契約不適合責任に基づく損害賠償請求を，さらに，契約をした目的を達することができない場合には解除をなしうることになる。

(2) 説明義務違反

売主が買主に対して，売買の対象となっている物件で自殺等があったことを説明しなかった場合，債務不履行責任あるいは不法行為責任が問題となり得

第1章　不動産取引における心理的瑕疵　　*13*

る。

① 売主が宅建業者であった場合

　宅建業者は，取引の相手方等に対して，取引士をして，宅地・建物上に存する登記された権利の種類および内容，所有者の氏名や，法令に基づく制限で契約内容の別に応じて政令で定めるものに関する事項の概要などの事項について，これらの事項を記載した書面を交付し説明させなければならない（宅建業法 35 条 1 項）。いわゆる重要事項説明義務である。これは，取引の相手方等が売買等の意思を決定するうえでの重要な判断材料を提供するために要求される。

　「売買の対象となっている物件で自殺等があったこと」は宅建業法 35 条 1 項の列挙事由には該当しない。しかし，宅建業者が説明義務を負うのは，同項に列挙されている事項に限られない。宅建業者は，「宅地建物取引業者の相手方等の判断に重要な影響を及ぼすこととなるもの」を認識している場合には，当該事項の不告知や不実告知は禁止される（宅建業法 47 条 1 号ニ）。したがって，売買の目的物となる土地や建物に存する心理的欠陥が，「相手方等の判断に重要な影響を及ぼすこととなるもの」に該当する場合は，自殺等の事実を認識しているのに，故意に告げずまたは不実のことを告げると，同条に違反することになる。そして，同条に違反した宅建業者は，業務停止や免許の取消し等の処分（宅建業法 65 条，66 条等），2 年以下の懲役もしくは 300 万円以下の罰金（宅建業法 79 条の 2），法人に対しては，最高で 1 億円の罰金刑が科される（宅建業法 84 条 1 号）。

　また，宅建業者は，取引の関係者に対し，信義を旨とし，誠実にその業務を行わなければならないことから（宅建業法 31 条 1 項），一般的な説明義務が課されていると理解される（東京高判昭 57・4・28 判タ 476 号 98 頁）。したがって，売買の目的物となる土地や建物に心理的瑕疵があることを知りつつ，これを買主に告げないことは，上記説明義務にも反する可能性がある。

② 売主が宅建業者でない場合

　売主が宅建業者でない場合，売主には原則として説明義務はないとされる。心理的瑕疵の裁判例ではないが，大阪高判平 16・12・2 判時 1898 号 64 頁は，契約当事者が宅建業者に仲介を委託する場合，契約当事者の意思としては，重要事項の説明は自らが依頼した宅建業者が行うものとしてその説明に委ねているということができるとして，売主の説明義務を原則として否定した。

　もっとも，同判決は一定の場合には説明義務を負うとする。「売主が買主から直接説明することを求められ，かつ，その事項が購入希望者に重大な不利益をもたらすおそれがあり，その契約締結の可否の判断に影響を及ぼすことが予想される場合には，売主は，信義則上，当該事項につき事実に反する説明をすることが許されないことはもちろん，説明をしなかったり，買主を誤信させるような説明をすることは許されないというべきであり，当該事項について説明義務を負うと解するのが相当である。」と述べる。

　また，場合によっては，詐欺や錯誤が問題となることもある。

2　仲介業者の責任

　売主が宅建業者ではない場合，宅建業者に仲介を頼むことが多い。また，売主が宅建業者である場合も，別の宅建業者が仲介業務を行うこともある。それらの場合に，仲介業者が買主に対して，売買の対象となっている物件で自殺等があったことを説明しなかった場合，宅建業者である以上，説明義務を負い（宅建業法 31 条，35 条 1 項，47 条 1 号ニ等），同義務に違反した場合は，不法行為責任ないし債務不履行責任が問われる。

　そして，売主の説明義務違反および仲介業者の説明義務違反が両方とも認められる場合，両者は不真正連帯債務となる（大阪高判平 16・12・2 判時 1898 号 64 頁，大阪高判昭 58・7・19 判時 1099 号 59 頁等）。

第1章　不動産取引における心理的瑕疵　　*15*

② 裁判例の紹介

1　はじめに

　以下，心理的瑕疵に関する裁判例を検討する。「③　裁判例の分析」（85 ページ以下）において詳述するが，建物が取り壊されたか（あるいは，建物を取り壊す予定か）という目的物の現存の有無は，裁判例において大きな影響を与えていると思われる。そこで，そもそも取壊しの予定がない建物か（自ら利用する場合か），取壊し前提の土地建物の売買か，建物取壊し後の売買かという観点から場合分けを行い，順に検討する。

2　自殺等があった古家利用付土地建物の売買

【1】　東京地判平 7・5・31 判時 1556 号 107 頁，判タ 910 号 170 頁

〈事案の概要〉

　X は平成 4 年 6 月に，福島県の山間農村地にある本件土地と建物を，永住目的で Y から 1,400 万円で買い受けた。しかし，X は健康上の理由から本件建物に住むことが不可能になったので，本件土地と建物の売却を業者に依頼したところ，昭和 60 年 7 月に元所有者 A が本件建物の付属の物置内で農薬を飲んで自殺行為に及び本件建物の風呂場で倒れていたのが発見され，4 日後に病院で死亡した事実が判明した。

　このため，本件土地と建物の購入を希望し登記の日取りを決める段階まで話が進んでいた者を含め，現地見学に行った他の客も全て購入を辞退し，さらに，問い合わせてきた顧客も，自殺の事実を告げるといずれも売買は不成立に終わった。そこで，X は Y に対し売買契約を解除して原状回復請求権に基づ

く代金の返還を求めた。

　これについて，東京地裁は，山間農村地の1戸建てであり，いわくつきの建物を買い受けるということは，通常人には考えられないことであり，Xもそのようないわくつきのものであることを知っていれば，絶対に購入しなかったものと認めることができる，などと述べ，請求通り瑕疵担保責任に基づく解除を認めた。

〈判決の要旨〉

　「Aが農薬を飲んで自殺行為に及んだ物置は，売買の対象である本件土地の上にあり，本件建物に付属しているものであるから，死亡した場所が病院であったとしても，右自殺が本件土地及び建物と無関係であるとする被告の主張は理由がない。」

　「売買の目的物に瑕疵があるというのは，その物が通常保有する性質を欠いていることをいうのであり，目的物が通常有すべき設備を有しない等の物理的欠陥がある場合だけでなく，目的物にまつわる嫌悪すべき歴史的背景等に起因する心理的欠陥がある場合も含むものと解されるところ，本件土地上に存在し，本件建物に付属する物置内で自殺行為がなされたことは，売買の目的物たる土地及び建物にまつわる嫌悪すべき歴史的背景に起因する心理的欠陥といえる。

　本件土地及び建物は，山間農村の1戸建であり，その建物に付属する物置内で自殺行為がなされ，その結果死亡した場合，そのようないわくつきの建物を，そのような歴史的背景を有しない建物と同様に買い受けるということは，通常人には考えられないことであり，Xも，そのようないわくつきのものであることを知っていれば絶対に購入しなかったものと認めることができる。」

　このことは，「自殺の事実を知らされた客のすべてが購入を辞退したことからも明らかである。」

　「なお，本件売買契約は，自殺後約6年11か月経過後になされたものであるが，自殺という重大な歴史的背景，本件土地建物の所在場所が山間農村地であることに照らすと，問題とすべきほど長期ではない。」

第1章　不動産取引における心理的瑕疵　　*17*

〈解説〉

1. 本件は，Y から土地建物を買い受けた X が，本件土地上の本件建物に付属
する物置で元所有者 A が自殺したことを隠れた瑕疵（改正民法の「契約不適
合」。以下，同じ）として，瑕疵担保責任（改正民法の「契約不適合責任」。以
下，同じ）に基づき売買契約の解除および売買代金の返還を求めた事案であ
る。そこで，A の自殺が「隠れた瑕疵」に当たるかが問題となった。

2. 本判決では，自殺を知らされた人すべてが購入を辞退したことを特に重視
し，「隠れた瑕疵」に該当すると判断したと思われる。本件では，本件土地
建物の購入を希望し，登記の日取りを決める段階まで話が進んでいた者のみ
ならず，現地見学に行った他の客も全て購入を辞退し，さらに，問い合わせ
てきた客も，自殺の事実を告げるといずれも売買は不成立に終わったという
事情があった。転売先との契約が取消しになった等の事情は，一般的に心理
的嫌悪の度合いが大きいことを示す事情となるので，瑕疵の認定に一定程度
影響力を持つ。特に，本件では，当初の購入希望者のみならず，他の客や問
い合わせてきた客も全て購入を辞退したのだから，瑕疵の認定に一層影響を
与えることになろう。

3. なお，Y は，① A が自殺行為に及んだのは本件建物そのものではなく，建
物に付属している物置内であり，しかも死亡場所も別であったこと，② A
の自殺は本件売買契約の約 6 年 11 か月前であったことから，A の自殺は瑕
疵には該当しないと主張した。

　これに対し，本判決は，①に対しては，A が自殺行為に及んだ物置が本
件土地上にある以上は，本件建物に付属しているとか，死亡場所が別である
等の事情は無関係であると述べた。A が自殺行為からわずか 4 日後に死亡
しており，別の場所で死亡したとしても，自殺行為に及んだ場所は物置であ
ることを考えると，当該物置が心理的嫌悪の対象になることは否定できない
と思われる。

　また，②の主張に対しては，自殺という重大な歴史的背景，本件土地建物
の所在場所が山間農村地であることに照らすと，約 6 年 11 か月という期間

は，問題とすべきほど長期ではないと述べているが，殺人ならともかく自殺の場合に，そこまで決めつけてよいか疑問である。

【2】　浦和地裁川越支判平 9・8・19 判タ 960 号 189 頁

〈事案の概要〉

　X は，夫婦で老後を過ごすための住居として，平成 6 年 12 月に，Y_1 からは土地を，Y_2 からは建物を，合計 7,100 万円で買い受け引渡しを受けた。しかし，その後，Y_1 の父で Y_2 の夫である A が，売買契約を締結する 5 か月前である同年 7 月に，同建物内で首つり自殺をしていたことが判明した。そのため，X は同建物を解体撤去し，6,300 万円で転売せざるを得なかったことから，Y_1，Y_2 に対し，瑕疵担保責任により契約を解除して代金全額の返還を求めた。

　なお，売買契約書には，「売主は，本件建物の老朽化等のため，本件建物の隠れた瑕疵につき一切の担保責任を負わないものとする。」との記載があった。

　これについて浦和地裁川越支部は，本件建物の隠れた瑕疵につき責任を負わない約束のもとに本件不動産を売却したものではあるが，本件建物が居住用で，しかも右出来事が比較的最近のことであったことを考慮すると，このような心理的要素に基づく瑕疵は右特約の予想しないものとして担保責任を免れさせるものと解することはできないとして，本件売買契約における代金額と転売代金との差額に解体料と滅失登記費用を加算した 893 万 2,900 円の範囲で賠償請求を認めた。

〈判決の要旨〉

1. 「隠れた瑕疵」にあたるか

　「Y らは，本件建物で A が自殺していたところから，仲介業者に対しては，右出来事については伏せたまま，目的物件について，本件土地を主眼とし，建物は未だ十分使用に耐えるものであったが，古家ありと表示する程度の付随的なものとして売却するよう仲介を依頼したこと，X は，夫婦で老後をおくる閑静な住居を求めていたが，仲介業者から本件不動産の紹介を受

け，その立地，環境に加え，本件建物が僅かの修理で十分居住に耐える点にも魅力を感じて本件不動産を購入する決心をしたこと，本件不動産は売地と表示して代金7,560万円で売りに出されていたところ，X・Yら間の交渉の結果代金7,100万円で売買が成立したが，本件売買契約締結に当たりX・Yら間で取り交わされた売買契約書には，売買目的物件として本件土地及び建物が共に表示され，特約として『売主は，本件建物の老朽化等のため，本件建物の隠れた瑕疵につき一切の担保責任を負わないものとする。』と記載されたこと，右交渉の過程において，YらからXに対し，右出来事を示唆するような言動は一切なかったことが認められる。」

「Yらは，本件不動産の売却に当たり，右出来事を考慮し本件建物の価格は殆ど考慮せずに売値をつけ，本件建物の隠れた瑕疵につき責任を負わない約束のもとに本件不動産をXに売却したのではあるが，本件売買契約締結に当たっては，本件土地及び建物が一体として売買目的物件とされ，その代金額も全体として取り決められ，本件建物に関し右出来事のあったことは交渉過程で隠されたまま契約が成立したのであって，右出来事の存在が明らかとなれば，後記のようにさらに価格の低下が予想されたのであり，本件建物が居住用で，しかも右出来事が比較的最近のことであったことを考慮すると，このような心理的要素に基づく欠陥も民法570条にいう隠れた瑕疵に該当するというべきであり，かつ，そのような瑕疵は，右特約の予想しないものとして，被告らの同法による担保責任を免れさせるものと解することはできない。」

2. 損害額について

「Xは，本件売買契約について解除権は行使せず，本件売買契約を有効なものとして損害賠償請求権を行使したのであるから，本件建物に前記の瑕疵がないものと信頼したことにより被った損害の範囲で損害賠償請求ができるものと解される。

そうすると，Xが賠償請求できるのは，本件売買契約における本件不動産の代金額と前記瑕疵の存在を前提とした場合に想定される本件不動産の適

正価格との差額と認められる。」

「Xは，……前記瑕疵の存在を前提として本件土地を6,300万円で売却したが，それとは別に同人の要求により本件建物を解体撤去してその滅失登記手続をするのに93万2,900円を要したことが認められ，これによれば本件不動産は実質上6,206万7,100円で売却できたことになるから，右金額をもって前記瑕疵の存在を前提とした場合の本件不動産の適正価格と認めるのが相当である。

そうすると，Xが賠償請求できる信頼利益額は，本件売買契約における本件不動産の代金額と前記瑕疵の存在を前提とした場合の本件不動産の適正価格との差額である893万2,900円となる。」

〈解説〉

1. 本件は，土地建物購入の5か月前に，本件建物内で自殺があったとして，瑕疵担保責任に基づき，本件契約の解除または損害賠償請求を求めた事案である。

2. Yらは，損害賠償も本件土地の売却価格に反映されていると主張した。しかし，本判決は，本件売買契約締結に当たっては，本件土地および建物が一体として売買目的物件とされていたこと，その代金額も全体として取り決められていたこと，本件建物に関し右出来事のあったことは交渉過程で隠されたまま契約が成立したのであり，自殺の事実が明らかとなっていればさらに価格の低下が予想されたこと等を述べた。そして，本件建物が居住用であったこと，自殺が発生したのが土地建物購入のわずか5か月前であったこと，そして，自殺の事実を告げてXが転売した価格等から，瑕疵担保責任を肯定した。

なお，売買契約書には，「売主は，本件建物の老朽化等のため，本件建物の隠れた瑕疵につき一切の担保責任を負わないものとする。」との特約（担保責任免除特約）が存在していたが，この点については，本件のような瑕疵は当該特約の予想しないものであり，担保責任を免れさせるものではない，として特約の効力を否定した。

第1章 不動産取引における心理的瑕疵 *21*

3. 本件は，売買契約のわずか5か月前に，しかも目的物内で自殺が発生した
事案であるが，契約の解除までは認めなかった。この結論は，自殺から売買
契約の締結まで約6年11か月が経過していたのに，契約の解除を認めた
【1】判決と均衡が取れていないとも思われる。

　しかし，本件では，Xは，建物を居住目的で購入したが，健康等の理由
から本件建物の利用をあきらめ，建物を取り壊した上で更地として売却する
ことを検討していたので，口頭弁論終結時に，すでに建物は現存せず，本件
土地もすでに第三者に売却されていたという事情があった。

　これらからすると，解除を認めず，本件売買契約における代金額と転売代
金との差額などについて損害賠償を認めた本判決は妥当であると思われる。

3　自殺等があった建物取壊し前提の土地建物の売買

【3】　神戸地判平 28・7・29 判時 2319 号 104 頁

〈事案の概要〉

　Xは，不動産の売買等を業とする株式会社である。Yは，本件土地および本
件建物を含む本件不動産を所有していた。XとYは，平成25年12月に本件土
地の一部と本件建物について代金2,275万円で売買契約を結び，同日に220万
円，平成26年4月に残金2,055万円を支払った。そして，同年7月に本件土
地の残りの土地について代金3,300万円で売買契約を結び，同日に300万円，
同年8月に3,000万円を支払った。Xは，その後，平成18年8月末に本件建
物内でYの母親が強盗殺人の被害者となる本件事件の発生と犯人が未検挙であ
ることを知った。そこで，Xは，本件不動産の適正価額と本件売買代金との差
額2,500万円を請求したところ，神戸地裁は，そのうち1,735万円を認めた。

〈判決の要旨〉

1. 告知義務違反について

　売買対象の不動産について強盗殺人事件が発生しているか否かという情報

は，社会通念上，売買価格に相当の影響を与え，ひいては売買契約の成否・内容を左右するものである。Ｙは，本件事件の被害者の子であるから，本件売買契約当時，本件事件の存在を十分承知していたと認められる。それ故，Ｙは，Ｘ担当者Ｂに対し，本件売買契約を締結するに際して，本件事件を告知すべき義務を負っていたというべきである。本件において，告知義務の存在を否定すべき事情を認めるに足りる証拠はない。したがって，Ｙが本件事件を告知しなかったことは，Ｘに対する不法行為に該当する。

　なお，Ｙは，事件や事故が起きた不動産の価格が安くなることは知らなかったと主張する。しかしながら，事件や事故が起きた場合，その被害内容・犯人検挙の有無・事件背景の判明状況等の事情如何によって，売買価額に相当の影響を与えるであろうことは，社会の一般通常人にとって容易に想定されることである。そうすると，これを知らなかったというＹの主張には疑問が残り，直ちにこれを認めることはできない。仮に，Ｙが知らなかったとしても，Ｙが告知をせずに適正な市場価額を超える売買代金の支払を受けたことについては，通常人を基準として過失があるといわざるを得ない。したがって，Ｙは不法行為責任を免れることはできないのであって，Ｙの上記主張を採用し得ない。

2．損害について

　本件事件が存在することを前提とした場合，Ｃは 3,294 万円と査定していること，本件不動産を売却する場合には，上記査定額を上回る 4,000 万円で売却される可能性もあることが認められる。そうすると，市場価額との差額損害は，本件売買契約の代金合計 5,575 万円と 4,000 万円との差額である 1,575 万円の限度で認めるのが相当である。なお，Ｘは本件不動産を売却することにより 2,500 万円程度の利益を見込んでいたのでこれを考慮すべきであるという趣旨の主張をする。しかしながら，そもそもＹが本件事件を告知した場合，ＸとＹとの間で売買代金の折り合いがついて本件不動産にかかる売買契約が成立するという経過を辿ったかどうかも不透明といわざるを得ない。そうすると，Ｘが主張する得べかりし利益はその確実性に乏しいという

外なく，これを考慮した損害額を認定することはできない。本件は，売買取引上の不法行為によって買主が高額の出費を余儀なくされたという事案であるところ，市場価額との差額が命ぜられることに伴って一定の慰謝がされるのが通常であるから，慰謝料を認めるのは相当ではない。本件事案の内容，本件の審理経過，認容額等に照らし，弁護士費用は160万円をもって相当と認める。以上の合計は1,735万円である。

〈解説〉

2つの売買契約があるが，その7，8年前の売主の母親が被害者となった強盗殺人事件について，売主の告知義務違反による不法行為責任を認めた。しかも，売買対象となった建物内での殺人事件であり，買主としてはこれを知れば買わなかったであろうことは容易に想像がつくところである。

本件で相当高額の損害賠償が認められているのは，裁判所が売主に対して不信感を持ったことがあると推測される。第1に，買主が本件売買に先立って事件や事故がないか尋ねたが何もないと回答したことについて，尋ねられたことはないと主張したことである。神戸地裁はこの主張は採用できないとした。第2に，事件や事故が起きた不動産の価値が安くなることは知らなかったと主張したことである。これについて，神戸地裁は，「事件や事故が起きた場合，その被害内容・犯人検挙の有無・事件背景の判明状況等の事情如何によって，売買価額に相当の影響を与えるであろうことは，社会の一般通常人にとって容易に想定されるところである。」と一刀両断した。

そこで，Xが提出した証拠等を踏まえ，弁護士費用を含めると売買代金5,575万円に対する約31％に当たる1,735万円の支払を命じたものである。慰謝料については否定されているが，わが国の裁判では経済的損害と別に慰謝料が認められることが少なく，あっても数十万円にとどまるのが現実である。

【4】 東京地判平 29・5・25 W L J

〈事案の概要〉

Xは，平成 28 年 2 月にYとの間で本件土地建物について代金 800 万円で売買契約を締結し，同日手付金 50 万円を支払ったが，平成 17 年 6 月に当時の所有者で本件建物に居住していた甲が本件建物内で首つり自殺をしていた。甲の相続人は本件土地建物を乙に売却し，乙は丙に売却後，Yが平成 20 年 5 月に競売で本件土地建物を取得したが，甲の自殺については知っていた。そこで，Xは，Yに対し，債務不履行等を理由に違約金と手付金の返還を求めて提訴したところ，東京地裁はXの請求を認めた。

〈判決の要旨〉

本件土地建物は，周辺一帯が古くから居住する高齢者が多く閉鎖的である。Xの仲介業者は，平成 28 年 2 月に隣地との境界を確認するために乙宅を訪ねたところ，乙の妻から，本件自殺があったことを告げられた。本件土地建物の近隣に居住する丙は，かつてYに対し本件自殺があったことを話したことがある。

1. 本件自殺の不告知は隠れた瑕疵に当たるか

   売買の目的物に瑕疵があるというのは，その物が通常保有する性質を欠いていることをいい，目的物に物理的欠陥がある場合だけでなく，目的物にまつわる嫌悪すべき歴史的背景に起因する心理的欠陥も含まれると解される。そして，本件自殺は，心理的欠陥に当たると認められるから，Xは，Yに対し，本件自殺が心理的瑕疵に当たることを理由に本件契約を解除することができるとともに，Yは，Xに対し，瑕疵担保責任による損害賠償義務を負う。これに対し，本件自殺は，本件契約締結時から遡って 10 年余り前に発生したものであるが，①本件における心理的瑕疵が自殺という極めて重大な歴史的背景に起因するものであることのほか，②本件土地建物の現在の立地状況，③Xが本件自殺を知った経緯，④本件土地建物の近隣の住民の発言からは，上記期間が経過した後も本件自殺の記憶を容易に払しょくすることが

第1章　不動産取引における心理的瑕疵　　*25*

できないものとして，同人らが本件自殺を受けとめているものと考えられること，⑤本件建物が本件自殺後も建替えられていないことも勘案すると，上記期間の経過によって自殺に対する嫌悪感が法的保護に値し得ないものとなったということはできない。本件契約は，契約の目的を達することができないとして解除されたものと認めるのが相当であり，この解除は適法である。

2.　本件自殺の不告知は債務不履行に当たるか

　　本件自殺は，通常人であれば心理的に本件建物を嫌悪すべき理由になり得るものであり，本件契約を締結した目的を達することができない理由になり得るものであるから，Yには，本件契約に付随する義務として，信義則上，Xに対し，本件自殺の存在および内容を告知すべき義務があると認めるのが相当である。これに対し，Yは，本件自殺は12年前の自殺であり，事件ともいえない犯罪性もないものであり，これまでの裁判例に照らし，年数的にも，占有者や所有者の代替わりの数的にも，ほぼロンダリングされているものであるから，Yには告知義務はないと主張する。しかし，上記事実によると，時間の経過が告知義務を否定する理由になり得ないことは明らかである。また，本件自殺から現在に至るまでの所有者の変遷を勘案しても，上記判断は左右されない。Yの主張は採用することができない。以上によると，本件自殺の不告知は債務不履行に当たる。

3.　Xの損害等

　　本件契約は，契約の目的を達することができないとして解除されており，本件自殺の不告知は債務不履行に当たるから，Yは，Xに対し，本件契約およびその解除に基づき，違約金として本件契約の売買代金の20％相当額である160万円の支払義務および手付金50万円の返還義務を負う。

〈解説〉

　本件におけるYの主張は分からなくもない。自殺が10年以上前であること，所有者が自殺者からYに至るまでに相続人を除いても2者介在しており，ましてYは競売で取得していること，殺人事件ではないし，殺人事件と関連付けられる自殺でもないことから，いつまでも人の心に残っているはずもなく，心理

的瑕疵はもはや消滅したと判断したのであろう。

ところが，そこに落とし穴があった。第1に，本件建物が取り壊されていなかったことである。マンションやビルでない限り，自殺した建物でしかも首つり自殺の場合に，日本人の感覚としては居住しようとは思わない。新築直後の自殺で取壊しがもったいないというのであれば，事情を説明するしかない。第2に，周辺一帯が古くから居住する高齢者が多く閉鎖的な土地柄という点である。人の出入りが激しい大都会で起きた自殺であれば，隣は何をする人ぞ，と思ってお互いに暮らしているので，10年以上前の自殺を知っている人もまずいない。心理的瑕疵の有無を考えるにあたっては，居住環境は大変重要な要素である。

本件の何よりの教訓は，第3節の賃貸事例と異なり，売買においては，転売されたからといって，そこで瑕疵が消滅するわけではないということである。

【5】　大阪地判平 11・2・18 判タ 1003 号 218 頁

〈事案の概要〉

Xが，Yらとの間で，平成10年3月に本件土地建物について，本件建物を解体した上で，本件土地上に新たに建物を建築して第三者に売却する目的のもとに，1,600万円で売買契約を締結し，手付金160万円を支払って本件建物を解体したが，平成8年にYらの母が建物内で首つり自殺していたことを決済前に知り，隠れた瑕疵に当たるとして売買契約を解除して手付金の倍額の320万円の違約金と解体費用90万円の合計410万円を請求した。

これに対し，大阪地裁は，首つり自殺があった場所は本件土地上にかつて存していた本件建物内であり，嫌悪すべき心理的欠陥の対象は具体的な建物の中の一部の空間という特定を離れて，もはや特定できない一空間内におけるものに変容していることや，土地にまつわる歴史的背景に原因する心理的な欠陥は少なくないことが想定されるとして，本件売買契約において，隠れた瑕疵には該当しないとするのが相当である，として請求を棄却した。

第1章　不動産取引における心理的瑕疵　　*27*

〈判決の要旨〉

「確かに継続的に生活する場所である建物内において，首つり自殺があったという事実は民法570条が規定する物の瑕疵に該当する余地があると考えられるが，本件においては，本件土地について，かつてその上に存していた本件建物内で平成8年に首吊り自殺があったということであり，嫌悪すべき心理的欠陥の対象は具体的な建物の中の一部の空間という特定を離れて，もはや特定できない一空間内におけるものに変容していることや，土地にまつわる歴史的背景に原因する心理的な欠陥は少なくないことが想定されるのであるから，その嫌悪の度合いは特に縁起をかついだり，因縁を気にするなど特定の者はともかく，通常一般人が本件土地上に新たに建築された建物を居住の用に適さないと感じることが合理的であると判断される程度には至っておらず，このことからして，Xが本件土地の買主となった場合においてもおよそ転売が不能であると判断することについて合理性があるとはいえない。

したがって，本件建物内において，平成8年に首吊り自殺があったという事実は，本件売買契約において，隠れた瑕疵には該当しないとするのが相当である。」

〈解説〉

1. 本件は，XとYが売買契約を締結し，本件建物を解体した後に，Yらの母親が建物内で自殺していた事実が判明したので，目的物に瑕疵があるとして，Xが，売買契約を解除し，違約金条項に基づく手付金の倍額の違約金および建物解体費用を請求した事案である。

2. 本件では，本件土地上の建物は，売買契約締結後，残代金の支払い時までにXにより解体されていた。しかも，買主が居住目的ではなく，本件土地上に新たに建物を建築して第三者に売却する目的で本件土地を購入したのであり，また，建物と異なり，土地には歴史的背景に原因する心理的な欠陥は少なくないこと等を考慮すると，通常一般人が本件土地に新たに建築された建物に居住できないと感じるのが合理的であると判断される程度には嫌悪の度合いは至っていないとして，隠れた瑕疵には当たらないと判断した。

3. 本判決は，建物が解体されたことにより，「嫌悪すべき心理的欠陥の対象は具体的な建物の中の一部の空間という特定を離れて，もはや特定できない一空間内におけるものに変容している」と述べ，瑕疵を否定した。【9】判決を含め，建物が取り壊されたという事情がある場合には，当該理由から瑕疵を否定し，あるいは，瑕疵を認めても損害額を大幅に減少させる事例もある。

特に，本件では，XとYの売買契約では，自殺が発生した建物の取壊しを前提としており，取引の対象に当該建物の価値は実質的に含まれていなかったはずである。すなわち，当該建物の存在は予定されていなかったのだから，当該建物内で起きた過去の事件による影響を認めることは合理的ではない。この点からも，本判決は妥当な判決であったと思われる。

なお，Xは説明義務違反および要素の錯誤をも主張していたが，隠れた瑕疵に該当しない以上，本判決ではこれらについても否定された。

【6】　東京地判平 18・7・27 判例秘書登載 06133011

〈事案の概要〉

不動産会社 X が，不動産会社 Y₁（代表者 Y₂）から，平成 17 年 5 月に仲介業者 Y₃（代表者 Y₄）の仲介のもと，本件建物を解体する前提で本件土地建物を1,050 万円で買い受けた。Y₁ らは，競売物件を競落して転売することを主たる業務としていたが，本件土地建物の物件明細書，現況調査報告書および評価書を精査せず，「平成 16 年 1 月に元所有者の妻が本件建物内で自殺した事故物件により，建物取壊しを前提としない市場性修正率として 50 パーセントを控除した」との内容の記載を見落としたため，本件建物内で自殺があったことを X に告げることができなかった。そこで，X は，本件土地建物が事故物件であることを知ることができず売買契約を締結したとして，Y₁ ないし Y₄ に対し，不法行為に基づく損害賠償として，1,046 万 5,000 円の支払いを請求した。

これに対し，東京地裁は，Y₁ と Y₂ については，本件土地建物の物件明細

書，現況調査報告書および評価書を精査せず，事故物件であることを告げることができなかった点に過失があるとして，建物取壊しを前提とした場合の価格は，売買代金の2割5分減程度であり，262万5,000円が相当因果関係のある損害であると認めた。一方，Y_3，Y_4については，Y_1，Y_2と同様の注意義務を負わせるに足りないとしてその責任を否定した。

〈判決の要旨〉

1. Y_1，Y_2の責任について

　「競売物件を競落し，これを転売することを業とする宅地建物取引業者たるY_1としては，本件土地建物を転売目的で入札し，落札した以上，転売先の買受人に不測の損害を被らせないため，対象物件たる本件土地建物の物件明細書，現況調査報告書及び評価書に目を通し，重要事項の把握に務めるべき注意義務があったというべきである。しかしながら，Y_1及びY_2は，これを怠り，本件現況調査報告書及び本件評価書を精査せず，本件現況調査報告書及び本件評価書に本件建物内で自殺があった旨の記載がされていることに気付かず，その結果，Xに対し，本件建物が事故物件であるとの重要事項を告げることができなかったのであるから，この点につき過失による不法行為責任を負うというべきである。」

2. Y_3，Y_4の責任について

　「Y_3及びY_4は，依頼者であるY_1及びY_2から本件建物が事故物件であるとの情報を聞かされておらず，平成17年8月30日にXの社員から連絡を受けてはじめて本件建物が事故物件であることを知ったものと認められる。また，Y_3は，自ら競売物件を競落したことのない，不動産売買の仲介を専門とする業者であり，本件売買契約においても仲介業者として関与したにすぎないものと認められるから，同被告が，売主であり，仲介の依頼者であるY_1と同様の注意義務，すなわち，本件土地建物の物件明細書，現況調査報告書及び評価書に目を通し，重要事項の把握に務めるべきとの義務を負うと認め難い。この点，Y_3は，宅地建物取引業者であり，本件土地建物が競売物件であることは知っていたのであるが，かかる事実のみでは，仲介業者に

すぎない Y_3 に上記義務を負わせるには足りず，他に，Y_3 及び Y_4 の不法行為責任を認めるに足りる証拠はない。」

3. 損害額について

「本件売買契約は，当該自殺の場所となった本件建物を取り壊すとの前提で締結された契約であるから，本件建物を取り壊すことなく，リフォームするなどして利用するとの前提で売買される場合に比べれば，本件建物内での自殺という事実が売買価格の形成に与える影響は少なかったものといえること，本件評価書が採用した市場修正率 50 パーセントが，元所有者の妻の自殺の約 7 か月後の評価を記載したものであり，本件建物を取り壊すことを前提としない評価を記載したものであること，もっとも，本件売買契約は上記自殺の約 1 年 4 か月後に締結された契約であり，その間に本件土地建物の利用状況に変化はなかったことなどを総合すれば，本件建物内での自殺という事実を前提とした場合の本件土地建物の価格（本件建物を取り壊すとの前提で本件土地建物を購入する場合の価格）は，上記売買代金 1,050 万円の 2 割 5 分減程度であると認めるのが相当であり，1,050 万円 × 0.25 ＝ 262 万 5,000 円が Y_1 及び Y_2 の不法行為と相当因果関係のある損害であると認められる。」

〈解説〉

1. 本件は，本件土地建物を，Y_1（代表者 Y_2）から購入した X が，本件建物で自殺があった事実を知らされていなかったとして，Y_1，Y_2，仲介業者 Y_3（代表者 Y_4）に対し不法行為に基づく損害賠償請求を行った事案である。

2. 本判決は，本件売買契約が本件建物の取壊しを前提として締結された契約である点に着目し，建物をそのまま利用する目的で売買される場合と比較すると，自殺が売買価格の形成に与える影響は少ないと判旨した。そのうえで，具体的な損害額について，X と Y_1 との実際の売買額が 1,050 万円であったこと，競売の評価書において「市場修正率として 50 パーセントを控除した」と記載されていることを考慮して算出した。

　しかし，本件評価書に記載された市場修正率 50 パーセントという数値は，本件自殺から 7 か月後の評価であり（本件売買契約の締結は，本件自殺から 1

年 4 か月後であった），しかも建物の取壊しを前提としていない評価であっ
た。そこで，これらの事情を加味した上で，本件評価書に記載された減額率
50 パーセントを再評価することになるが，本判決では特に理由を述べず，
売買代金 1,050 万円の 2 割 5 分減程度を損害額として認定した。

3. 【5】判決と同じく，本件でも本件建物を解体する前提で取引を行ったのだ
から，取引の対象に当該建物の価値は実質的に含まれていなかったはずであ
る。とすると，当該建物内で起きた過去の事件による影響を認めることは合
理的ではない。にもかかわらず，本判決では売買代金の 25 パーセントもの
損害を認めた。

　　本判決では，元々競売物件であったことや，宅建業者である売主の現況調
査報告書を精査する義務を重視したため，このような判決となったと思われ
る。

4　自殺等があった建物取壊しや自動車撤去後の土地売買

【7】　大阪高判昭 37・6・21 判時 309 号 15 頁

〈事案の概要〉

　昭和 25 年 2 月に，建物と廊下で接続した座敷蔵内で A が縊死し，その後も
A の内妻 B が引き続き居住していた。Y は，昭和 31 年 5 月に B より本件建物
を 63 万 5,000 円で，Z より本件土地を 25 万円でそれぞれ買い受け，座敷蔵を
取り壊して新たに物置を設置した上，Y 代表者の一家が居住した。その後，
昭和 32 年に X が Y から本件土地建物を 105 万円で買い受けたが，上記事実
を知り，瑕疵担保責任を追及した。

　これに対し，大阪高裁は，縊死のあった座敷蔵は売買当時取り除かれてあり
存在せず，その事実を意に介しない買受希望者が従前から多数あったことが窺
われるので，本件売買当時においては，もはや一般人が「住み心地のよさ」を
欠く事由として感ずることに合理性を認め得る程度のものではなかったとみる

のが相当であると判断して，瑕疵担保責任を否定した。

〈判決の要旨〉

「売買の目的物に瑕疵があるというのは，その物が通常保有する性質を欠いていることをいうのであつて，右目的物が家屋である場合，家屋として通常有すべき『住み心地のよさ』を欠くときもまた，家屋の有体的欠陥の一種としての瑕疵と解するに妨げない。しかしながら，この家屋利用の適性の一たる『住み心地のよさ』を欠く場合でも，右欠陥が家屋の環境，採光，通風，構造等客観的な事情に原因するときは格別，それが，右建物にまつわる嫌悪すべき歴史的背景など客観的な事情に属しない事由に原因するときは，その程度如何は通常これを受取るものの主観によつて左右されるところが大であり，本件でＸが瑕疵ありと主張する右事由は正にこの種のものに該当することが明らかである。売買における売主の瑕疵担保責任は，売買が有償契約であることを根拠として，物の交換価値ないし利用価値と対価として支払われる代金額との等価性を維持し当事者間の衡平をはかることにあるから，右制度の趣旨からみると，前記後者のような事由をもつて瑕疵といいうるためには，単に買主において右事由の存する家屋の居住を好まぬというだけでは足らず，さらに進んで，それが，通常一般人において右事由があれば『住み心地のよさ』を欠くと感ずることに合理性があると判断される程度にいたつたものであることを必要とする，と解すべきである。」

「本件建物内で縊死のあつたのは，本件売買当時から７年前の出来ごとで，既に旧聞に属するばかりでなく，右縊死のあつた座敷蔵は売買当時取り除かれて存在せず，右事実を意に介しない買受希望者が従前から多数あつたことが窺われるので，右事情から推すと，本件建物内で過去に縊死があつた事実は，本件売買当時においては，もはや一般人が『住み心地のよさ』を欠く事由として感ずることに合理性をみとめうる程度のものではなかつたとみるのが相当である。」

〈解説〉

1. 本件は，本件土地建物を購入したＸが，売買の目的物となった建物と廊下

で接続した座敷蔵内で，7年前に前所有者Aが縊死した事実があったとして，売主Yに瑕疵担保責任を追及した事案である。

2. 本判決においても，心理的瑕疵と認められるための判断基準として，「通常一般人において住み心地のよさを欠くと感ずることに合理性があると判断される程度に至ったものであること」との基準を立て，本件でそのような事情が認められるかを検討した。

3. 本件では，Aが縊死した座敷蔵は取り壊され，新たに物置が設置されていた。【5】判決や【9】判決等でも見られるように，自殺等があった建物が現存していないことは，心理的瑕疵を否定する大きな要素となる。すなわち，「嫌悪すべき心理的欠陥の対象は具体的な建物の中の一部の空間という特定を離れて，もはや特定できない一空間内におけるものに変容している。」と評価される。本件でも，Aが縊死した座敷蔵が取り壊されていた事実は，瑕疵を否定した大きな理由となったと思われる。

　また，本件では，YがBおよびZから本件土地建物を購入したとき，Aが縊死した事実を知った上で本件土地建物の購入を希望する者がYの他にも数名いたという事情も存在した。買受希望者が複数現れたという事実は，一般人が心理的嫌悪感を有していないことを示す事実となるので，この事実も，本判決が瑕疵を否定した大きな理由となったと思われる。

　そして，Aの縊死の後もAの内妻Bが約6年居住し，さらに，YがBおよびZから本件土地建物を購入し，Yの代表者の一家が居住していたという事情をも考え合わせると，瑕疵を否定した本判決の結論は妥当であると思われる。

【8】　東京地裁八王子支判平12・8・31［詳解］不動産仲介契約434頁（大成出版社）

〈事案の概要〉

　Xは建物を建てて家族で居住する目的で，Y₂の仲介で，不動産業者Y₁から

東京都下の農山村地帯の本件土地を購入した。かつて本件土地上に存在していた建物内では，約50年前に凄惨な殺人事件が発生し，事件後，当該建物は取り壊されたが，その後も本件土地は未開発で，Y₁が本件土地を購入するまで放置されたままであった。上記事実を知ったXが，Y₁に対しては売買代金を，Y₂に対しては仲介手数料を損害賠償請求した。

これに対し，東京地裁八王子支部は，特異な猟奇性を帯びたこの事件は現場の土地とともに地元住民の記憶の中に忘れずに残っていたことからすれば，この土地を購入したXがそこに「住みたくない」と感じるのは自然の感情で，通常保有すべき性質を欠いている隠れた瑕疵であったと言わなければならないとして，Y₁に対しては売買代金を，Y₂に対しては仲介手数料を損害として認めた。

〈判決の要旨〉

1. 瑕疵の判断

「瑕疵とは，その物が通常有する性質を欠くことをいうが，それは目的物の物理的・物質的または法律的な，客観的不完全さのみならず，思想的・感情的な，心理的不完全さをも包合する。本件事件は，本件現場土地上の建物において，約50年前に発生したものであるから，場所的に本件土地と直接結びつくものではなく，また時間的に人々の記憶から薄れるほど遠い昔のことといえなくもない。しかし，本件事件が単なる殺人事件といったものではない特異な猟奇性を帯びた事件であったこと，また本件事件の発生した場所が東京都下の農村地帯であったことに鑑みれば，本件事件は単にその事件が発生した建物においてのみならず，その事件が発生した屋敷・地所とともにそれに関連して深く地元住民の記憶に残されたであろうと考えられること，現に，本件においては，事件発生の建物が取壊された後も，40数年にわたって，本件事件は放置された本件現場土地とともに地元住民の記憶の中に忘れずに残っていたことからすれば，本件事件が本件土地と直接結びつくものではないとはいえず，本件土地は，本件売買契約当時，本件事件の影響を色濃く残していたため未開発のままであった土地であると言わなければならな

い。右のような事情の下で，本件事件を知らされずに本件土地を購入した Ｘが，本件土地上に新居を建築しそこに居住することに『住み心地の悪さ』，むしろ『住みたくない』と感じるのは，今後ともその事情を知った近隣住民との付き合いを続けていかなければならない Ｘ にとって自然の感情であろうと判断される。Ｘ のみに特有の心理的状態ではなく Ｘ と同じ立場に立たされた一般人においても同様の感情を抱くであろうと判断される。本件売買契約において，本件現場土地に Ｘ が知らされなかった本件事件が存在したことは，Ｘ にとって，本件土地が将来にわたって居住し続けるために通常保有すべき性質を欠いている隠れた瑕疵であったといわなければならない。」

2. 仲介業者 Y₂ の責任

　「Y₂ は，一方，Ｘ から，建物を建てて家族で住むためのものであるから，いわく付きの土地を購入することはできない旨明確に伝えられており，他方，Y₁ からは，本件事件の存在を伝えられ，購入者には本件事件を伝えるよう指示されていたにもかかわらず，本件売買契約に際して，Ｘ に対し何ら本件事件の存在を告知しなかったのであるから，Y₂ には，Ｘ が本件売買契約の締結を決意するにあたって決定的な重要な事項について一切説明を欠いた説明義務違反があった。」

〈解説〉

1. 本件は，Ｘ が本件土地を購入したところ，かつて本件土地上に存在した建物内で約 50 年前に凄惨な殺人事件が発生していたとして，Y₁ に対しては売買代金を，Y₂ に対しては仲介手数料を損害賠償請求した事案である。

2. 本件では，凄惨な殺人事件が発生した建物は既に取り壊されていた。自殺等があった建物が現存していないという事情は，【5】や【9】等でも見られるように，「嫌悪すべき心理的欠陥の対象は具体的な建物の中の一部の空間という特定を離れて，もはや特定できない一空間内におけるものに変容している。」と評価され，心理的瑕疵を否定する大きな要素となる。また，本件殺人事件が発生したのは約 50 年も前との事情もあった。

3. しかし，本判決では瑕疵を認め，Y_1 に対しては売買代金の全額を，Y_2 に対しては仲介手数料の損害を認めた。

　本判決は，本件殺人事件が単なる殺人事件ではない特異な猟奇性を帯びた事件であったこと，事件の発生した場所が東京都下とはいえ，農山村地帯であったこともあり，本件殺人事件は深く地元住民の記憶に残されたであろうこと，現に，本件売買時にも本件殺人事件は地元住民の記憶の中に残っていたこと等の事情から，本件土地を購入した X は，今後近隣住民と付き合う中で，「住み心地の悪さ」や「住みたくない」と感じるであろうと判断した。

　すなわち，本判決は，本件殺人事件を知っている付近住民との付き合いや噂の中で本件殺人事件が取り上げられることによる苦痛も考慮したと考えられ，とすると，本判決は，本件を純粋な心理的瑕疵の問題ではなく，環境的要因をも考慮して判断をしたと思われる。とはいえ，債権について，「権利を行使することができる時から 10 年間行使しないとき。」（民法 166 条 1 項 2 号）と，不法行為による損害賠償請求権について，「不法行為の時から 20 年間行使しないとき。」（同法 724 条 2 号）とそれぞれ規定する消滅時効と比べてみても，約 50 年前の事件を心理的瑕疵と認めることには，とまどいを覚える。

【9】　大阪高判平 18・12・19 判時 1971 号 130 頁

〈事案の概要〉

　X が，建売分譲目的で平成 16 年に Y から本件土地を約 1,503 万円で買い受けたが，その内の約 3 分の 1 の土地上にかつて存在した本件建物内で，本件売買の約 8 年前に殺人事件があったことが判明したため，瑕疵担保責任に基づき売買代金の 50 パーセントに相当する約 751 万円の損害賠償を請求した。

　これに対し，大阪高裁は，当該殺人事件は新聞報道されており，土地の購入をいったん決めた者がその購入を見送っていること等の事情に照らせば，建物に居住した場合，殺人があったところに住んでいるとの話題が居住者の耳に届

第1章　不動産取引における心理的瑕疵　　*37*

くような状態が予想されるのであって，嫌悪すべき心理的欠陥がなお存在する
ものというべきである，として瑕疵の存在を認めた。しかし，心理的欠陥は相
当程度風化していたと言える，として，Ｘの損害額は売買代金の5パーセン
トに当たる約75万円と認めた。

〈**判決の要旨**〉

1.　瑕疵の有無について

　　「売買の目的物に民法570条の瑕疵があるというのは，その目的物が通常
保有する性質を欠いていることをいい，目的物に物理的欠陥がある場合だけ
ではなく，目的物にまつわる嫌悪すべき歴史的背景に起因する心理的欠陥が
ある場合も含まれるものと解するのが相当である。

　　……売買の目的物が不動産のような場合，……瑕疵といいうるためには，
単に買主において同事由の存する不動産への居住を好まないだけでは足ら
ず，それが通常一般人において，買主の立場に置かれた場合，上記事由があ
れば，住み心地の良さを欠き，居住の用に適さないと感じることに合理性が
あると判断される程度に至ったものであることを必要とすると解すべきであ
る。」

　　「これを本件についてみると，Ｘは，Ｙから，本件土地を等面積に分け各
部分に1棟ずつ合計2棟の建売住宅を建設して販売する目的でこれを買い受
けたものであるが，本件土地のうちのほぼ3分の1強の面積に匹敵する本件
1土地上にかつて存在していた本件建物内で，本件売買の約8年以上前に女
性が胸を刺されて殺害されるという本件殺人事件があったというのであり，
本件売買当時本件建物は取り壊されていて，嫌悪すべき心理的欠陥の対象は
具体的な建物の中の一部の空間という特定を離れて，もはや特定できない一
空間内におけるものに変容していたとはいえるものの，上記事件は，女性が
胸を刺されて殺害されるというもので，病死，事故死，自殺に比べても残虐
性が大きく，通常一般人の嫌悪の度合いも相当大きいと考えられること，本
件殺人事件があったことは新聞にも報道されており，本件売買から約8年以
上前に発生したものとはいえ，その事件の性質からしても，本件土地付近に

多数存在する住宅等の住民の記憶に少なからず残っているものと推測される
し，現に，本件売買後，本件土地を等面積で分けた東側の土地部分（本件殺
人事件が起きた土地部分）の購入を一旦決めた者が，本件土地の近所の人か
ら，本件1土地上の本件建物内で以前殺人事件があったことを聞き及び，気
持ち悪がって，その購入を見送っていることなどの事情に照らせば，本件土
地上に新たに建物を建築しようとする者や本件土地上に新たに建築された建
物を購入しようとする者が，建物に居住した場合，殺人があったところに住
んでいるとの話題や指摘が人々によってなされ，居住者の耳に届くような状
態がつきまとうことも予測されうるのであって，以上によれば，本件売買の
目的物である本件土地には，これらの者が上記建物を，住み心地が良くな
く，居住の用に適さないと感じることに合理性があると認められる程度の，
嫌悪すべき心理的欠陥がなお存在するものというべきである。」

2. 損害額について

　「Xが本件土地の上記瑕疵により被った損害額について検討するに，本件
建物内で本件殺人事件があったという重大な歴史的背景の存在・内容，周辺
に多数の住宅，小店舗などが立ち並んでいるという本件土地の生活環境，他
方，本件殺人事件は本件売買の約8年以上前に発生したものであり，しかも
本件建物は本件売買時には既に取り壊されており，同時点では，嫌悪すべき
心理的欠陥は相当程度風化していたといえること，Xは，本件土地を，建
売住宅用地としての売却だけでなく，本件土地そのものを購入価格を約
1,000万円上回る2,500万円で売却することを希望して広告で購入者を募っ
ているが，未だ売却できていないうえ，本件建物内で殺人事件があったこと
を知らせないでの売却希望価格であり，実際に売却する際には大幅の減額が
必要であることが予想されること，本件土地の大きさ，その他上記認定事実
からうかがわれる一切の諸事情を総合すると，一審原告の上記損害額は，本
件売買の代金額の5パーセントに当たる75万1,575円と認めるのが相当で
ある。」

第1章　不動産取引における心理的瑕疵　　*39*

〈解説〉

1. 本件は，売買目的物である土地上に存在した建物内で殺人事件があったことが売買契約締結後に判明したとして，瑕疵担保責任に基づく損害賠償請求を行った事案である。

2. 瑕疵の有無について

　　本判決は，まず，売買の目的物が不動産の場合に瑕疵があると認められる基準として，「通常一般人において，住み心地の良さを欠き，居住の用に適さないと感じることに合理性があると判断される程度に至ったものであることを必要とする。」と述べ，そのうえで本事案を検討した。

　　本判決は，瑕疵を肯定する主な事情として，死因が殺人であったこと，当該事件は新聞報道もされ，付近住民の記憶に少なからず残っていると推測されること，売買後，殺人事件が起きた土地の購入をいったん決めた者がその購入を見送ったことを上げている。

　　特に，殺人事件が起きた土地の購入をいったん決めた者がその購入を見送ったという事情は，一般人が心理的嫌悪感を有していることを示す事実となるので，この事実は一定程度影響力を持つ要素であると思われる。

　　さらに，本件の死因は殺人であり，本判決も述べているように，病死，事故死，自殺に比べても残虐性が大きく，通常一般人の嫌悪の度合いも相当大きいと考えられる。したがって，残虐性が大きいという事情は，瑕疵を肯定する重要な要素の一つとなっている。

　　また，当該事件は新聞報道もされたため，付近住民の記憶に少なからず残っていると推測されたことも，瑕疵を肯定した理由の一つとなっている。

　　一方で，瑕疵を否定する主な事情として，本判決は，本件売買当時に本件建物が取り壊されていたことを上げている。

　　売買時に建物が取り壊されていることについて，本判決は「嫌悪すべき心理的欠陥の対象は具体的な建物の中の一部の空間という特定を離れて，もはや特定できない一空間内におけるものに変容していた」と，【5】とほぼ同様の評価をしている。【5】や【9】等でも見られるように，自殺等があった

建物が現存していないことは，心理的瑕疵を否定する大きな要素となるが，他の事情を考慮すると，本件では瑕疵を完全に否定するまでにはならなかったと思われる。

3. 損害額について

　本判決は瑕疵の存在は認めたものの，損害額は本件売買代金額のわずか5パーセントしか認めなかった。

　「③　裁判例の分析」（85ページ以下）において詳しく検討するが，自殺や他殺等があった建物が取り壊されている場合，瑕疵は認められないことが多い。建物が現存していないことは，瑕疵を認めない方向への大きな考慮要素，すなわち，建物が取り壊されることで心理的嫌悪感は大きく減殺されると考えられていると思われる。

　本件においても，殺人事件が発生した建物は売買契約時には取り壊されていた。そこで，前述したような理由から瑕疵の存在は認めつつも，建物が取り壊されたことによって心理的嫌悪感は大きく減殺されたとして，損害額を5パーセントしか認めなかったのだと思われる。

【10】　東京地判平 19・7・5 判例秘書登載 06232963

〈事案の概要〉

　Xが，共同住宅が解体され駐車場として使用されてきた土地について，戸建て住宅を建築した上，分譲販売する目的でYから約1億1,500万円で購入したところ，共同住宅の1室で8年前に焼身自殺があり建物も一部焼失したことが判明したため，瑕疵担保責任に基づき900万円の損害賠償請求をした。

　これに対し，東京地裁は，自殺があったのは土地上の共同住宅の1室にすぎず，土地全体からすればその割合は小さいものであること，焼身自殺後も共同住宅の他の部屋は住居としての使用が継続されていたこと，土地および分譲住宅は完売していること等を総合すれば，土地の瑕疵とは認められない，と述べ，焼身自殺が瑕疵に該当するとの主張を棄却した（本件土地に地中埋設物の存

第1章　不動産取引における心理的瑕疵　*41*

在が隠れた瑕疵に当たるとの主張は認容）。

〈判決の要旨〉

「本件焼身自殺が行われたのは本件土地上の共同住宅の1室に過ぎず，本件土地全体からすれば，その割合は小さいものであること，本件焼身自殺後も本件土地上の共同住宅の他の部屋は住居としての使用が継続されていたこと，本件土地及び本件土地上の分譲住宅は完売していること並びに本件土地及びその分譲住宅の価格は本件焼身自殺が行われたか否かだけを基準に定まったものではないことが認められ，……本件焼身自殺がされてから8年以上が本件売買のときまでに経過しており，本件焼身自殺があった共同住宅は解体され，本件土地に本件焼身自殺の痕跡が一切残っていないことを総合すれば，本件焼身自殺は，本件土地が通常有しなければならない性状を欠くといえるほど心理的に嫌忌するような事情ということはできず，本件土地の瑕疵とは認められない。」

〈解説〉

1. 本件は，本件土地上に存在していた共同住宅で焼身自殺があったとして，瑕疵担保責任に基づき損害賠償請求を行った事案である（なお，本件土地に地中埋設物が存在したことに対しても，瑕疵担保責任に基づいて損害賠償請求がされた）。

2. 本判決では，本件焼身自殺の事実が瑕疵にあたるとの主張は認められなかった。

　　本件では，焼身自殺があった共同住宅は解体されていたが，【5】や【9】等でも見られるように，自殺等があった建物が現存していないことは，心理的瑕疵を否定する大きな要素となる。

　　また，本件では，本件焼身自殺後も本件土地上の共同住宅の他の部屋は住居としての使用が継続されていたとのこと，本件土地上に建築された分譲住宅で売れ残ったものはないとのこと，さらには，本件土地およびその分譲住宅の価格は，焼身自殺があったか否かだけを基準に定まったものではなかった。これらは，一般人が心理的嫌悪感を有していないことを示す事実となるので，瑕疵の該当性を否定する大きな事情となる。

42

　以上の点から，本件焼身自殺の存在を瑕疵とは認めなかった本判決の結論
は妥当なものといえよう。

【11】　東京地判平 22・3・8 判例秘書登載 06530224

〈事案の概要〉

　不動産業者 X が，平成 20 年 7 月に Y₁ から Y₂ の仲介により西武池袋線の駅
近くの住宅地の更地を 1 億 1,858 万円で買い受けて，5 棟の新築分譲を開始し
たところ，平成 16 年 12 月に当時本件土地上にあった 3 棟の共同住宅の 1 棟の
1 室から出火して居住者 1 名が焼死したとの情報がもたらされた。当該場所は
5 棟の内の B 号棟上であったが，他の区画は若干減額したが売却できたので当
初売出し価格との差額分を，また B 号棟は価格を下げても契約できなかった
ことから現在の売出し価格の 2 割相当額を，損害として Y₁ 等に対し瑕疵担保
責任または債務不履行に基づき損害賠償請求した（Y₂ には仲介手数料の返還も
別途請求）。

　これに対し，東京地裁は，火災事故から 4 年近く経過しても近隣住民の記憶
になお留められた状態にあること，他の区画は成約したが，B 号棟の区画は未
成約状態にあること，等から，「隠れた瑕疵」の存在を肯定した。

　そして，これを認識していた Y₁ には信義則上，これを告知すべき義務があ
ったことになるから，Y₁ は X に対し，損害賠償義務を負い，その損害額は諸
般の事情を考慮して B 号棟の占める X と Y₁ の売買代金分の 1 割足らずの 200
万円と認定した。

　他方，Y₂ は，本件売買契約当時，説明義務違反，また，調査義務違反があ
るとは認められない，として Y₂ に対する請求は棄却した。

〈判決の要旨〉

1. 売主 Y₁ の責任について

　　「本件土地は，住宅や共同住宅が立ち並ぶ住宅地であるところ，本件火災
　事故は，出火建物のみならず，近接した他の建物の一部を焼損するという小

火にとどまらないものであり，その後 4 年近くを経過しても，原告が分譲を開始するや火災による死者があったことの情報がもたらされるなど，近隣住民の記憶になおとどめられた状態にある一方，Y₁ としても，本件火災事故の事実を認識し，平成 17 年 2 月までに，出火建物を取り壊したが，その後，その跡地を雑草の生えた更地としており，これを有効に利用してはいなかったとの状況があることになる。」

「本件売買契約の目的物は，土地であって，既に以前に取り壊された出火建物を含むものではなく，X が行う分譲も分筆した本件土地及びその上の新築建物を目的とするものであるにしても，本件土地上にあった出火建物で焼死者が出たし，近隣住民には，このような事実の記憶がなお残っているのだから，これを買受ける者が皆無であるとはいえないにしても，買受けに抵抗感を抱く者が相当数あるであろうことは容易に推測しうるところである。しかも，C 号棟ないし E 号棟については，X が予定していた価格から東京圏路線価の平均下落率を減じた範囲で成約し，A 号棟についても，これと大きく離れない範囲の金額で成約した一方で，B 号棟については，売出価格を 4,380 万円（これから，建物価格 1,220 万円を減じて逆算した土地代は 3,150 万円であって，当初予定の土地価格から 16 パーセント減価した額であることになる。）としても未成約状態にあるのであって，本件土地あるいはこの上に新たに建築される建物についての取引は，そのような事情のない物件についてのものとは異なる限定された市場となっているものといえる。」

「そして，売買の目的物に瑕疵があるというのは，その物が通常保有する性質を欠いていることをいうのであり，目的物に物理的欠陥がある場合だけではなく，目的物にまつわる嫌悪すべき歴史的背景に起因する心理的欠陥がある場合も含まれると解されるところ，上記事実関係のもとでは，本件土地あるいはこの上に新たに建築される建物が居住の用に適さないと考えることや，それを原因として購入を避けようとする者の行動を不合理なものと断じることはできず，本件土地上にあった建物内において焼死者が発生したことも，本件売買契約の目的物である土地にまつわる心理的欠陥であるというべ

きことになる。

　本件土地で生じたのが殺人や自殺ではないことは，Y₁ が主張するとおりであるが，焼死などの不慮の事故死は，一般に病死や老衰などの自然死とは異なって理解されるから，生じたのが事故死であるからといって，瑕疵の程度問題の考慮要素にとどまるものであり，従前争われたケースの多くが自殺又は他殺の類型であることも，上記判断を左右しない。」

　「そうすると，本件売買契約の目的物である本件土地には，民法570条にいう『隠れた瑕疵』があると認められるし，これを認識していた売主には，信義則上，これを告知すべき義務があったことになるから，X は，売主であり，上記事実を認識していた被告 Y₁ に対し，これに基づく損害賠償を請求しうることになる。」

2. 仲介業者 Y₂ の責任について
　(1)　説明義務違反について
　　「本件売買契約当時，Y₂ において，本件火災事故のことを認識していたものと認めるに足りる証拠はないから，Y₂ に説明義務違反があるとはいえない。」
　(2)　調査義務違反について
　　「買主から仲介を依頼された仲介業者は，売主の提供する情報のみに頼ることなく，自ら通常の注意を尽くせば仲介物件の外観から認識することができる範囲で物件の瑕疵の有無を調査し，その情報を買主に提供すべき義務を負うが，それ以上に独自に調査して報告すべき注意義務までを負うものではないと解される。したがって，Y₂ が，本件土地の一部が雑草の生える更地となっていることを認識し，打ち合わせの中で，そこにはアパートがあったとの話を Y₁ から聞いたにしても，本件土地に火災の痕跡を示す事物が現存したことなどについての主張立証がない以上，Y₂ に調査義務違反があるとは認められない。」

3. 損害額について
　「X が上記瑕疵により被った損害額について，本件売買契約代金額のうち

B 号棟が占める分（売買代金額 1 億 1,858 万円及び本件土地に上記部分が占める面積割合約 2 割からすると，約 2,370 万円と求められる。）との関係から検討すると，本件土地上に存した出火建物内で焼死者が出たという歴史的背景の内容，本件土地が集合住宅のみならず住宅もある住宅地にあって，上記事実を記憶している者があり，現に B 号棟については，東京圏路線価の平均的な下落の影響分もあるにせよ，当初価格より 600 万円を下げても未成約であるとの状況，他方，上記事実が生じたのは，本件売買契約の 3 年半ほど前のことであって，他殺や自殺ではなく，出火建物も既に以前に取り壊し済であることその他本件に顕れた一切の諸事情を総合すると，上記損害額は，上記 B 号棟が占める代金分の 1 割足らずである 200 万円と認めるのが相当である。」

〈解説〉

1. 本件は，X が本件土地を買い受けて建物を新築し，分譲を開始しようとしたところ，本件土地で火災による死亡事故があったことが判明したとして，売主 Y_1 に対しては説明義務違反に基づく債務不履行責任および瑕疵担保責任を，仲介業者 Y_2 に対しては調査義務違反および説明義務違反に基づく債務不履行責任を追及した事案である。

2. 売主 Y_1 の責任について

本件では，死亡事故があった建物は取り壊されていた。建物が取り壊されていた点は，【5】や【7】にもみられるように，瑕疵を認めない大きな理由となるが，本判決は，以下の事情も考慮して瑕疵を認めた。

本件では，火災事故後，3 年半を経過しても近隣住民の記憶にとどめられた状態にあり，火災による死者があったとの情報は，近隣住民から直接 X に対して，分譲開始直後にもたらされている（X は，平成 20 年 12 月 20 日に分譲を開始したが，同月 22 日には Y_1 に対し死亡事故について問い合わせている）。本判決でも，地域住民の記憶は重要な考慮要素とされている。

また，本件では，死亡事故があった部屋が存在していたところに建てられた棟の部屋は，当初予定の土地価格から 16 パーセントを減価しても未成約であった。他の棟の部屋は，東京圏路線価を減じた範囲で成約していたこと

も考え合わせると，当該事実は，一般人が本件土地建物の買受に抵抗を抱くことを示し，瑕疵を肯定する強い事情となる。

このような事情から，死亡事故があった建物は取り壊されていたにもかかわらず，瑕疵を認定したと思われる。

本件のように自殺等のあった建物が取り壊された後に売買がされた場合，【7】や【10】のように瑕疵を否定するか，瑕疵を認めた場合であっても，【9】のように極めて低額の損害額に留めているのに対し，本判決では，売主 Y_1 に対し瑕疵担保責任を認め，200万円の損害を認定した。本件売買代金額のうちB号棟が占める分は約2,370万円であるので，認定された損害額はその1割足らずであるが，そうであるとしても，やや高額であったのではないかと思われる。

なお，死亡事故の事実が瑕疵にあたる以上，これを認識していた Y_1 には，信義則上これを告知すべき義務が当然認められるので，Y_1 には説明義務違反も認められた。

3. 仲介業者 Y_2 の責任について

Y_2 は，本件売買契約締結時，死亡事故の存在を知らなかった。そこで，Y_2 の説明義務違反は否定されたが，次に，Y_2 に死亡事故のことを調査する義務が存在するのかが問題となった。本判決は，通常の注意を尽くせば仲介物件の外観から認識することができる範囲でのみ調査・情報提供義務を負うが，それ以上の義務は負わないと判断した。

仲介業者はあくまでも取引の仲介をするにすぎないのだから，過度な調査義務を課すのは酷であり，調査義務を上記範囲に限定したのは妥当であると思われる。

【12】　東京地判平25・3・29 判例秘書登載 06830291

〈事案の概要〉

Xは，戸建て住宅の分譲をする不動産業者で，Yから埼玉県入間郡所在の宅

地 1,798.27㎡（以下，「本件土地」という）について，平成 22 年 9 月に 4,340 万円で売買契約をし，翌 23 年 1 月に決済した。本件売買契約書には「目的物上（解体済建物含む。）での過去の嫌悪すべき事件・事故（殺人事件，自殺，変死等）が発覚した場合には，買主は売主に対し，本契約を解除することが出来るものとする。」との本件特約条項がある。ところが，平成 21 年 5 月に Y の夫が本件土地内に駐車した車の中で自殺していたのに，Y はこれを伝えず，X は平成 23 年 2 月に本件自殺を知った。X は，同年 11 月までに分譲を完了したが，販売にあたりチラシに「精神的瑕疵あり」と記載し，重要事項説明書にも分譲地内の道路部分において自殺があったことを記載した。X は，Y に対し主位的に説明義務違反，予備的に瑕疵担保責任に基づき，500 万円の支払を求めて提訴したところ，東京地裁は予備的請求を認め，Y に対し全額の支払いを命じた。

〈判決の要旨〉

1. Y の説明義務違反の成否（主位的請求関係）について

　　一般に，不動産売買契約における売主は，信義誠実の原則に基づき，買主が売買契約締結の意思を決定するか否かにとって重要な事項を説明すべき義務を負う。もっとも，売主が宅建業者に仲介を依頼した場合は，当事者の意思としては，重要事項の説明は自己が依頼した宅建業者が行うものとしてこれに委ねるのが通常であるから，売主本人は原則として買主に対する説明義務を負うものでなく，例外的に買主から直接に説明することを求められた場合には，その事項が買主にとって重大な不利益をもたらすものであるときは，その説明義務を負うというべきである。本件売買契約締結の際，買主担当者甲が本件特約条項を含む売買契約書の全文を読み上げたことは認められるものの，甲の証言中，Y および Y が仲介を依頼した乙に向かって「こういうことはありませんね」と質問したこと，およびこれに対する Y の応答に関する部分にはややあいまいなところがあり，他にこのやり取りに関する証拠は甲の陳述書以外にはないこと，本件売買契約書は全文で 6 頁からなり，Y が最後に上記のような質問を受けたとしても，その場でその質問の趣旨を正しく理解することができたかどうかは不明であることなどに照らすと，上記

の事実および証拠関係のもとで，仲介業者である乙のほかに，Ｙが本件自殺についてＸに対し説明義務を負い，その違反があると認定することは困難というべきである。以上によれば，Ｙの説明義務違反を前提とするＸの主位的請求は理由がない。

2. 瑕疵担保責任の成否（予備的請求関係）について

瑕疵とは，その目的物が通常有すべき品質・性能を欠いていることをいい，一般に目的物に物質的な又は法律的な欠陥がある場合のみならず，「目的物上（解体済建物含む。）での過去の嫌悪すべき事件・事故（殺人事件，自殺，変死等）が発覚した場合」には買主は契約を解除することができることが明記されており，買主であるＸがこのような事件，事故の存在を契約解除事由とするほどに嫌悪する瑕疵であることが定められていることに照らせば，本件自殺の事実は本件土地の瑕疵であると認めることができる。

Ｙは，本件自殺が1,798.27㎡の土地上のわずか数㎡に駐車した自動車内での出来事であることなどから心理的瑕疵ということはできないと主張するが，土地上の駐車した自動車内での練炭自殺ということ自体，宅地の売買において忌み嫌われる事実といわざるを得ない上，本件特約条項上も自殺の態様について特に制限はないのであるから，上記判断を左右するものではない。また，瑕疵の消失をいう点についても，自殺から約1年4か月を経過したというだけでは，特段の事情がない限り，自殺による心理的影響が消失したということはできず，むしろ，Ｘが本件自殺の事実を知った平成23年2月当時も，近隣住民は本件自殺の事実を記憶していたのであるから，瑕疵が消失したということはできない。次に隠れた瑕疵とは，買主が取引上必要な注意をしても発見できない瑕疵をいうものであるところ，土地上に駐車した自動車内で自殺があったという事実は，買主やその依頼を受けた宅建業者が通常購入前に行う土地の現況や使用状況の確認，法務局での登記事項等の調査によっては発見することができないものであるから，特段の事情がない限り，隠れた瑕疵ということができる。Ｙは，Ｘには過失があるから隠れた瑕疵とはいえないと主張するが，まず，本件特約条項は売主であるＹまたはそ

の依頼を受けた仲介業者乙に対して自殺等の事故の存在を告知するよう促すものであり，これによってXに調査義務が生じるものではない。また，Xについて，近隣の者や信用金庫に対して自殺等の有無を確認すべき義務があると認めるに足りる事情はない。

さらに，Yは，Xの瑕疵担保に基づく請求は本件売買契約で定められた請求期間を徒過したものであると主張する。しかしながら，本件売買契約書の請求期間4か月の定めは，民法の瑕疵担保責任の請求期間を短縮したものと解されるところ，同期間は除斥期間であり，買主は同期間内に売主に瑕疵の内容とこれに基づき損害賠償請求をする旨を表明すれば足り，これにより瑕疵担保責任に基づく損害賠償請求権は保存される。Xは，本件土地の引渡日である平成23年1月から4か月を経過していない同年3月到達の内容証明郵便により，本件土地で自殺があったことが心理的欠陥であり，Yに対し瑕疵担保責任に基づき868万円の損害賠償を請求する旨の通知をしていることが認められるから，これによりXのYに対する損害賠償請求権は保存されたということができる。そして，Xは，平成23年11月に民事調停を申し立て，平成24年3月に本件訴えを提起したのであるから，請求期間に徒過があるということはできない。以上によれば，Yは瑕疵担保責任に基づく損害賠償責任を免れない。

3. 損害について

瑕疵担保責任に基づき買主が契約を解除しない場合，買主は，売買代金額と瑕疵があるために減価した目的物の価格との差額を損害賠償として請求することができる。本件では，本件自殺の存在による本件土地の減価額を直接に認定する証拠はないが，甲は陳述書において20％ないし30％の減価であると述べていること，甲の代表者も，平成23年2月頃のYとの面談のなかで，もし自分が本件自殺の事実を知っていたら坪単価8万円は出せない，せいぜい5,6万円であると述べており，これは25％から37.5％の減価を意味すること，Xは，結局，本件土地を当初の予定通りに区画割りした上，9棟の建物を建てて販売しているが，繰り返し値下げをした結果，当初の売出価格

50

（各棟 2,000 万円前後）に比べ平均して 20％以上の下落が生じたことが認めら
れるから，これらからすれば，本件自殺の存在により本件土地の価格は少な
くとも 20％すなわち 868 万円は下落したものと認められる。したがって，
その内金として 500 万円の損害賠償を求める X の請求は理由がある。

〈解説〉

　本件判決は，売主の説明義務違反は否定したものの，瑕疵担保責任を認め，
損害額としては，自動車内での自殺により土地価格が 20％下落したことを認
め，その内金請求としての 500 万円を認容した。

　本件判決が，売主の説明義務違反を否定したのは，宅建業者に仲介を依頼し
たことにより，説明義務があるのは宅建業者であり，自殺等について買主側か
ら明確な質問が売主になされたと認められないことを理由としている。しかし
ながら，本件売買契約書には，一般的には見られない「目的物上（解体済建物
含む。）での過去の嫌悪すべき事件・事故（殺人事件，自殺，変死等）が発覚し
た場合には，買主は売主に対し，本契約を解除することが出来るものとする。」
との本件特約条項があり，売主自身の夫の自殺が契約の 1 年 4 か月前という近
隣住民の記憶にまだ残っている時期にあったのだから，仲介業者の存在だけで
売主の説明義務違反を否定することはなかったと思われる。

　買主の損害額の立証については，売買に関与した仲介業者等の陳述書や証言
のみで客観的な書証が提出されておらず，これではたして裁判所が認定してよ
かったのか疑問が残る。損害賠償を請求する買主としては，不動産鑑定士の鑑
定評価書か，せめて意見書を書証として提出する必要があると思われる。

【13】　高松高判平 26・6・19 判時 2236 号 101 頁

〈事案の概要〉

　X らは，平成 20 年 12 月に宅建業者である Y の仲介で愛媛県内の本件土地を
2,750 万円で取得したところ，20 年以上前に本件土地上に建っていた本件建物
内での首吊り自殺（その約 1 年後，本件建物は解体）についての説明がなかった

第1章　不動産取引における心理的瑕疵　　*51*

として，不法行為に基づき，X_1は726万132円の，X_2は1,089万197円の，各損害賠償請求をしたところ，原審の松山地裁は，Yの説明義務違反を認め，Xらに対し，慰謝料および弁護士費用の合計各85万円の限度でこれを認めた。この判決に不服なXらが控訴したところ，高松高裁は，Xらの控訴およびYの附帯控訴をいずれも棄却した。

〈判決の要旨〉

1．説明義務について

　　Yは，本件売買当時，既に本件建物内での自殺の事実についての人々の興味，関心が薄れてしまっていたと認めるに足りる証拠はなく，かえってこの自殺の事実は，今なお近隣住民の記憶するところとなっていると認められるとした原判決の事実認定には誤りがある旨主張する。しかし，原判決の認定するとおり，自殺の事実が今なお近隣住民の記憶するところとなっているといえるのであって，これを覆すに足りる根拠は見出せない。また，Yは，本件建物内での自殺等から四半世紀近くが過ぎ，自殺のあった本件建物も自殺の約1年後に取り壊され，本件売買当時は更地となっていたとの事実を指摘するが，これらの事実があったとしても，マイホーム建築目的で土地の取得を希望する者が，本件建物内での自殺の事実が近隣住民の記憶に残っている状況下において，他の物件があるにもかかわらずあえて本件土地を選択して取得を希望することは考えにくい以上，Yが本件土地上で過去に自殺があったとの事実を認識していた場合には，これをXらに説明する義務を負うものというべきである。なお，この判断は，本件土地が活発に売買の対象となっており，売買価格に事件の影響が窺えなかったとしても左右されない。

2．本件売買契約締結当時のYの認識について

　　Xらは，①Yと一体である甲社が本件土地を購入したときの価格が事故物件であることを前提にしなければあり得ない低廉な価格であることを指摘する。しかし，原判決に説示するとおり，平成13年当時の本件土地の近隣標準地の公示価格に基づく価格3,490万7,520円，本件土地の路線価に基づく価格2,636万2,450円からすれば，本件土地の購入価格2,652万円は，甲社

にとって相応に有利な価格であったとみることができるとしても，事故物件であることを前提にしなければあり得ない低廉な価格であるということはできない。また，Ｘらは，②甲社が本件土地を購入する際に，事故物件か否かを含む地歴調査をしたものと考えられる旨指摘するが，同社が購入時に地歴調査をしたとしても，当然に本件土地が事故物件であることを知っていたとはいえない。Ｘらは，③本件土地は，環境の良い閑静な住宅地にあるにもかかわらず，20年以上一度も住宅の建設がされなかったと指摘する。しかし，本件土地の周辺は，閑静な住宅地ではあるが，駐車場として利用されている土地も存在するのであって，20年以上一度も住宅の建設がされなかったとしても，そのことから直ちに本件土地が事故物件であることを推測させるものとは言い難い。また，Ｘらは，④Ｙは長年にわたり本件土地周辺で地場の不動産業者として営業しており，新聞報道等により本件土地に関連する殺人事件のことを認識していた（法人であるＹの認識の有無については，従業員の認識を含めて判断すべきである。）と主張する。しかし，法人であるＹの認識の有無について，代表者だけではなく，本件売買に関与したＹの従業員の認識を考慮する余地があるとしても，本件売買と何ら関係のない従業員の認識を考慮すべきとはいえない。そして，Ｙの代表者や本件売買に関与したＹの従業員が新聞報道等により本件土地に関連する殺人事件のことを認識していたことを認めるに足りる的確な証拠はない。Ｘらは，⑤本件売買契約締結当日に至って，事前説明と異なり，Ｘ₁に対し特段の説明をすることなく，売主が瑕疵担保責任を負担しない形に契約条件を変更したことを指摘するが，隠れた瑕疵の具体的内容を把握していない場合であっても，念のため瑕疵担保責任を負わない旨の契約を締結することも通常の取引で見受けられることに照らすと，売主が瑕疵担保責任を負担しない形に契約条件を変更したことから本件土地が事故物件であることをＹが認識していたと推認することはできない。Ｘらは，⑥乙が本件売買契約締結よりも前に，Ｙの従業員に対し，本件土地が自殺等にかかわる物件である旨話したことなどに照らし，原判決の事実認定には誤りがある旨指摘する。しかし，乙が自殺の事実について話

第1章 不動産取引における心理的瑕疵　　*53*

をした時期や相手方が曖昧である上，そのような話をしたことを裏付けるものがないことを理由に，乙の陳述等を採用することは困難であり，この陳述等によって，Yが，自殺の事実を認識していたと認められないとした原判決の証拠判断は是認し得るものである。以上によれば，Yが，本件売買契約締結当時，本件土地が事故物件であること（具体的には，本件土地上の本件建物内で自殺があったこと）を認識していたとは認めるには足りない。

3. Yが本件売買契約締結に先立ち，本件土地が事故物件であることについて調査・説明義務を負うかについて

　　Xらは，宅建業主任者が属する協会の実務研修におけるマニュアルには近所からヒアリングをすべき旨記載されていること，本件売買契約は小さな子供を含む家族のマイホームを建築する目的であったこと，隣人に確認すれば，容易に事故物件であることを確認できたことに照らすと，事故物件性の存在を疑うべき事情があるか否かにかかわらず，Yは本件土地が事故物件に当たるか否かについて調査し，その結果をXらに説明すべき義務を負っていた旨主張する。しかし，宅建業主任者が属する協会の実務研修におけるマニュアルに近所からのヒアリングをすべき旨の記載があるかどうかについて客観的な裏付けがない上に，同マニュアルの記載により宅建業主任者の法的義務の範囲が定まる関係にもない。また，本件売買契約が小さな子供を含む家族のマイホームを建築する目的であったとしても，対象物件が自殺等の事故物件であることは極めて稀な事態であることからすれば，事故物件性の存在を疑うべき事情がない場合にまで，売買の仲介に当たる宅建業者に事故物件であるかを調査すべき義務があると認めることはできない。なお，Xらは隣人に確認すれば容易に事故物件であることを確認できたことを指摘するが，この点は調査義務の有無を左右する事情には当たらない。Xらは，仮に，調査義務を認める前提として，事故物件性の存在を疑うべき事情が必要であるとしても，本件ではそのような事情が認められることは明らかである旨主張する。しかし，Xらが指摘する事情は，いずれも本件土地が事故物件であると疑うべき事情に当たるとはいえない。

4. 不法行為と相当因果関係のある損害について

　Xらは，本件土地の取得に要した支出額と本件土地の現在価額との差額が損害となる。仮に手付金放棄による解除となった場合でも，Xらの負担は275万円にとどまったものである旨主張する。しかし，本件売買契約では売主の瑕疵担保責任は排除されている上に，本件売買契約に動機の錯誤があったとしてもその動機が表示されているか等の問題点があるから，Xらが本件売買契約締結後決済前に本件土地が事故物件であることを知り，本件売買契約の解消を望んだとしても，本件売買契約が解消された高度の蓋然性があるとはいえない。また，Xらは手付金放棄による解除もできた旨主張するが，手付金放棄による解除の期限は平成21年1月19日となっており，Yの担当者が本件土地がいわゆる訳あり物件であるかもしれないとの疑いを抱いたのがそれより後のことであることに照らせば，Yが速やかに調査を行い，その結果をXらに報告していたとしても手付金放棄による解除は当然にはできなかったものといわざるを得ない。そうすると，不法行為と相当因果関係のある損害は，本来であれば本件売買契約が締結されたことを前提にしつつも，代金決済や引渡手続を完了しない状態で，本件売買契約の効力に関し，売主と交渉等をすることが可能であったのに，説明義務が履行されなかったために，代金決済や引渡手続を完了した状態で売主との交渉等を余儀なくされたことによる損害にとどまるのであって，具体的には，このような状態に置かれざるを得なかったことに対する慰謝料であると考えるのが相当である。すなわち，Xらが主張する損害のうち，本件土地の取得に要した支出額と本件土地の現在価額との差額（あるいは，これから手付金を控除した額）は不法行為と相当因果関係がある損害とは認められない。Xらは，原判決は，Xらの慰謝料を各75万円（150万円）とするが，Xらが被った苦痛は極めて甚大であって，上記金額は著しく低廉にすぎる旨主張する。しかし不法行為は，本件売買契約締結後の説明義務違反に基づくものであるから，事故物件である本件土地を対象とする本件売買契約を締結したことによって生じた精神的苦痛は不法行為と相当因果関係のある損害には含まれない。Xらが指摘する事

第1章　不動産取引における心理的瑕疵　*55*

情はいずれも不法行為と相当因果関係のある損害には含まれない。そして，不法行為による損害は，交渉上の不利益を甘受することを余儀なくされたという不定型なものであるところ，この損害を金銭的に評価するにあたって，仲介手数料（45万円）との均衡も勘案し，慰謝料額を各75万円とした原判決の認定は是認し得る。

5. 結　論

　そうすると，Xらの請求は，不法行為に基づく損害賠償としてそれぞれ85万円およびこれに対する遅延損害金の支払いを求める限度で理由があるから，同限度で認容した原判決は相当であって，本件控訴および本件附帯控訴はいずれも理由がないから，これらをいずれも棄却することとする。

〈解説〉

　本件は，土地の売買契約を仲介した宅建業者に対する買主による不法行為に基づく損害賠償請求の事案である。原判決が契約後決済までに事故物件であることを知りながら，宅建業者としての説明義務を履行しなかったために，決済後に売主との交渉を余儀なくされたことによる慰謝料と弁護士費用合計170万円だけを認めたことについて，本件土地の取得に要した費用と現在の本件土地の価額との差額約1,800万円が損害であるとして控訴したが，高松高裁はこれを否定したものである。

　宅建業者が，売買契約の前から自殺があったことを知っていたのであればともかくとして，契約後決済前という時点では，まして瑕疵担保責任を負わない特約がある本件契約では，決済までに仲介業者として売主と交渉できることは限られており，買主の差額請求が退けられたのは仕方のないところである。

　むしろ，1審も本件判決も，100万円に満たない慰謝料であれ買主の請求を一部認容したことに若干の驚きを覚える。なぜなら，本件土地上にあった本件建物内での自殺は四半世紀も前のことであり，その自殺から約1年後に本件建物も取り壊されているからである。【8】のように，凄惨な殺人事件があったというのであればともかくとして，本件は自殺事件である。

　もっとも，本件建物内で自殺した娘の父親の内妻が，その自殺の約1年前に

別の場所で実の息子に殺されたことから，東京や大阪などの大都会と異なり，近隣住民においては本件自殺がその殺人事件と関連付けて，今なお記憶されていたこと，仲介をした宅建業者としては知った以上は説明義務を負うと，裁判所が判断したことはやむを得なかったと言えなくもない。

5　マンション（1棟もしくは1室）やビルの売買

【14】　横浜地判平元・9・7判時 1352 号126 頁

〈事案の概要〉

　X ら夫婦が，昭和 63 年 10 月に Y 社からマンションの 1 室を居住用目的で3,200 万円で買い受けたが，Y 社代表者の妻が昭和 57 年 10 月に縊首自殺していたことが判明したため，隠れた瑕疵に該当するとして瑕疵担保責任に基づき契約を解除し，支払済の手付金 500 万円と売買代金の 20％に相当する違約金640 万円の支払いを求めた。

　これに対し，横浜地裁は，X らが永続的な居住の用に供するために本件建物を購入したものであって，他の自殺などの類歴のない建物と同様に買い受けることは通常考えられないことであり，自殺後 6 年 3 か月という期間はさほど長期であるということはできないと判断し，Y に対し X らへ請求通り各 570万円の支払いを命じた。

〈判決の要旨〉

1. 心理的瑕疵が瑕疵担保責任の「瑕疵」と認められる基準

　　「売買の目的物に瑕疵があるというのは，その物が通常保有する性質を欠いていることをいうのであって，右目的物が建物である場合，建物として通常有すべき設備を有しない等の物理的欠陥としての瑕疵のほか，建物は，継続的に生活する場であるから，建物にまつわる嫌悪すべき歴史的背景等に原因する心理的欠陥も瑕疵と解することができる。

　　ところで，売買における売主の瑕疵担保責任は，売買が有償契約であるこ

とを根拠として，物の交換価値ないし利用価値の対価として支払われる代金額との等価性を維持し，当事者間の衡平をはかることにあるから，右制度の趣旨からみると，前記事由をもって解除をしうる瑕疵であるというためには，単に買主において右事由の存する建物の居住を好まないだけでは足らず，それが通常一般人において，買主の立場におかれた場合，右事由があれば，住み心地の良さを欠き，居住の用に適さないと感ずることに合理性があると判断される程度にいたったものであることを必要とすると解すべきである。」

2. 瑕疵の該当性の判断

　「Xらは，小学生の子供2名との4人家族で，永続的な居住の用に供するために本件建物を購入したものであって，右の場合，本件建物に買受の6年前に縊首自殺があり，しかも，その後もその家族が居住しているものであり，本件建物を，他のこれらの類歴のない建物と同様に買い受けるということは通常考えられないことであり，右居住目的からみて，通常人においては，右自殺の事情を知ったうえで買い受けたのであればともかく，子供も含めた家族で永続的な居住の用に供することははなはだ妥当性を欠くことは明らかであり，また，右は，損害賠償をすれば，まかなえるというものでもないということができる。」

3. 大都会にある中古マンションである，自殺後6年3か月が経過している等のYの主張に対して

　「Yは，本件建物は，中古マンションであるから，死者が出た歴史を持つマンションかもしれないことは買主の方で当然予想できる事柄である旨主張するが，単なる死亡ではなく，縊首自殺であるから，この主張は失当である。さらに，本件建物は，大都会にあるマンションであるから，人の出入りが激しく隣人に関心がないのが通常である旨主張するが，この問題は，マンションの他の部屋の問題ではなく，本件建物の問題であり，しかも，本件建物においては，自殺者の出た家族が居住しているのであるから，この主張も失当である。また，自殺後6年3か月という時の経過は重視されるべきであ

る旨主張するが，右期間は，さほど長期であるということはできない。

　以上によれば，本件契約は，瑕疵担保による解除原因があるものというべきである。」

〈解説〉

1. 本件は，Xら夫婦がY会社マンションの1室を買い受けたところ，契約締結後に，その部屋でY会社の代表者の妻が自殺をしていたことが判明し，瑕疵担保責任に基づき，契約を解除し，支払済みの手付金および違約金の支払いを求めた事案である。

2. 本件において，Xは，損害賠償のみならず解除まで求めた。瑕疵担保責任に基づき，契約の解除をなしうるためには，売買目的物に隠れた瑕疵が存在するだけでは足りず，そのために「契約をした目的を達することができない」必要がある（民法570条，566条）。

　本件判決は，解除をなしうる瑕疵であるための基準として，「単に買主において右事由の存する建物の居住を好まないだけでは足らず，それが通常一般人において，買主の立場におかれた場合，右事由があれば，住み心地の良さを欠き，居住の用に適さないと感ずることに合理性があると判断される程度にいたったものであることを必要とする」と述べ，本件では上記基準を満たし，解除原因があると判断した。本判決では，Xらが永続的な居住用に供するために本件物件を購入した点が重視されたと思われる。

3. 本件において，Yは，本件建物は大都会のマンションであり，人の出入りが激しく隣人に関心がないのが通常である，と主張をした。建物が大都会にあることは，心理的嫌悪の度合いを否定する事情となり得る。しかし，本判決では，それらを考慮しても，自殺が発生したのが本件建物であったこと，自殺者の出た家族がその後も居住していたことを考え合わせると，瑕疵を否定することにはならないと判断し，Yの主張は失当であるとした。

　さらに，Yは，自殺後6年3か月が経過しているため，心理的嫌悪の度合いは弱まっている，と主張したが，本判決は，6年3か月という期間はさほど長期であるとは言えない，と述べ，当該主張も認めなかった。

第1章　不動産取引における心理的瑕疵　　*59*

　なお，本件で，縊首自殺が行われたのはマンションのベランダ（共用部分
かつ専用使用部分）であり，室内（専有部分）ではなかった。しかし，ベラン
ダで発生した自殺が，室内（専有部分）に及ぼす影響については，判旨では
触れられなかった。共用部分であっても，専用使用部分であるから，専有部
分に準じたものと判断したのかもしれない。
4.　本判決は，契約の解除を認めた上で，手付金500万円の返還および違約金
　として規定されていた売買代金の20％（640万円）の支払いを認めた。な
　お，本件では，Yは売買残代金の支払いを求める反訴を提起していたが，
　本件契約は解除されたとして，反訴を棄却した。

【15】　東京地判平 20・4・28 判タ 1275 号 329 頁

〈事案の概要〉

　Xは，平成17年7月に不動産業者Yから1棟の賃貸マンションを1億
7,500万円で購入したが，平成15年6月に本件マンションからYの前所有者
Zの娘Aが飛び降り自殺していたことが分かった。Yが，本件マンションを
Zから1億3,000万円で買い取った際，重要事項説明書に「本物件北側道路に
転落する死亡事故がありました。警察署において調査を行いましたが，プライ
バシー保護の観点から事故の原因・種類等は解明できませんでした。」と記載
されていたが，YはXに何ら告知，説明をしなかったため，XはYに対し，
告知・説明義務違反に基づく損害賠償請求として，慰謝料等7,000万円の支払
いを求めた。

　これに対し，東京地裁は，Yは不動産を取り扱う専門業者として，Xに対
し当該事実を告知，説明する義務があったと言うべきであるとして，当該義務
違反に基づく損害として2,500万円の支払いを命じた。

〈判決の要旨〉

1.　Yの告知・説明義務違反について

　　Yが，本件死亡事故が飛び降り自殺であることを知っていたと認定した

上で，「飛び降り自殺があった物件であることは，価格にも一定の影響があることは明らかであるから，相手方がこれを購入するか否かを検討する際に告知，説明しておく必要のある事柄であることも明白である。したがって，Ｙには，本件売買契約の約２年前に本件建物から居住者が飛び降り自殺する本件死亡事故があったことを知っていた以上，不動産を取り扱う専門業者として，当該不動産を売り渡そうとする相手方であるＸに対し，当該事実を告知，説明すべき義務があったというべきである。」

2. 本物件が収益物件である，死亡事故から２年が経過している，とのＹの主張に対して

「Ｙは，本件不動産を賃貸による収益物件として売りに出し，Ｘも，これを収益物件として購入したこと，本件死亡事故から約２年間を経過していることなどを強調して，告知，説明義務を争うが，一般に，飛び降り自殺があった物件であることは，これを購入しようとする者，賃借しようとする者に主観的な忌避感を生じさせるおそれがある事実であり，たとい買主が賃貸による収益を主目的とする物件であっても，買主にとって，賃借人を募集する関係上，飛び降り自殺があった物件であることは，客観的にも経済的不利益を生ずる可能性がある。したがって，不動産を販売する不動産業者としては，販売の相手方の購入意思決定に影響を及ぼすべき本件事故の事情を認識している以上，販売の相手方に対し，当該情報を提供する義務があるというべきであり，相手方が当該不動産を購入するか否かは，相手方が自らの意思によって決すべきものであって，販売する側において当該情報の要否を勝手に判断することができないことは当然である。よって，本件不動産が賃貸による収益物件として売りに出され，Ｘも，これを収益物件として購入したことは，Ｙの責任を否定する理由とはならない。また，自殺事故による忌避感は，それ自体としては主観的要素に基づくものであるから，性質上，時間の経過により薄まっていくことは首肯し得るものの，本件売買契約当時，本件死亡事故からは未だ２年間を経過したにすぎないから，Ｙの告知，説明義務を消滅させるには至らない。」

第1章　不動産取引における心理的瑕疵　　*61*

3. 損害額について

　損害額について，Xは漠然とした主張をしていたが，「本件損害を慰謝料の名目で請求しているが，実質的には経済的損害を含むものとして請求している。」と善解したうえ，「本件売買契約後，本件建物で飛び降り自殺があった事実を知ったXは，Zらが転居して空室となった本件建物8階，9階について，縷々検討した結果，親戚の者に月額10万円で貸すに至っており，月額25万円の賃料収入が得られていた本件建物8階，9階からの収入が，月額10万円しか得られなくなったのは，本件飛び降り自殺があったことによるものであり，Xらには，月額ほぼ15万円の経済的不利益が生じているものである。……Xは，本件建物8階，9階の賃料として月額25万円程度は得られるものと予定して，本件不動産を購入したものと認められるのであり，月額ほぼ15万円の経済的不利益は，XがYから本件死亡事故の告知，説明を受けていなかったことによってXが被った不測の損害であるとみることができる。」

　「本件不動産の現実の購入価格である1億7,500万円について，自殺物件であることによる減価を25パーセントとみて，2年経過後であることを考慮すると，売買価格は，本来，1,750万円程度は減額されるのが通常であったと解し得ること，現実にも，予定していたよりも3年間では540万円の減収となることが予想されること，本件証拠によって認められる原告の精神的苦痛の程度，しかし，これは，経済的観点からの損害の填補により相当程度軽減される性質のものであると考えられることなど，本件に顕れた諸事情を総合考慮すると，民事訴訟法248条の趣旨に鑑み，本件告知，説明義務違反と相当因果関係の認められるXの損害額は，2,500万円と評価するのが相当であると判断する。」

〈解説〉

1. 本件は，売主Yが買主Xに対して，Yの前所有者の娘が自殺していた事実を告げなかったとして，告知・説明義務違反に基づく損害賠償請求を行った事案である。

2. 本判決は，説明義務の有無の認定に際し，単に「飛び降り自殺があった物件であることは，価格にも一定の影響があることは明らかであるから，相手方がこれを購入するか否かを検討する際に告知，説明しておく必要のある事柄であることも明白である。」とだけ述べて，告知・説明義務の対象になると判断した。

　　しかし，本件でAが自殺して転落した場所は，売買の対象となった物件の敷地ではなく，本物件の北側私道上であった。また，死亡の理由も殺人ではなく自殺であり，しかもその態様は建物外での飛び降りであり，部屋の中で縊死した場合とは異なる。にもかかわらず，本判決はこれらの事情について特に述べず，飛び降り自殺の事実が告知・説明義務の対象になると判断した。

　　なお，賃貸事例ではあるが，賃貸目的物である建物から公道に飛び降り自殺をし，搬送先の病院で数時間後に死亡したという事案である【21】では，賃貸目的物とされた本件建物部分で発生したというものではないことも理由として，自殺の事実の告知義務を否定した。

3. 本判決は，損害額についても2,500万円と極めて高額の損害を認めた。

　　本件で，Xは損害額についてYの仕入価格とXへの販売価格との差額に相当する4,500万円を「慰謝料と言い換える」と主張し，懲罰的損害賠償として2,500万円を主張するなど，かなり漠然とした主張をしていた。それについて，本判決は，経済的損害も含む趣旨で4,500万円の損害を主張する趣旨であると解釈し，その上で，「自殺物件の購入の際は25パーセントから35パーセントの減額を求めている」「自殺物件である場合，価格を2，3割は減額せざるを得ない」等の証言から，自殺による減価を25％とみて，Xの本件マンションの購入代金が1億7,500万円であり，売買時には自殺から2年経過していたことから，5年間定額法で計算すると，1億7,500万円×0.25÷5×2＝1,750万円となり，本来1,750万円ほどは減額されるべきであったと判断した。そして，Xの精神的苦痛の程度や諸事情を総合考慮し，2,500万円を損害として認めた。

第1章　不動産取引における心理的瑕疵　　*63*

4. 本件は，自殺から2年しか経過していないときに売買されたという事案で
　はあるが，転落した場所は本物件外であったこと，他殺ではなく自殺であっ
　たこと，飛び降りという態様であったことを考えると，そもそも告知・説明
　義務の対象になるか疑問であるし，また，自殺物件の減価率と一括りにした
　上で精神的苦痛も考慮して2,500万円もの高額の損害を認めるのが妥当な事
　案であったかは疑問が残る。

【16】　東京地判平21・6・26判例秘書登載06430336

〈事案の概要〉

　Xが，平成17年12月に不動産販売業者Yから2億2,000万円で賃貸マンシ
ョンを買い受けたが，7，8階に住んでいた元所有者の娘Aが平成16年1月
に居室で睡眠薬を多量に飲んで病院に搬送され，その2～3週間後に病院で死
亡したことが判明したため，隠れた瑕疵があるとして瑕疵担保責任，もしくは
調査義務・説明義務違反があるとして代金の2割に相当する4,400万円の損害
賠償請求をした。

　これに対し，東京地裁は，本件自殺は病院に搬送された後死亡したというの
であるから，そもそも首つりや，殺人事件などの場合とは社会的な受け止め方
が異なること，本件自殺の事実は社会的にほとんど知られていなかったこと，
今後Xが新たな賃借人を募集する際に過去に本件自殺があったという事実を
借受希望者に対して当然に告知しなければならないというような重要な事項で
はないと考えられること等総合的に勘案すれば，極めて軽微な隠れた瑕疵に該
当する程度のものと考えるのが相当であるとし，本件不動産の売買代金の1パ
ーセントに相当する220万円の損害額だけを認めた。なお，調査説明義務違反
は否定した。

〈判決の要旨〉

1. 隠れた瑕疵の有無について

　　「睡眠薬を多量に服用して病院に搬送され，病院で死亡したような場合に

は，社会的には自殺を試みたものと考えられるのが当然のことであり，死亡そのものは病院で死亡したとしても，一般的には，死亡の原因となった行為がなされた場所で，すなわち，睡眠薬を多量に服用した本件建物で自殺したといわれることがあり，本件建物内で睡眠薬自殺があったといわれても，誤りとまではいえない。」

「民法570条が前提としている特定物売買における『瑕疵』とは，客観的に目的物が通常有すべき性質，性能を有していないという物理的な欠陥だけではなく，目的物の通常の用法に従って利用することが心理的に妨げられるような主観的な欠陥をも含むものと理解するのが相当である。

ところで，本件建物（本件不動産）は，Xがこれを第三者に賃貸して賃料収入を得ることを目的として購入したものであるから，本件建物を賃貸する際に妨げとなったり，当然に得られるはずの賃料収入が得られないなどの原因となる欠陥があれば，それは，本件建物の『瑕疵』に該当するというべきところ，一般的に，その建物内で殺人事件があったり，自殺等があったという事情は，建物を賃借しようとする者にとって嫌悪すべき事情の一つに該当することは明らかであり，その建物を賃借することを躊躇し，賃料等が同じであれば他の物件を借りようとするのが通常であると考えられるから，本件建物で自殺があったという事実は，賃貸を前提とする本件建物にとって『瑕疵』に該当するというべきである。

もっとも，本件においては，自殺といっても，いわゆる縊死などではなく，睡眠薬の服用によるもので，病院に搬送された後，約2週間程度は生存していたというのであって，本件建物内で直接死亡したというものではないから，もともと瑕疵の程度としては軽微なものということができる。しかも，そのような事実があったとしても，一般的には時間の経過とともに忘れ去られたり，心理的な抵抗感は薄れるものであるところ，Xが本件建物を取得した平成17年12月2日時点において，本件自殺から既に1年11か月が経過していたのであるから，この意味からも，『瑕疵』としては極めて軽微なものになっていたと認めるのが相当である。」

第1章　不動産取引における心理的瑕疵　　*65*

2. 調査説明義務違反の有無について

「本件自殺の事実は，本当に限られた者だけが知っていた事実で，誰も公になるのを望まなかったため，いわば秘密に近い事実であったと考えるのが相当である。」

「上記の諸事情を勘案すれば，本件売買契約当時において，Yだけが本件自殺について当然に知り得たとするのは妥当ではなく，Yにおいて調査義務違反や説明義務違反があったとするXの主張を採用することはできない（X自身も不動産の賃貸借や売買やその仲介を業とする会社であり，しかも，その資本金の額は被告の6倍以上で，Yよりは手広く不動産取引を行っている会社であるから，Yだけを非難するのは，その意味からも相当ではない）。」

3. 本件売買契約の解除の可否について

「本件建物において本件自殺があったことは事実であっても，睡眠薬の服用によるもので，しかも，本件建物内で死亡したわけではなく，病院に搬送された後2週間程度は生存して，病院で死亡したというのであるから，そもそもいわゆる首つりなどの縊死の場合や，殺人事件などの場合とは社会的な受け止め方が異なるものである。

また，本件売買契約が締結されたのは平成17年12月2日であるところ，原告が主張している本件自殺は平成16年1月のことであるから，Xが本件不動産を取得した時点で既に約1年11か月が経過していたものであるところ，本件自殺は広く新聞等のマスメディアで報道されたものではなく，Yの前所有者やYへの売買契約を仲介した不動産取引業者等も何も知らず，近所で評判になっていたというものでもなかったのであるから，社会通念上，本件建物で本件自殺があったという事実を過大に評価するのは相当ではない。

ちなみに，Xが本件不動産を取得した時点では本件建物の1階から8階までに賃借人がおり，賃料収入がある状態であったところ，その後も平成18年5月まで，本件建物の1階から8階までの賃借人に全く変化はなく，本件自殺があったとされるときから2年4か月以上も影響はなかったのであ

るから，形の上では，本件自殺は本件建物の賃貸を妨げたり，その交換価値を大きく下げる要因にはなっていないものと認めるのが相当である。

　そうすると，本件では，過去に本件建物内で本件自殺があったという瑕疵が存在することによって，本件不動産を賃貸し賃料を取得して利益を上げるという本件売買契約の目的を達することができない，とまで認めるに足りる証拠はないから，買主であるＸにおいて本件売買契約を解除することはできないというべきである。」

4. 損害額について

　本件建物内で死亡したわけではないこと，Ｘが本件不動産を取得した時点で既に約2年が経過していたこと，本件自殺の事実が社会的にほとんど知られていなかったこと，Ｘが本件不動産を取得した後の平成18年5月まで，本件建物の1階から8階まですべて入居していた賃料収入が上がっていたこと，本件口頭弁論終結時では本件自殺から5年以上が経過しており，今後新たな賃借人を募集する際に，過去に本件自殺があった事実を借受希望者に対し当然に告知しなければならない重要事項ではないと考えられること等を述べ，「これらの事実を総合的に勘案すれば，本件自殺があったという本件建物の瑕疵は極めて軽微なものと判断されるから，これに基づく本件不動産の減価による損害額は，本件不動産の売買代金額の1パーセントに相当する220万円と認めるのが相当である。」

〈解説〉

1. 本件は，ＸがＹから賃貸マンションを買い受けた後，元所有者の娘Ａが居室で睡眠薬を多量に飲んで病院に搬送され，その2〜3週間後に病院で死亡したことが判明したとして，瑕疵担保責任もしくは調査義務・説明義務違反にもとづき損害賠償請求を行った事案である。

2. 本件では，まず，Ａの死亡が本件建物の瑕疵と言えるかが問題となった。本件建物内で睡眠薬を服用したものの，搬送された病院で約2週間生存していたからである。

　これについて，本判決は，死亡の原因となった行為がなされた場所（本件

では，睡眠薬を多量に服用した本件建物）で自殺したと言われることがあるとして，Ａの死亡が本件建物の瑕疵であると判断した。

その上で，Ａの死亡が瑕疵に該当するかを判断したが，本判決は，「一般的に，その建物内で殺人事件があったり，自殺等があったという事情は，建物を賃借しようとする者にとって嫌悪すべき事情の一つに該当することは明らかであり，その建物を賃借することを躊躇し，賃料等が同じであれば他の物件を借りようとするのが通常であると考えられる」と述べ，Ａの死亡が本件建物の瑕疵に該当するとした。しかし，「自殺等があれば建物を賃借するときの嫌悪すべき事情の一つになるのが一般的である」との理由で瑕疵を認定した本判決の考え方に立てば，自殺等があった場合に瑕疵が否定される場合はなくなるのではないかと思われる。

3. もっとも，本判決は，自殺の対応が睡眠薬の服用によるものであり，しかも病院に搬送後約2週間も生存していたことから，「瑕疵としては極めて軽微なものになっていた」と判断している。

Ａの死因は睡眠薬の服用による自殺であり，殺人はもちろんのこと，自殺であっても本件建物内での縊死等とは心理的嫌悪の程度は大きく異なる。しかも，病院に搬送された後，Ａは約2週間も生存していたのだから，心理的嫌悪の程度は極めて小さかったと思われる。

また，本件では，「本件自殺は広く新聞等のマスメディアで報道されたものではなく，被告の前所有者や被告への売買契約を仲介した不動産取引業者等も何も知らず，近所で評判になっていたというものでもなかった」，「本件不動産を取得した時点では本件建物の1階から8階までに賃借人がおり，……その後も平成18年5月まで，本件建物の1階から8階までの賃借人に全く変化はなく，本件自殺があったとされるときから2年4か月以上も影響はなかった」という事情もあった。

とすれば，Ａの自殺の事実が存在することが，「通常一般人において住み心地の良さを欠き，それが居住の用に適さないと感じることに合理性があると判断される程度に達している」ということができるのか，疑問が残る。

68

　なお，本判決では，Xが本件建物を取得したのがAの自殺から1年11か月後であったという事情を，「本件自殺から既に1年11か月が経過していた」として瑕疵を否定する事情として捉えられている。

4.　本判決では，原告が主張する損害額の計算根拠が明確ではないとして，裁判所自ら損害額を検討している。結論として本件不動産の売買代金額の1パーセントに相当する220万円を損害額と認めたが，その理由については，現れた事実を適示し「これらの事実を総合的に勘案すれば」と述べているにすぎず，裁判所の判断根拠も明らかとはいえない。

【17】　大阪地判平21・11・26判タ1348号166頁

〈事案の概要〉

　不動産業者Xが，平成19年12月にYよりマンションの1室を2,800万円で買い受けたが，平成11年2月に本物件で元所有者の長男および父が他殺を疑われる態様で死亡し，同じ頃，元所有者および母も近隣マンションから飛び降り自殺をしていた。Yが，これらの事実を知っていたにもかかわらずXに告げなかったことは，死亡事件を告知すべき契約上の義務（信義則上の義務）の債務不履行にあたり，もしくは死亡事件の存在が瑕疵担保責任の隠れた瑕疵にあたるとして，契約解除による売買代金の返還とその1割の違約金を求めた。

　これに対し，大阪地裁は，Yから管理を任されていたZはX側の仲介業者から本物件について過去に何か問題がなかったかと問われたにもかかわらず，本件死亡事件があった事実を秘匿し告知しなかった。このことは，売買契約に伴い信義則上売主が負う告知義務に違反し，債務不履行の責めを負うと解するのが相当であるとして，本件契約の原状回復として2,800万円の支払い（この部分は本物件の引渡しと抹消登記手続と引き換えに認めた）と，さらに損害賠償として280万円（売買代金の1割）を認めた。

第1章　不動産取引における心理的瑕疵　　*69*

〈判決の要旨〉

1. 債務不履行責任の成否について

　　「Z は，本件契約締結時に本件死亡事件に関する事実を知っており，平成
19 年 12 月 3 日に本件契約を締結するまでの間に，X 側の仲介業者から，本
件不動産について過去に何か問題がなかったかと問われたにもかかわらず，
X に対し本件死亡事件があった事実を秘匿し告知しなかったのであり，Z の
地位は，本件契約において Y と同視すべきであるから，このことは，売買
契約に伴い信義則上売主として被告が負う告知義務に違反し，Y は債務不
履行の責めを負うと解するのが相当である。」

2. 売買の対象物の調査は，本来的には売買当事者が自己の責任の下に行うべ
きである，X 側は不動産業者であるのに対し，Y 側は不動産取引に関して
は全くの素人である，本件死亡事件は広く報道されており，X としても容
易に知り得たはずである，との主張に対して，「Z は，本件不動産を Y が取
得した当初から，本件死亡事件の存在を知っており，本件不動産につき何か
問題はないかと尋ねた X 側の仲介業者に対しその事実を積極的に秘匿して
告知しなかったものであること，本件死亡事件は本件契約よりも 8 年以上前
に起きており，本件マンションの管理人もその事実を知らず，本件マンショ
ンの住民が皆この事実を知っていたわけでもなく，本件マンションの管理会
社も本件死亡事件を知らせてはくれなかったのであって，過去において報道
がされていたからといって，X にとって本件死亡事件が容易に知り得たも
のともいえないこと，以上の点に照らすと，Y 主張の点によっても前記認
定判断を左右するに足りないというべきである。」

〈解説〉

1. 本件のように売主が宅建業者でない場合，売主には原則として説明義務は
ないとされる。契約当事者が宅地建物取引業者に仲介を委託する場合，契約
当事者の意思としては，重要事項の説明は自らが依頼した宅地建物取引業者
が行うものとしてその説明に委ねているということができるからである（大
阪高判平 16・12・2 判時 1898 号 64 頁）。

もっとも，同判決は，「売主が買主から直接説明することを求められ，かつ，その事項が購入希望者に重大な不利益をもたらすおそれがあり，その契約締結の可否の判断に影響を及ぼすことが予想される場合には，売主は，信義則上，当該事項につき事実に反する説明をすることが許されないことはもちろん，説明をしなかったり，買主を誤信させるような説明をすることは許されないというべきであり，当該事項について説明義務を負うと解するのが相当である。」と述べる。

　Zを売主Yと同視し得ると認定している以上，上記義務はZにも課せられることになるので，X側の仲介業者から，本件不動産について過去に何か問題がなかったかと問われたにもかかわらず，本件死亡事件があった事実を秘匿し告知しなかった以上，説明義務違反になる。

2.　本判決は売買契約の解除まで認めた。

　X側の仲介業者が，Zに対して，本件不動産について過去に何か問題がなかったか尋ねていることから，X側は自殺等の事実を一定程度気にしていたことが窺われるので，Zが死亡事件について事実を説明していれば購入しなかったと推測される。特に，本件では，死亡事件が発生したのは売買契約を締結する8年以上前であるが，自殺であるか他殺であるかは明らかでないにしろ，合計4人も死亡していたのだから，Zが死亡事件について説明していたら，Xが本件不動産を購入したとは考えにくい。

　そのような事情から，本判決は解除を認めたと思われる。

　なお，本判決は一部認容判決である。これは，本判決は契約解除を認めたが，売買代金額2,800万円については抹消登記手続きと引換えに支払うことを命じたので（これを民法533条の「同時履行の抗弁権」という），2,800万円の遅延損害金を売買契約の日の翌日から支払うことを求めた点が否定されたためであり，実質上はXの請求を全て認めたと言ってよい。

第1章　不動産取引における心理的瑕疵　*71*

【18】　横浜地判平 22・1・28 判タ 1336 号 183 頁

〈事案の概要〉

　X は，平成 20 年 1 月 27 日に，Y との間で 10 室の賃貸用ワンルームマンションについて 8,680 万円で売買契約を締結し，同年 2 月 18 日に引渡しを受けたが，本件売買契約には，「引渡し前に火災，地震等の不可抗力により滅失又は毀損した場合は，その損失は売主の負担とする」との約定（以下，「本件条項」という）があった。ところが，引渡当日に，マンション 1 室で，賃借人が物干し用ロープをロフトの梯子にかけて首を吊り縊死しているのが発見された。そこで，X は，本件条項に基づき，Y に対し自殺による価値毀損相当分約 381 万円について，不当利得返還請求をした。

　これに対し，横浜地裁は，本件条項は，「火災，地震等」とあるのも物理的滅失や毀損に限定する趣旨ではなく，本件自殺のような本件土地建物の品質や交換価値を減少させる場合を含むと解するのが相当であるとして本件条項の適用を認めた。そして，損害額については，本件土地建物の内，本件土地代金を5,190 万円，本件建物代金を 3,490 万円として，本件居室の本件建物に対する効用割合と減価率から減価を算出する一方，本件土地について本件建物の耐用年数経過後は減価がなくなるものとして複利現価を認めて減価を算出し，Xが賃借人の連帯保証人から受領した 50 万円と敷金 7 万円の計 57 万円を控除した約 324 万円の支払いを認めた。

〈判決の要旨〉

1. 本件自殺は本件条項に定める「毀損」に該当するか（本件自殺による損失を負担するのは X か，Y か）

　　「本件条項は，民法 534 条 1 項の定める債権者主義を修正し，本件土地建物の引渡しに至るまでは，危険負担を Y の負担とする債務者主義による旨の規定と解すべきであって，『火災，地震等』とあるのも物理的滅失や毀損に限定する趣旨ではなく，本件自殺のような本件土地建物の品質や交換価値を減少させる場合を含むと解するのが相当である。Y は，この点，本件条

項が物理的滅失や毀損に限定される旨主張するが，民法534条1項の適用については物理的滅失や毀損に限定されると解するのは相当でないところ，本件条項は，本件売買契約において他に危険負担に触れた条項が設けられていない点からしても，その適用範囲を民法534条1項と異にすると解することはできない。」

2. 毀損の発生時期について

「本件自殺は，本件建物に対して，通常人であれば心理的に嫌悪すべき事由を付加するものであって，本件建物に対する有効需要はこのような心理的瑕疵によって減少することとなる。そして，かかる心理的瑕疵は，本件自殺と同時に本件建物に付加され，毀損として生じると解するのが相当である。Yは，本件土地建物の引渡後に本件自殺が発覚したことを理由に，本件自殺による毀損は引渡後に発生したと主張するが，本件自殺のような心理的瑕疵は，毀損の評価において通常人の心理に依ってはいるものの，毀損自体は評価を待たずして発生するものというべきであるから，かかる評価の原因たる事実が既に生じた以上，当該事実の発覚を待たずして毀損が生じるというべきである。」

3. 損害額について

「鑑定結果によれば，本件自殺による本件土地建物の交換価値減少額は381万520円であると認められる。」

「本件における鑑定の結果は，本件売買契約の代金のうち，本件土地の代金を5,190万円，本件建物の代金を3,490万円（消費税含む。）とした上で，本件建物について，本件自殺による有効需要の減少を本件居室に限定し，本件居室の本件建物に対する効用割合を10.71パーセント，減価率を50パーセントとして減価を算出する一方，本件土地について，本件建物の耐用年数である24年経過後は減価がなくなるものとして年率5パーセントによる複利現価を認めて減価を算出し，全体の減価率を4.36パーセントとしたのであって，その減価に関する考え方及び算出方法は，本件において妥当なものというべきである。」

第1章　不動産取引における心理的瑕疵　　73

4. Ｙの「自殺による賃料減収は，一般に２年間程度生ずるにすぎない上，新
賃借人が退去した後は，賃借人募集にあたって本件自殺を告知する必要はな
いから，賃料減収は生じない」との主張に対して，「本件自殺は，本件建物
が新築されてからわずか約１年２か月後に最初の賃借人がしたものであるこ
と，本件居室内の本件自殺は，その前を行き来している本件建物２階の賃借
人の関心を呼び，本件居室の今後の賃借人においても知りうる可能性がある
ことが認められ，これら事実に照らすと，本件自殺による賃料減収の影響を
平成21年10月１日以降は生じないと解したり，２年程度に限定するのは相
当でない。」

〈解説〉

1. 本件は，賃貸用ワンルームマンションの売買につき，売買契約後引渡し前
に自殺があったとして，買主Ｘが売主Ｙに対して，本件条項に基づき，価
値毀損相当分について不当利得返還請求をした事案である。

2. 本件売買契約には，危険負担に関する本件条項が規定されていたため，本
件自殺による損失を負担するのはＸかＹかという点が，まず問題となっ
た。当該損失をＸが負担しなければならないのであれば，そもそもＸの請
求は認められないからである。

　そこで，本件条項により「売主の負担とする」とされた危険の範囲に本件
自殺を含むか，という本件条項の解釈が問題となった。これにつき，Ｙは，
本件条項にいう毀損は物理的な毀損を意味しており，本件自殺は含まれな
い。したがって，本件自殺は民法534条で定める特定物の移転に関する危険
を，移転を受ける側の買主である債権者が負担するという「債権者主義」
（もっとも，2017年改正民法により民法534条は削除され，本件条項と同様に移転
をする側の売主という債務者が危険を負担するという民法536条の「債務者主義」
に変更された）に従い，Ｘが負担すべき損失である，と主張した。

　しかし，本判決はＹの主張を認めず，本件自殺のような本件土地建物の
品質や交換価値を減少させる場合も「火災，地震等」に含むとして，本件条
項の適用を認めた。本件条項は，売買契約後引渡し前に，本物件の価値を毀

損する事由が発生した場合の負担について定めたものであるから，物理的な毀損に限定する合理的な理由はなく，本判決の判断は妥当であると思われる。

3. Yは毀損の発生時期についても争った。本件において，賃借人が縊死したのはXへの引渡し前と思われるが，その死体が発見されたのは引渡し後であったため，死体の発見により毀損が発生すると考えるのであれば，「引渡し前」と規定する本件条項の適用はないからである。

　これに対しても，本判決は，心理的瑕疵は本件自殺と同時に本件建物に付加され毀損として生じるので，毀損は本件自殺の事実が発覚せずとも生じるとして，Yの主張を認めず，毀損は引渡し前に生じたとして，本件条項の適用を認めた。

4. なお，本判決は，本件条項により，売主であるYが本件自殺による損失を負担すべきであるとし，本件土地建物の減少額の不当利得返還請求を認めたものである。心理的瑕疵の発生時期が契約後であったために，一般的な法律構成である瑕疵担保責任，不法行為等ではなく，不当利得返還請求として構成した点に特色がある。

【19】　東京地判平23・5・25WLJ

〈事案の概要〉

　Xは，Yらとの間で，平成20年4月に東京都港区所在の本件マンションの1室の本件建物を1億3,420万円で売買契約を締結し，手付金として1,342万円を交付した。同年8月に被告知人Z建設の下請けの従業員が，本件マンションの建築中に共用部分のエレベーターシャフト内において作業中のゴンドラが約42m落下して死亡した。そこで，Xは，最上級の価値を有する期待感を保護すべき義務を果たせなくなったとして平成21年10月に解除をして，手付金の返還と慰謝料200万円の合計1,542万円と遅延損害金の支払いを求めたが，東京地裁はXの請求を棄却した。

第1章 不動産取引における心理的瑕疵 75

〈判決の要旨〉

1. 債務不履行に基づく売買契約解除による手付金返還請求および損害賠償請求について

本件事故については，事故直後ニュース等で報道された。インターネット上では本件事故について，事故直後に多数の書き込みが行われ，平成20年9月末時点までは書き込みが確認される。また，現在でも，動画投稿サイトにおいて，本件事故に関する映像がアップロードされ，閲覧が可能な状態になっている。

一般に，債務が不完全履行であり，不完全な部分が追完不可能となったかどうかは，履行不能の場合と同様，この不完全な部分の追完が，物理的または社会通念上，もはや追完不可能となったかにより判断されるものであり，マンションの区分所有部分の引渡債務においては，物理的には引渡しが可能であるが，社会通念上，買主が当該部分を買い受けた目的を達せられないほどの瑕疵がある場合（たとえば，居住を目的として当該部分を買い受けた場合において，当該部分で凄惨な殺人事件が起こったなど，社会通念上，忌むべき事情があり，一般人にとっても住み心地の良さに重大な影響を与えるような場合のように重大な心理的な瑕疵がある場合など）も含むと解され，単に買主が主観的に不快感等を有するためにそのような目的が達せられないというものでは，このような瑕疵があるとはいえない。

そこで，本件について，このような瑕疵があるかを検討するに，確かに，本件建物の属する本件マンションの共用部分において死亡事故があったものであり，本件建物を買い受けるに当たって主観的にこれを忌避する感情をもつ者がいないとはいえないものの，本件事故は，人の死亡という結果は生じているものの，あくまで建設工事中の事故であって，殺人事件などと同視できないものである上，Xの専用部分となるべき本件建物内で発生したものではなく，本件建物から相当程度離れたフロアの，共用部分で発生したものであること，本件事故の直後にはニュース等で報道され，現在でもインターネット上で本件事故の情報を取得することができることが推認されるが，全

証拠および弁論の全趣旨によっても，それ以上に本件事故に関し本件建物や本件マンションの住み心地の良さに重大な影響を与えるような情報やそれらの価値を貶めるような情報が流布しているなどといった事実も認められないことに照らせば，本件建物に，社会通念に照らし，上記のような瑕疵が存在すると認めるに足りない。また，上記のようなことからすれば，本件建物の市場価値が減少したとも認めるに足りない。さらに，Xが主張する最上級の安心感，高級感，くつろぎ等の性能，品質，価値等を有する建物をXが取得することに対して抱いている期待感を保護すべき義務の不履行について検討する。まず，売買契約の買主が目的物の引渡しを受けるまで有する期待感は，多分に買主の主観的な価値観に基づくものであり，その内容自体不明確なものである上，売主の給付義務に直接的な関係を有するものではないことからすれば，特段の事情のない限り，売買契約の売主は買主に対し，こうした期待感を保護すべき義務を負うものではない。本件においても，本件売買契約の売主であるYは，目的物を引き渡すまで買主であるXの期待感を保護すべき付随義務を負うとは認められない。この点をおいても，本件事故についての上記事情に照らせば，社会通念に照らし，このような期待感が毀損されたと認めるに足りない。

2. 事情変更に基づく売買契約解除による手付金返還請求および債務不履行に基づく損害賠償請求について

　　事情変更の原則を適用して契約を解除するためには，事情変更の結果，当初の契約内容に拘束されることが信義則上著しく不当と認められることが必要であると解される。そして，上記1.で述べたことからすれば，本件建物には，社会通念に照らし瑕疵は認められず，その他全証拠および弁論の全趣旨によっても，当初の本件売買契約に拘束されることが信義則上著しく不当であると認めるに足りる証拠はない。

3. 約定解除による手付金返還請求権（信義則ないし権利濫用による手付金放棄規定の不適用）および債務不履行に基づく損害賠償請求について

　　上記1.で述べた事情に照らせば，本件建物には，社会通念に照らし瑕疵

第1章　不動産取引における心理的瑕疵　　77

は認められないのであり，その他全証拠および弁論の全趣旨によっても，本件において，本件売買契約の第4条第2項において手付金の放棄による契約の解除を適用し，Xの手付金放棄を認めることが信義則に反するあるいは権利の濫用であると認めるに足りる証拠はない。

4. 共同不法行為について

　上記1.で述べたことに照らせば，Xが，最上級の安心感，高級感，くつろぎ等の性能，品質，価値を有する本件建物を取得する利益およびこうした価値等を有する建物をXが取得することに対して抱いている期待感といった利益を侵害されたと認めるに足りない。以上によれば，その余について判断するまでもなく，理由がない。

〈解説〉

　Xは，手付金の返還と慰謝料を請求するために，4つの理由を挙げている。第1に債務不履行，第2に事情変更，第3に信義則ないし権利濫用，第4に共同不法行為であるが，第2以下は，第1以上に法的構成が難しくかつ評価に係るものであることから，結局のところ，第1の請求が認められなければ同様に認められることはないので，第2以下についてはコメントしない。

　本件の争点は，マンションの共用部分で発生した建築工事中の死亡事故が，区分所有の専用部分内で生じた殺人事件などと同視できるほどの瑕疵といえるか，という問題である。

　確かに，以下の理由で両者を同一視することには無理があると思われる。

　第1に，場所の違いである。事件や事故が生じた場所が共用部分と専有部分では買主の心理的嫌悪感の程度として異なるはずであり，ひいてはマンションの客観的価値に及ぼす影響も全く違ってくると思われる。実際のところ，同じ事故を起因とする同一マンションの別の部屋の買主の事例である東京地判平26・4・15WLJ が，この点を指摘して，買主の信義則乃至権利濫用の主張を斥けている。

　第2に，時間軸の違いである。売買契約前に生じたものではなく，契約後に発生したものであり，したがって，「隠れた瑕疵」ではない。やはり同一マン

ションの事例である東京地判平 24・7・17WLJ が，買主の瑕疵担保責任の主
張に対して，後発事象であることを理由に棄却している。もっとも，この点
は，民法改正で，瑕疵担保責任から契約不適合責任に変わったことにより，契
約時に瑕疵が隠れていたかどうかではなく，決済時に契約内容に適合するか否
かが重視されるようになったので，今後はそれほどの意味を持たなくなる可能
性がある。

　第3に，過失による事故と故意による殺人との違いである。自殺も自ら意識
的に命を絶つという意味では，「故意」といえなくもないので，本件のような
過失による事故を殺人や自殺と同視できない。

　なお，X は，「最上級の安心感，高級感，くつろぎ等の性能，品質，価値等
を有する建物を取得することに対して抱いている期待感」を強く主張するが，
「多分に買主の主観的な価値観に基づくものであり，その内容自体不明確なも
のである上，売主の給付義務に直接的な関係を有するものではない」と判断し
たこともやむを得ない。

　以上から，本件事故について，債務不履行責任を否定した本件判決は妥当な
判断と思われる。

【20】　東京地判平 25・7・3 判時 2213 号 59 頁

〈事案の概要〉

　X は不動産賃貸等を，Y₁ は不動産の売買や賃貸等を，Y₂ は不動産の仲介
を，Z は不動産管理を，d 社は不動産の仲介を，それぞれ目的としたいずれも
株式会社である。Y₁ は，平成 19 年 9 月に埼玉県さいたま市内の全 29 室の本
件不動産を取得し，Z との間で本件不動産について管理委託契約を結び，本件
建物の維持管理業務を一括して委託した。平成 22 年 4 月に本件建物の 308 号
室で同室の居住者甲の自殺による死亡が発見された。本件不動産は，Y₁ から
媒介業務の委任を受けた Y₂ により，遅くとも同年 3 月までに 4 億 1,000 万円
の希望価格で売却物件として情報が公開されていた。X は，平成 22 年 10 月

第1章　不動産取引における心理的瑕疵　　79

にY₁との間で，本件不動産を3億9,000万円で売却する売買契約を締結し，同月中に決済された。Xは，売買契約時にY₂の宅建取引主任者の乙から重要事項の説明を受けたが，重要事項説明書および物件状況報告書には本件自殺の記載はなかった。本件売買契約に伴い，Xは，d社に媒介報酬1,149万5,714円を支払った。d社の作成した物件概要書には，満室時の賃料等収入が年額約3,700万円で，当時の空室が3室と記載されていた。その後，308号室での自殺を知ったXは，本件売買契約の際に説明がされなかったことを理由として，Y₁に対しては債務不履行あるいは瑕疵担保責任に基づき，Y₂に対しては債務不履行あるいは不法行為に基づき，1億円の損害賠償を求めたが，東京地裁は，Y₁に対する瑕疵担保責任として600万円を認めた。

〈判決の要旨〉

1. 争点1：Yらの調査説明義務違反による損害賠償義務の有無について

　本件建物は収益物件であるところ，本件建物の居室における自殺の有無は心理的瑕疵としてその収益率等に影響を与える事項であると認められるから，本件売買契約の売主であるY₁が，本件売買契約締結時あるいは代金の決済時に本件自殺について認識していた場合には，本件売買契約上の付随義務として買主に説明する義務を負うというべきである。

　また，Yらは宅建業者であるところ，宅建業者は自ら不動産の売買の当事者となる場合や売買契約の媒介を行う場合には，宅建業法35条に基づく説明義務を負い，当該説明義務を果たす前提としての調査義務も負うものと解される。そして，宅建業法35条は，「少なくとも次の各号に掲げる事項について」としており，宅建業者が調査説明すべき事項を限定列挙したものとは解されないから，宅建業者がある事実が売買当事者にとって売買契約を締結するか否かを決定するために重要な事項であることを認識し，かつ当該事実の有無を知った場合には，信義則上，仲介契約を締結していない売買当事者に対しても，その事実の有無について調査説明義務を負う場合があると解される。なお，上記調査説明義務は契約に基づき発生する義務ではないから，当該義務の懈怠が契約関係のない当事者との間に債務不履行責任を生じ

させることはない。したがって，Y_2 に対する債務不履行を理由とする損害
賠償請求は理由がないので，以下，Y_2 については，不法行為に基づく損害
賠償義務の有無について検討することとする。また，Y_1 が売買契約の付随
義務として負う説明義務は，宅建業者としての調査説明義務に包摂されるも
のと解されるから，Y_1 についても，同義務の懈怠について検討すれば足り
ることになる。

　認定した事実によれば，平成22年4月に Y_1 代表者は Z の担当者 K から
本件居住者と連絡が取れないことから308号室を警察が臨場して解錠するこ
とになるとの報告を受け，その際，本件居住者が自殺しているのではないか
と質問したこと，K は，Y_1 部長に対し，警察に確認した結果として，本件
居住者の死因が事件性のない自然死であることを報告したこと（K は事件性
がないということは自殺ではないという意味を含むと認識しており，本件居住者
の死因が自殺である可能性について全く想定していなかったことが認められる），
その後に行われた Z による308号室の明渡し，敷金返還および新たな賃借
人の募集において，Y_1 が本件居住者の死因が自殺であったこと，あるいは
居室内での死亡により特段の損害が生じたことを疑うような事情は存在しな
かったこと，Y_1 代表者が原状回復工事に関し本件居室に立ち入った際も上
記事情が認められなかったことが認められ，これらの事実によれば，Y_1 が
本件売買契約締結当時，本件居住者の死因が自殺であると認識していたとは
認められない。そして，売買契約締結後，Y_1 代表者は，本件居住者の自殺
を疑わせる書き込みの存在を知らされたものの，Z 埼玉支店長 J から，担当
者 K が警察に確認しているから問題はないとの回答を受けたこと，本件売
買契約決済の際，同席していた Z が，X 代表者からの本件居住者の死因が
自殺ではないかとの質問に対し，Z が調査しているので問題ない旨の回答を
したことからすれば，上記決済の時点においても，本件居住者の死因が自殺
であると認識していたとは認められない。Y_2 も決済当時本件居住者の死因
が自殺であることを認識していたとは認められない。

　次に，X は，Y らが，本件自殺を知らなかったとしても，それは説明義

務の前提としての調査義務を懈怠し、Yら自ら警察や本件居住者の遺族に対する確認をしなかったことによるのであるから、損害賠償責任を免れないと主張するので、この点について検討する。不動産や不動産賃貸借の管理を業とする会社であるZが本件管理委託契約等に基づき業務を請け負っていることからすれば、本件入居者の死因が自殺であるか否かは、Zが担当する308号室の賃貸借契約の終了に関する業務、さらにはその後の新規賃借人募集の業務において重要な意味を持つ事項であると解される。これに加え、Y1代表者は、Kから警察が臨場して308号室を解錠する旨の連絡を受けた際、Kに対し本件入居者が自殺ではないかと尋ね、Kはこれに対する対応として、事件性のない自然死であると警察から聞いた旨を連絡していること、その後もJ支店長などから、Kが調査しているので本件居住者の死因が自殺ではないことに問題はないとの趣旨の発言があったことが認められる。他方、本件売買契約締結および代金決済までにYらが本件自殺の存在を疑うべき事情としては、本件書込みがあったものの、同書込みは、疑問形で問いかけているに留まり、同書込みに関連する書込みはなされていなかった上、他に、本件自殺について新聞等による報道がされた事実や、近隣において噂になっていた等の事情を認めるに足りる証拠はない。そして、本件書込みに関しては、d社やY2は、本件書込みの存在を告げてJ支店長やKに本件居住者の死因を尋ね、本件居住者の死因が自殺ではないとの趣旨の説明を受けていたものである。また、Xあるいはd社が、Yらにさらに調査を求めたとの事情も存在しない。以上のような事実関係の下では、Yらには、独自に直接、警察や本件居住者の親族に本件居住者の死因を確認するまでの調査義務があったとは認めることができないというべきである。

　もっとも、売買の目的物に瑕疵があるというのは、その物が通常保有する性質を欠いていることをいい、目的物に物理的欠陥がある場合だけではなく、目的物にまつわる嫌悪すべき歴史的背景に起因する心理的欠陥がある場合も含まれると解されるところ、本件自殺が本件建物の心理的欠陥に当たることは、XとY1との間で争いがない。したがって、本件不動産の売主であ

82

る Y₁ は，X に対し，瑕疵担保責任による損害賠償義務を負う。

2. 争点2：X の損害額について

　X は，本件自殺という瑕疵の存在により，本件不動産の価値は積算価格で 3 億円，収益価格で 2 億 9,100 万円程度であると主張し，その根拠として X 鑑定評価を提出するとともに，1 億円の損害を被ったと主張する。しかしながら，X 鑑定評価は，市場性の低下を理由として，本件不動産全体の価値を一律に 10％減価している点や居室を区別することなく還元利回りを修正している点においても妥当性を欠くというべきである。もっとも，本件自殺により，308 号室部分の市場性が減退することは否定できず，D 不動産鑑定によると，裁判所の競売評価や取引実務者からの聞き取りでは自殺による減価率は 30％から 50％であり，同鑑定は 40％の減価率を採用していること，本件売買契約は本件自殺が発見された約 6 か月後に行われていることからすると，308 号室の本件自殺による減価率は 50％であるとするのが相当である。また，208 号室が 308 号室の直下に存在することからすると，同居室についても，10％の減価を認めるのが相当であるが，本件建物における 308 号室の位置および構造によると，これら以外の建物部分について，本件自殺による減価を認めることは相当ではないというべきである。以上で検討したところによると，①本件不動産の売買代金が 3 億 9,000 万円であり，これに含まれる消費税相当額が 680 万 9,523 円であることから，本件土地の代金額が 2 億 4,700 万円，本件建物の代金額が 1 億 4,300 万円（消費税相当額を含む）であると推認され，代金額に占める割合がそれぞれ 63.3％と 36.7％となること，②308 号室の効用比率は 2.578％，208 号室の効用比率は 3.340％であることから 1 棟の建物およびその敷地に対する減価率を算出すると，0.596％となり，その減価額は 232 万 4,400 円となる（－ 50％ × 2.578％ × 36.7％ ＋ － 10％ × 3.340％ × 36.7％ ≒ － 0.596％）。

　他方，本件不動産は，新たに設立した法人である X により不動産賃貸業を営むことを前提として，収益物件として取得されていることからすると，収益性の観点からの自殺減価の検討も必要である。208 号室は平成 24 年 2

月に，207号室は同年3月に従前賃料より高い賃料で賃貸されていること，これらの事実によれば，市場性に関し減価の対象とした208号室を含め，308号室を除く本件建物の居室の賃料について，本件自殺が減価要因となっているとは認めることができないというべきである。そこで，以下においては，本件自殺の存在により，308号室の賃料がどのような影響を受けるかを検討する。まず，Xが平成22年11月に308号室の賃借人の募集を停止したように，自殺が発見された時点から1年間程度は，新規賃借人の募集が停止され，その間の賃料収入は100％喪失されるのが通常と解される。また，2年目以降においても，自殺の存在が告知事項となることから新規賃貸借契約の締結のためには賃料を減額せざるを得ず，その減額割合は50％と想定するのが相当である。なお，自殺が告知事項となるのは，自殺が発生した次の新規入居者に対してであり，当該入居者の次の入居者に対しては告知義務はなくなるものと考えられること，居住用物件の賃貸借契約の期間は2年あるいは3年とされることが多いが，賃借人が契約の更新を希望すれば契約は更新され，その際，減額していた賃料を増額することは，容易ではないと推認されることからすると，上記減額割合による賃貸借契約は6年から8年程度継続するものと推認される。D不動産鑑定によると，308号室の1年目の賃料減価率を100％，2年目から5年目の減価率を50％とした場合の本件不動産の減価率が0.454％，1年目を上記と同様，2年目から10年目の減価率を50％とした場合の本件不動産の減価率が1.617％であると認められるから，上記のように，1年目には賃料収入がなく，2年目から7年目あるいは9年目まで50％の減額賃料が継続するとした場合の本件不動産の減価率は，およそ1％であると認めるのが相当である。そうすると，収益性による減価額は390万円であると認められる（なお，308号室の賃料は月額7万7,000円であることから，上記のとおりの減価が9年目の最終月まで継続されれば，喪失される賃料収入は合計462万円となる）。

　上記の各方法により算出される本件自殺の事実による本件不動産の減価額等に，Xが本件不動産について当初，代金額を3億8,500万円とする買付証

明を出しており，その後，4億1,000万円を希望価格としていたY₁とのやりとりで500万円の増額に応じたとの本件売買契約の経緯，Yは平成23年1月に308号室のお祓いを行い，その費用として30万円を支出していること，他方で，Xが本件自殺の存在を理由として，他に特段の費用を支出したと認めるに足りる証拠はないこと等を総合的に勘案すれば，本件自殺という瑕疵の存在により，これがないものとして本件不動産を取得したXに生じた損害額は600万円と認めるのが相当である。

Xは，d社に支払った媒介手数料の全額あるいはその一部である315万円がYらの調査説明義務違反による損害であると主張するが，Yらに調査説明義務違反が認められないことは，上記で説明したとおりである。Y₁の瑕疵担保責任に基づく損害としてもこれを主張するものと解するとしても，Xが本件売買契約を解除せず，同契約に基づき本件不動産の所有権を取得していることからすれば，同売買の媒介業務を行ったd社に対する仲介手数料全額がXの損害になるものとは解されない。また，上記で認定した瑕疵担保責任による損害額は直ちに減額されるべき本件不動産の代金額となるものでもないから，損害額に対応する仲介手数料の一部が瑕疵担保責任による損害となるものとも解されない。

弁護士費用および鑑定費用については，本件自殺という瑕疵が存在しないと信じたことにより生じた損害とは認められない。

〈解説〉

本件の一連の経緯からすると，相当の調査を果たしていると認められるので，売主Y₁，仲介業者Y₂について調査説明義務違反を否定したのは妥当な判断と思われる。

しかし，損害額については疑問の残る判決である。

第1に，市場性の評価の関係で自殺した308号室だけでなく，その直下の208号室も減価対象としたことである。賃貸マンションであれば，構造上も機能上も明確に区別されているのだから，安易に影響を認めるべきではない。逆に，直下で影響があるのであれば，直上あるいは両隣りはどうなのかなどと追

及され，その影響は際限がなくなってしまう。

　第2に，収益性の観点からの減価について，減額割合を50％とすることはやむを得ないとしても，契約期間の2年間で留めるべきであると思われる。更新の際には元の賃料に戻すことを契約書に明記すればよいだけである。現に，関西の公営住宅ではそのように対応していると聞いている。無論，2年後に賃料が倍になるのが嫌だと思う入居者は，また別の訳有物件に転居するであろう。その場合には，本件判決も述べているとおり，次の入居者に対しては告知義務がなくなるので本来の賃料に戻せるのである。

　第3に，600万円の根拠が全くわからないことである。市場性の減価額が232万4,400円，収益性による減価額が390万円（括弧内の462万円は意味不明である）はそれぞれの理由からの数字であるから，まさか両者を足し算するとは思えないし（実は足し算すると600万円に近い数字であるが），そのいずれかにお祓い費用を足しても600万円には程遠いからである。まして，売買交渉の過程で500万円の増額に応じたことは単なる一事情にすぎず，損害額に加算するだけの意味をもつとは思えない。

　第4に，弁護士費用や鑑定費用については一刀両断に切り捨てているが，少なくとも，任意の交渉では解決できない場合に，一定額の弁護士費用を認めてもよかったと思われる。

　もっとも，結論としては，差し引きして売買代金の約1.5％の損害賠償を認めたのは妥当であったと思われる。

③　裁判例の分析

1　はじめに

　契約不適合責任（従来でいう瑕疵担保責任）の「瑕疵」ないしは「契約不適合」に心理的欠陥も含むことは，裁判例も認めるところである。もっとも，売

買契約において，心理的欠陥が心理的瑕疵として売主やさらには仲介業者の責任が問われるには，「通常一般人において住み心地の良さを欠き，それが居住の用に適さないと感じることに合理性があると判断される程度に達している」ことが必要であると解されている。

そして，その判断の際には，①自殺などの事故や事件（以下，「自殺など」という）が発生した建物が売買契約の目的としてその後も使用収益されるものか，建物は存在していても解体予定であったか，建物は解体済みであったか，②買主は個人か法人か，また，その使用の目的は自己の居住用か店舗用か，分譲用か，③自殺などが発生した日から売買契約までにどの程度の期間が経過したか，④死因は自殺か殺人か事故か病死かあるいは死因不明か，また自殺などの具体的な態様はどうか，⑤自殺などがあった場所が建物内か共用部分か屋外か，死亡場所が建物内か病院か，⑥地域が都心か地方か，また事件報道がなされるなどして周辺住民の記憶に売買当時も残っていたか，⑦過去に自殺などが原因で成約に至らずあるいは契約が解消されたことがあるか，契約が成立しても代金の値下げ理由とされていたか，等が考慮されていると思われる。もっとも，これらの要素は互いに関連しており，独立しているわけではない。

そして，これらの要素を総合的に判断して，心理的瑕疵の有無を判断するだけでなく，瑕疵ありとしてもその程度を判断する材料にもなり，それが⑧損害額の判定に影響を与えていると思われる。

2　建物取壊しの有無（建物の現状）

自殺等があった建物が現存しているか否か，現存する場合にその建物をそのまま利用するか，取壊し前提での取引であるかは，心理的瑕疵の成否および程度について大きな考慮要素になると思われる。

【1】から【4】までは，いずれも自殺のあった建物を買主が利用しようとしていたもので，心理的瑕疵を認め，買主の請求の全部または一部を認容している。建物取壊し前提での事例の【5】が，「嫌悪すべき心理的欠陥の対象は具

体的な建物の中の一部の空間という特定を離れて，もはや特定できない一空間内におけるものに変容している」と述べて，心理的瑕疵を否定した理由としている。同様の理由は，建物解体後の売買事例である【7】でも述べられている。他方で，【6】が買主の請求を一部認めたのは，元々競売物件であったことや宅建業者である売主の現況調査報告書を精査する義務を重視したためと思われる。

　【7】から【13】までは，建物解体後の売買であるが，心理的瑕疵を全面的に否定したのは【7】と【10】だけである。もっとも，【9】は売買代金の5％，【11】は土地全体の売買代金の約1％にすぎず，【13】も仲介業者の説明義務違反による慰謝料名目の支払を命じただけで代金差額の損害は否定している。買主の請求を全面的に認めたのは，【8】と【12】の2例である。【8】は猟奇性を帯びた殺人事件という特殊性があるものの，【12】については売主の夫の自殺というだけで買主の請求をそのまま認容していることに，若干の違和感を覚える。

　なお，【14】以下は，全てマンションの事例であり，自殺等の現場となった建物が解体されるはずもなく，買主の請求はほぼ認められている。ただし，【19】については建築中のエレベーターシャフト内での事故ということもあり，買主の請求は棄却された。

3　買主の属性と使用目的

　売買事例の【1】から【20】は，いずれも居住用の不動産である。居住用の不動産を取得する買主の目的は，自己使用か，収益か，分譲を含めた転売である。自己使用の場合の買主はほぼ個人であるのに対して，収益と転売目的の場合には法人，個人を問わず事業者である。そして，事業者の場合には個人と比べてそれなりの情報収集や調査の能力があるので，心理的瑕疵の有無および程度の判断において，個人の自己使用については優しく，事業者には厳しいかと思ったが，20例をみる限り必ずしもそうとは限らなかった。

判決文から個人の居住目的と思われるのは，【1】，【2】，【3】，【4】，【7】，【8】，【13】，【14】，【19】の9例である。確かに，最初の4例と【8】と【14】についてはいずれも一部かどうかは別にして買主の請求を認容しているが，【7】と【19】は全面的に棄却し，【13】でも買主の控訴を棄却している。

他方で，11例の事業者の事案で棄却しているのは，【5】，【10】の2例にすぎない。9例は一部を含め買主の請求を認容している。

つまり，買主が事業者か否か，あるいは自己使用かそうでないかという目的の違いによっての差異はほとんど認められなかった。

4　期間の経過

自殺等が，契約締結日や決済日と極めて近接している場合は，近隣の記憶に新しいこともあり，心理的瑕疵を認める大きな要素になっていることは間違いない。たとえば，【2】は，自殺が契約締結のわずか5か月前であることを，瑕疵を認める主な理由としている。【20】の6か月や【6】の1年4か月についても売主の責任を肯定した。もっとも，【5】は2年前後と比較的短期間の事例であるが，取壊し前提とした建物であることを強調して瑕疵を否定したことは注目される。

他方で，凄惨な殺人事件という特殊性があるとはいえ50年以上前の【8】や20数年前の自殺の【13】，10年余り前の【4】や7，8年前の【3】でも売主もしくは仲介業者の責任を認めている。8年前でも瑕疵を否定した【10】があるが，殺人の【9】や2人死亡した【17】はいずれも認めている。

以上からすると，自殺等が売買契約から近接した時点であれば，心理的瑕疵を認める可能性が高まるとはいえるものの，逆に長期間経過しているから心理的瑕疵が否定されるとは必ずしもいえないことになる。特に，殺人や複数の死亡などの場合は，相当長期間経過していても，瑕疵が認定される可能性があることに注意する必要がある。

しかしながら，不動産売買における取引の安全や宅建業者に対する過度の負

担を軽減するために，債務不履行や不法行為の時効制度の趣旨も踏まえ，たとえば，自殺なら5年，殺人なら10年というように，ある一定期間を経過した物件についての心理的瑕疵を一律で否定するような立法的措置ないしは行政指導を考えてもよいのではないかと思われる。

5 死因とその態様

自殺か他殺か，そして，自殺でも縊死か服毒かなど，いかなる態様で死亡したかという点は，一般人が受ける心理的瑕疵の度合いに影響を与えるので，瑕疵の判断に際しての考慮要素となる。もっとも，特異な猟奇性を帯びた殺人事件の【8】のような例外的な場合は別として，ほとんどの事例では，瑕疵を認定するに当たり，必ずしも決定的な要因になっているわけではない。

女性が胸を刺されて殺害された【9】も，瑕疵を認定するに当たり，本件土地の購入を一旦決めた者が当該事件のことを聞き購入を見送ったことや，新聞報道もされ付近住民の記憶に少なからず残っていると推測されること等も一定程度影響を与えていると思われる。したがって，当該事案が殺人事件であることやその態様がどの程度の要因になっているかは不明であり，むしろ損害額を売買代金の5％しか認めなかったことからすると，大きな要因とは考えなかったのではないかとも思われる。

自殺と殺人以外の死因では，【11】の焼死と【19】の事故死があるが，焼死については心理的瑕疵を認めたものの，損害額は少額である。事故死については，買主の請求を否定した。

20の売買事例の中には，病死の事例はなかったが，病死だけで心理的瑕疵には該当しないのが通常である。人は必ず死すべきものであり，死自体は何ら特異なものではなく，建物内での死をもって心理的瑕疵と評価できるはずもない。そうでなければ，自宅で死を迎えることができなくなり，それこそ社会的問題といえよう。もっとも，後の賃貸事例でみられるように，死後何日か経って発見された場合には，死そのものというよりも，遺体が放置されていて腐敗

化あるいは白骨化したことに対する心理的瑕疵の問題が生じ得ると思われる。

6 死亡の原因となった場所または死亡場所

　自殺等の発生場所が売買目的の建物の中か，共用部分か，当該建物は取り壊されていてもその建物が存在した土地内で生じたか，また，原因となった場所は当該建物内でも，死亡場所は飛び降り自殺のように共用部分や他人所有地，あるいは病院先で亡くなることもある。

　マンション内での縊死のように，売買建物の中で死亡した場合がもっとも心理的嫌悪感が大きいと思われるが，そうでない場合でも心理的瑕疵を認めることが多い。【15】は，建物から飛び降り自殺をして，売買対象外の北側道路に転落したという事案であるが，2,500万円という多額の損害賠償を認めたことは，若干疑問である。

　【16】は，睡眠薬を多量に飲んだ場所は売買建物内であったが，その後搬送された病院で約2週間生存していたものの，「死亡そのものは病院で死亡したとしても，一般的には，死亡の原因となった行為がなされた場所で，すなわち，睡眠薬を多量に服用した本件建物で自殺したといわれることがあり，本件建物内で睡眠薬自殺があったといわれても，誤りとまではいえない。」と述べ，死亡が本件建物の瑕疵であると判断した。これはやむを得ないであろう。

7 地域性と周辺住民の記憶

　自殺や殺人などが，当該地域の周辺住民の記憶に残っているとの事情は，心理的瑕疵を肯定するに当たり，一定程度の影響力を持つ要因であると思われる。買主が，売買後に当該地域に居住しあるいは商売をする以上，地域住民と付き合うなかで，周辺住民からの噂話を聞かされることで精神的苦痛を感じたり，場合によっては現実的な支障が生じる可能性があるからである。

　【8】は，特異な猟奇性を帯びた事件であり，しかも発生場所が農山村地帯

であったこと等の事情から，50年にわたって地元住民の記憶に残り続けたことを理由として瑕疵を認定している。

【11】も，焼死事故があった建物が取り壊されているが，地域住民の記憶に残っているとして瑕疵を認定した。

周辺住民の記憶との関係でいえば，地域性が大きく影響することは確かである。都心部では，一般的に入居者の匿名性が高いため自殺等の情報が広がりにくく，また入居者の入れ替わりが激しいため自殺等の情報を得ても，その者が転居していなくなる可能性も高い。そこで，都市部の物件の場合，一定年数が経過すると，地域住民の記憶に残存していると評価されにくいことになる。したがって，都市部の物件であることは，心理的瑕疵を否定する要素になる。

他方，山間部の場合，住民の入れ替わりが多くないため，自殺等の情報が一度知れ渡ると，地域住民の記憶に残存し続ける可能性が高い。したがって，自殺等の事実が地域住民に知られている場合で，山間部の物件である場合には，心理的瑕疵を肯定する要素となる。

このように，都市部か山間部かなどの地域性が心理的瑕疵の認定に際し少なからず影響を与えるのは，人の記憶を介して日常生活に関わってくるか否かという点で，心理的瑕疵を超えて環境的瑕疵に至る可能性を有しているからともいえる。

8 死亡後の取引経緯などその他の事情

死亡後の取引経緯などその他の事情は，心理的瑕疵を判断する上で一定程度の影響力を持つことがある。【1】では，自殺を知らされた人すべてが購入を辞退したこと，【11】では，他の区画は分譲できたのに事故のあった区画だけは事故から4年近く経過しても未成約状態にあること，【2】では，自己利用しようとしていた買主が建物を解体撤去して購入価格より低い金額で転売を余儀なくされたこと，これらの事情がいずれも心理的瑕疵を認定する大きな要素となっている。

逆に，【7】は，7年前の縊死について，その事実を意に介さない買受希望者が多数存在したことを1つの理由として瑕疵を否定している。

以上からすると，自殺等の事実が分かることによってその後の売却が困難になることや，売却価格が下がることは，瑕疵の認定においてある程度の影響力を持つ事実であると思われる。反対に，買受希望者が現れたことや，買主がほぼ想定した価額で分譲や転売ができたことは，一般人がその物件に心理的瑕疵を有していないことを示す事実として，心理的瑕疵を否定する方向へ大きく傾くことになる。

9 結論の分かれ目

20例のうち，買主側の請求がほぼ全面的に認められたのは，【1】，【3】，【4】，【8】，【12】，【14】，【17】，【18】の8例と約4割である。これに対し，買主の請求が全面的に棄却されたのは，【5】，【7】，【10】，【19】の4例と2割にすぎない。特に，平成20年以降の11例のうちで棄却されたのが【19】の1例にとどまっていることからすると，心理的瑕疵に対する裁判所の姿勢が売主や仲介業者に対し厳しくなっていることが推測される。

上記のほぼ認容した8例をみると，【1】と【3】および【4】は自殺した建物をそのまま利用して居住する目的であったこと，【8】は山間地での凄惨な殺人事件であったこと，【12】は売主の夫の1年4か月前の自殺であること，【14】は縊死が行われたマンションを永住目的で購入したこと，【17】は元所有者の身内2名が売買物件内で他殺を疑わせる態様で死亡し，かつ元所有者と他の身内1名も他所で自殺したこと，ならびに買主側の問い合わせに対しこれらの事実を隠したこと，【18】は決済当日の死亡であること，がそれぞれ重視されたものと思われる。

他方で，【5】，【7】，【10】の3例は自殺した建物がいずれも解体予定もしくは解体済であったことが心理的瑕疵を否定する大きな要因と思われる。また，【19】は，まだ建築途中のマンションの共用部分で起きた事故であることから

影響はそれほどないと判断したものであろう。

　もっとも，解体済あるいは解体予定の建物内で発生したものであっても，【8】や【12】が買主の請求を認めたのは前に述べたとおりであり，【6】，【9】，【11】，【13】についても一部認容している。【6】は，元々が競売物件で売主が不動産業者であるにもかかわらず，競売記録の自殺の記述を見落としたことからやむを得ないと思われる。また，【9】，【11】，【13】はいずれも一部認容といっても，瑕疵の程度を少なく評価して，買主の請求を大幅に減縮しており，実質的には請求棄却に近いともいえる。

10　損害額と売買代金に対する割合

　売買の解除等により売買代金の全額が損害として認められた【1】と【8】を除き，全部もしくは一部認容された13の事例について，売買代金と損害額として認められた金額並びに売買代金に対する損害額の割合（小数点以下は四捨五入）は以下のとおりである。

　【2】は7,100万円に対し約893万円で約13％，【3】は5,575万円に対し1,735万円で約31％，【4】は800万円に対し160万円で20％，【6】は1,050万円に対し262万5,000円で25％，【9】は1,503万円に対し75万円で約5％，【11】は1億1,850万円に対し200万円で約2％【12】は4,340万円に対し868万円で20％，【14】は3,200万円に対し640万円で20％，【15】は1億7,500万円に対し2,500万円で約14％，【16】は2億2,000万円に対し220万円で1％，【17】は2,800万円に対し280万円で10％，【18】は8,680万円に対し381万円で約4％，【20】は3億9,000万円に対し600万円で約2％となる。

　以上の損害額および売買代金に対する損害額の割合をまとめてみる。まずは損害額だけをみると，多い順に，【15】の2,500万円，【3】の1,735万円，【2】の893万円，【12】の868万円，【14】の640万円，【20】の600万円，【18】の381万円，【17】の280万円である。売買代金自体が1棟の収益マンションで高額な【15】，【18】，【20】が損害額としても高くなることは予想されたと

ころである。中でも，【15】の 2,500 万円は飛びぬけた数字といえよう。反対にもっとも低い金額は，【9】の 75 万円である。

　損害額の割合をみると，もっとも大きいのが【3】の約 31％，次いで【6】の 25％で，その次に【4】，【12】，【14】の 3 例がいずれも 20％で続いている。逆に，もっとも小さいのが【16】の 1％で，【20】そして【11】の約 2％，【18】の 4％，【9】の 5％と続く。

　判決文をみても，【5】は市場価額と売買代金との差額＋弁護士費用で，【6】の 25％の根拠は今一つはっきりしないが，3 例の 20％については，宅建業法 38 条で宅建業者自ら売主となる場合の違約金の上限でもあることから，売買契約書の定めに従えば，この割合になることはやむを得ないであろう。

　むしろ，以下のとおり，損害額の割合が低い事例の方が興味深い事情がみられる。【16】は，自殺の事例だが，縊死ではなく睡眠薬の服用でしかも病院搬送後約 2 週間生存していたこと，死亡から売買まで 2 年，裁判の口頭弁論終結時で 5 年経過していること，8 階建て建物の 1 室で生じたことなどから，本件建物の瑕疵は極めて軽微であるとしている。

　【20】は，賃料の減収分が 29 室ある内の自殺があった当該 1 室とその階下の 1 室にとどまることなどを理由に損害額を決定している。売買代金を 29 で割った金額との対比でいえば約 44％となり，相当高い金額といえる。階下分を対象としており，また減収の対象期間も長めに取っており，そうでなければもっと割合は低くなったと思われる。

　【11】は，3 棟の共同住宅の 1 棟の 1 室からの失火による 1 人の焼死者であること，当該棟に相当する面積の 1 割足らずを損害としたというものである。

　【18】は，1 棟 10 室のワンルームマンションの 1 室での自殺であるが，損害額は鑑定結果に頼っており，売買代金を 10 で割った金額との対比でいえば【20】とほぼ同じく約 44％となるが，偶然であろうか。

　【9】は 1 戸建てがあった土地の売買である。これは文字通り売買代金の 5％相当額であるが，殺人事件とはいえ 8 年以上前の発生であることなども踏まえ「心理的欠陥は相当程度風化していた」と強調しているのが印象的である。

第1章　不動産取引における心理的瑕疵　　*95*

【16】の部屋数が何室かは不明であるが，8階建てということは少なくとも8室以上あるはずだから，単純に考えれば，建物全体の1％の損害ということは，当該1室だけでみれば少なくとも8％の損害となる。そうすると，【9】の5％は，実質的にみるともっとも低い損害額の割合といえる。

　以上からいえることは，自殺等の心理的瑕疵による損害額を決めるに当たっては，特に収益物件については売買代金に対する割合だけで判断するのではなく，全体の部屋数を考慮する必要があるということである。また，【9】で指摘する年月の経過や，【16】で述べる死亡原因や死亡場所等，もう少しきめ細やかに各事情を分析した上で損害額を決定すべきと思われる。

第3節 裁判例の紹介と分析（賃貸）

1 自殺等があった建物の賃貸

1 問題となり得る責任

典型的には以下の事例が考えられる。

貸主Yが，所有するマンションの一室を，借主Xに賃貸した。当該賃貸契約を，仲介業者Zが仲介した。この建物では，過去に自殺があったが，Y，Zはその事実を知りながら，Xに告げずに賃貸した。

(1) 貸主の責任

売買の場合と同じく，契約不適合責任，そして告知義務ないし説明義務違反による債務不履行責任あるいは不法行為責任が問題となる。民法559条は，「この節（注・「第3節 売買」のこと）の規定は，売買以外の有償契約について準用する。」と定めており，「売買」で規定する566条等の契約不適合責任が賃貸借にも準用されることになる。

(2) 仲介業者の責任

貸主と同様に，告知義務違反あるいは説明義務違反が問題となる。また，場合によっては，不動産のプロとして調査義務違反が問題となり得る。

宅建業者は，建物の賃貸借の仲介についても宅建業法上の重要事項説明義務

を負うので（宅建業法35条1項），同義務に違反した場合は不法行為責任ないし債務不履行責任が問題となる。賃貸物件に心理的欠陥が存在することは同法35条1項の列挙事由ではないが，「宅地建物取引業者の相手方等の判断に重要な影響を及ぼすこととなるもの」（同法47条1号ニ）に該当する可能性があり，その場合には，当該事実を告げないと同条違反となる。

また，宅建業者には一般的な説明義務が課されていると理解されるので（東京高判昭57・4・28判タ476号98頁），賃貸目的物である土地や建物に心理的瑕疵があることを知りつつ，これを借主に告げないことは，上記説明義務に反する可能性もある。

2　裁判例の紹介

【21】　東京地判平18・4・7判例秘書登載06131554

〈事案の概要〉

　Xは，平成13年7月に，Zの仲介でYから東京都江東区所在の5階建てビルの1，2階を居酒屋用店舗として，月額の賃料42万円・共益費2万1,000円，看板使用料7,350円で賃借した。その際に，平成12年にYの長女の夫が本件建物の屋上から飛び降り自殺をした事実を告知しなかったとして，不法行為に基づきYおよびZに対し，Xが支出した賃料や改装費等2,000万円を請求した。

　これについて，東京地裁は，本件自殺は本件建物部分で発生したというものではないこと，本件契約の締結は，1年6か月もの期間経過後であったことを述べ，心理的欠陥に該当するとまでは認めがたく，YがXに対して自殺のあった事実を告知すべき義務があったものとはいえず，Zについても自殺の事実を知っていたとは認められないし，調査義務があったともいえない，としてXの請求をいずれも棄却した。

〈判決の要旨〉

1. 貸主Yの責任について

　「本件自殺は本件建物の屋上から道路上へ飛び降り自殺したというもので
あって，賃貸目的物とされた本件建物部分で発生したというものではなく，
また，本件賃貸借契約が締結されたのは，本件自殺のあった時点から既に1
年6か月もの期間が経過した時期であったというのであるから，Xが主張
する本件賃貸借契約の目的や，自殺者の属性，本件建物の所在地の属性等を
勘案しても，本件建物で本件自殺があったという事実は，社会通念上，賃貸
目的物にまつわる嫌悪すべき歴史的背景等に起因する心理的欠陥に該当する
ものとまでは認め難いといわざるを得ず，したがって，賃貸目的物に関する
重要な事項とはいえないから，Yが，本件賃貸借契約を締結するに当たり，
Xに対して，本件建物で本件自殺のあった事実を告知すべき義務があった
ものとはいえないというべきである。」

2. 仲介業者Zの責任について

　(1)　告知義務違反について

　　「一般に，不動産媒介業者は，宅地建物取引業法上，建物の賃借人にな
　ろうとする者に対して，当該建物に関する重要な事項を告知すべき義務が
　あるというべきであるが，Zが，本件賃貸借契約締結時までに，本件建物
　で本件自殺があった事実を知っていたことを認めるに足りる証拠はない。」
　として告知義務違反を否定した。

　(2)　調査義務違反について

　　「本件建物で本件自殺があったという事実が，社会通念上，賃貸目的物
　にまつわる嫌悪すべき歴史的背景等に起因する心理的欠陥に該当するもの
　とまでは認め難いといわざるを得ず，したがって，賃貸目的物に関する重
　要な事項とはいえないことは，前記説示のとおりであるし，Xが主張す
　るような事情があったとしても，これにより直ちに，Zにおいて，本件建
　物に関して賃借人が本件建物を敬遠する重要な事実が存在することを容易
　に予測できたものとも認め難いから，本件建物で本件自殺があった事実を

第1章　不動産取引における心理的瑕疵　　*99*

殊更調査すべき義務があったものともいえないというべきである。」

〈解説〉

1. 本件は，契約の際に本件自殺の事実を告知しなかったとして，借主Ｘが，貸主Ｙおよび仲介業者Ｚに対して，告知義務違反を理由として不法行為に基づく損害賠償請求をした事案である。そこで，貸主Ｙの告知義務違反の有無，仲介業者Ｚの告知義務および調査義務違反の有無が問題となった。

2. 貸主Ｙの責任について，Ｘは，「本件建物で本件自殺があった事実は心理的不安感をもたらす」，「自殺の事実は，近隣住民を客層に取り込めるかどうかという居酒屋経営上の利害にも関連する」ので，Ｘにとって重要な事実であり，したがってＹには告知義務が認められると主張した。

　　しかし，①本件建物の屋上から道路上へ飛び降りて自殺したので，本件建物部分で発生したものではないこと，②本件賃貸借契約が締結されたのは，本件自殺のあった時点から既に１年６か月もの期間が経過した時期であった等の事情から，本判決は，本件自殺の事実が心理的欠陥に該当するものとまでは認め難いと判断した。

3. 本件建物は店舗（洋風居酒屋）であり，居住用の建物ではなかった。Ｘは「自殺の事実は，近隣住民を客層に取り込めるかどうかという居酒屋経営上の利害にも関連する」等述べ，店舗であっても自殺による影響は大きいと主張したが，実際にそこで日常生活を過ごす居住用物件と店舗では，自殺等が「賃借人」に与える心理的影響の程度に大きな違いがある。判決では明示されていないが，この点も考慮されたと思われる。

　　もっとも，その後の賃貸事例，特に【23】と対比すると，屋上から道路上への飛び降りであることや店舗用であることを考慮したとしても，その後の裁判所が，心理的瑕疵に厳しくなっていることを踏まえると，１年６か月の間隔で心理的瑕疵を否定すると断言できない。

【22】 **東京地判平 18・12・6 判例秘書登載 06134976**

〈事案の概要〉

　Ｘが，平成 17 年 7 月に東京都世田谷区の 2 階建てアパートの 1 室を，月額賃料および共益費 7 万円，敷金 13 万 6,000 円，退去時清掃等負担金 2 万 5,000 円で，Ｚの仲介のもとＹから賃借したが，その階下の部屋で半年以上前に自然死があったことから，説明義務違反を理由に同年 9 月に賃貸借契約を解除し，敷金，引越費用，慰謝料等の損害を受けたとして合計約 94 万円を請求したところ，逆にＹは 5 か月分の賃料不払いを理由に平成 18 年 3 月にＸに対し契約を解除して未払賃料等を請求した。

　これに対し，東京地裁は，階下の部屋での半年以上前の自然死は，心理的欠陥に該当するものとまでは認めがたく，賃貸目的物に関する重要な事項とはいえないとして，Ｙ等の告知・説明義務違反を否定し，逆にＹのＸに対する未払賃料等の請求を認めた。

〈判決の要旨〉

1.　仲介業者Ｚの責任について

　「一般に，不動産媒介業者は，宅地建物取引業法上，賃貸目的物の賃借人になろうとする者に対して，賃貸目的物に関する重要な事項を告知すべき義務があるというべきであり，賃貸目的物に関する重要な事項には，賃貸目的物の物理的欠陥のほか，賃貸目的物にまつわる嫌悪すべき歴史的背景等に起因する心理的欠陥も含まれるものと解されるが，本件建物の階下の部屋で半年以上前に自然死があったという事実は，社会通念上，賃貸目的物にまつわる嫌悪すべき歴史的背景等に起因する心理的欠陥に該当するものとまでは認め難いといわざるを得ず，したがって，賃貸目的物に関する重要な事項とはいえないから，かかる事実を告知し，説明すべき義務を負っていたものとは認め難いというべきである。」

2.　貸主Ｙの責任について

　「Ｘは，Ｙに対し，Ｚによる違法な仲介行為が行われたことを前提として

第 1 章　不動産取引における心理的瑕疵　　*101*

使用者責任を主張するが，上記説示のとおり，上記前提を採用することはできないから，X の Y に対する請求は，その余の点について判断するまでもなく，理由がない。」

〈解説〉

1. 本件は，自殺等の変死ではなく自然死であった場合に，賃貸借契約時に仲介業者がその旨を説明しなかったとして説明義務違反が問われた事案である。なお，貸主 Y に対しては，貸主 Y は仲介業者 Z を利用し，自らに代わって賃貸物件に関する説明を行わせていたとして使用者責任に基づく損害賠償請求を行っている。

2. 本件の主な争点は，半年以上前に階下で自然死があったことが告知義務の対象となるか，という点である。

　　他殺や自殺のような変死の事案と自然死の事案とでは，一般の人に与える心理的影響に大きな違いがある。自然死とは，その言葉のとおり何ら異常のない死であるので，心理的嫌悪を感じると評価できない。したがって，死因が病死または自然死であった場合は，心理的瑕疵に該当しないのが通常であるし，心理的瑕疵を認めるべきではない（もっとも，競売の【46】のように腐乱死体であった場合は別段の考慮が必要である）。

　　本判決も，「半年以上前に自然死があったという事実は，社会通念上，賃貸目的物にまつわる嫌悪すべき歴史的背景等に起因する心理的欠陥に該当するものとまでは認め難いといわざるを得ない」として，瑕疵を認めなかった。

　　死因が自然死であった点，しかも賃貸物件であり，自然死があったのは本件建物の階下であったことを考えると，瑕疵を否定した本判決は妥当な判断であったと思われる。

　　もっとも，売買事例の【20】で階下の部屋の減収を考慮する記述があるので，本件は自然死であるから問題ないものの，階下や隣室の自殺などの場合でも瑕疵を認める判決が今後出てこないとも限らないが，そこまで瑕疵を拡大することには反対である。

【23】 大阪高判平 26・9・18 判時 2245 号 22 頁

〈事案の概要〉

　Yは兵庫県弁護士会所属の弁護士で，Xは人材派遣会社に勤務し，配送業務に従事している。Yは，平成 23 年 5 月に競売により尼崎市内にある本件マンションの 1 戸の本件建物の所有権を取得したが，その当時居住していた甲がその頃に自殺したことを知りながら，Xに対し，その事実を隠して平成 24 年 7 月に賃貸した。そこで，XはYに対し，不法行為に基づく損害賠償請求をした。Yは，これに対し，本件建物明渡しまでの賃料を請求する反訴をした。原審の神戸地尼崎支判平 25・10・28 判例秘書は，Xの請求額 144 万 4,702 円のうち 104 万 692 円の限度で認め，Yの反訴を棄却した。Yが控訴したところ，大阪高裁はこれを棄却した。

〈判決の要旨〉

1.　Yが甲の自殺の事実を認識していたこと

　　Yは，「古物営業商に対し，本件建物の明渡しと残存物の整理を依頼した。マンション管理人に鍵屋の紹介を受けた後，古物営業商にその鍵屋のことを伝えた。本件建物内で甲が自殺ないし死亡したという事実は，本件賃貸の仲介業者から，Xがそんなことを言っていると聞くまでは，その事実を知らなかった」旨供述する。仮に，Yの主張する上記事実があるのであれば，平成 23 年 5 月に本件鍵屋と共に本件建物に行ったのはその古物営業商ということになるところ，その古物営業商からYに対して本件建物内に死体があったことや警察が来てその死体が搬出されたことについて，本件建物の所有者である依頼人のYに対して報告がなされないということは考え難いというべきである。以上によれば，Yは，平成 23 年 5 月頃，本件建物に入った際，甲が自殺しているのを認識したこと，したがって，Yは，平成 24 年 8 月，Xとの間で本件賃貸借契約を締結した当時，本件建物内で 1 年数か月前に居住者が自殺したとの事実があることを知っていたことが認められる。

第1章　不動産取引における心理的瑕疵　　*103*

2. 本件建物内で過去に居住者が自殺した事実がある旨を告知しなかったこと
などは不法行為を構成するか

　一般に，建物の賃貸借契約において，当該建物内で1年数か月前に居住者
が自殺したとの事実があることは，当該建物を賃借してそこに居住すること
を実際上困難ならしめる可能性が高いものである。したがって，Yは，平成
24年8月，Xとの間で，本件賃貸借契約を締結するに当たって，本件建物
内で1年数か月前に居住者が自殺したとの事実があることを知っていたので
あるから，信義則上，Xに対し上記事実を告知すべき義務があったというべ
きである。Yは，上記義務に違反し，故意に上記事実をXに対して告知しな
かったこと，Yが上記告知義務に違反して上記事実を告知しなかったことに
より，Xは，上記事実があることを知らずに本件賃貸借契約を締結し，これ
に基づき，賃貸保証料，礼金，賃料等を支払うとともに，引越しをして本件
建物に入居したことが認められ，上記は，故意によってXの権利または法律
上保護される利益を侵害したものとして，不法行為を構成するというべきで
ある。

3. Xが受けた損害

　Yが前記の告知義務に違反することがなかったならば，すなわち，本件賃
貸借契約を締結するに先立ち，Xに対し，本件建物内で過去に居住者が自殺
したとの事実がある旨告知していたならば，Xが本件賃貸借契約を締結する
ことはなく，賃貸保証料，礼金，賃料等を支払ったり，本件建物への引越
し・入居をしたりすることはなかったこと，したがって，Yが上記告知をし
ていたならば，Xが次の(ｱ)ないし(ｳ)の金員（合計74万692円）を支払うこと
はなかったことが認められる。

(ｱ)　賃貸保証料，礼金，賃料等　44万692円

　　賃貸保証料3万2,000円，礼金24万円，賃料8万7,742円，住宅保険代
2万6,700円，暮らし安心サポート24代金1万5,750円，防虫・消毒費1
万7,500円および仲介手数料2万1,000円の合計である。

(ｲ)　引越料　18万円（4万5,000円×4）

(ウ) エアコン工事代金　12 万円（6 万円×2）

　本件不法行為の態様，結果，その他諸般の事情に鑑みれば，本件不法行為によってＸが受けた精神的苦痛に対する慰謝料として，30 万円を認めるのが相当である。

　弁護士費用 10 万円についての認定・判断は原判決を引用する。

　以上によれば，Ｙは，Ｘに対し，不法行為に基づき，損害賠償金 114 万692 円およびこれに対する年 5 分の割合による遅延損害金を支払う義務を負うというべきである。

4. 隠れた瑕疵及び契約をした目的を達することができないときに該当する事実があったといえるか

　本件建物について建物内で 1 年数か月前に居住者が自殺したとの事実があることは，居住を目的とする建物賃貸借契約において，目的物にまつわる嫌悪すべき歴史的背景に起因する心理的欠陥であり，目的物が通常有すべき品質・性能を欠いていると言える。したがって，上記自殺に係る事実があることは，民法 559 条，570 条，566 条にいう「瑕疵」に当たるというべきである。そうすると，前記事実および弁論の全趣旨によれば，Ｘは，本件賃貸借契約締結当時，上記自殺に係る事実を知らなかったこと，また，知らないことにつき過失がなかったことが認められるところであるから，本件建物には，「隠れた瑕疵」があったことが認められる。また，前判示のとおり，本件賃貸借契約は，Ｘが本件建物に居住することを契約の目的とするものであったところ，上記契約締結時点で，本件建物について建物内で 1 年数か月前に居住者が自殺したとの事実があることは，一般的に，本件建物を賃借してそこに居住することを実際上困難ならしめる可能性が高いといえる。そして，前記事実によれば，Ｘおよび乙は，本件建物に入居した翌日である平成23 年 8 月に，上記自殺にかかる話を聞くと，本件建物に居住することはできないと考え，直ちに本件建物を退去し前の住所に戻ったり実家に帰ったりしたことが認められる。これらに照らせば，本件建物につき「隠れた瑕疵」があることにより，本件賃貸借契約は，Ｘが本件建物に居住するという契約

をした目的を達することができないというべきである。以上によれば，X
は，民法559条，570条，566条に基づき，本件賃貸借契約を解除すること
ができるというべきであり，本件通知等がなされた当時，本件賃貸借契約の
解除権を有していたものである。

5. 本件通知等は，本件賃貸借契約を解除する旨の意思表示を含むと解すべき
か

　　X代理人丙は，平成24年9月，Yに対し，本件通知等をしたこと，本件
通知等の記載された書面の内容は，「本件建物は前所有者が競落後にその中
で自死したこと」などを根拠として「本件賃貸借契約の取消し」をするとの
文言の記載があるが，解除するという文言の記載はないことが認められる。

　　そこで検討するに，契約の解除と契約の取消しは，当該契約により発生し
た契約上の債権債務を消滅させる点で共通しているのであるから，本件賃貸
借契約につき解除権を有するXの代理人である丙が本件通知等をする根拠と
して，解除権発生の根拠である上記事実を挙げた上，本件賃貸借契約の取消
しをする旨の意思表示をした場合，その趣旨目的は，当該意思表示により本
件賃貸借契約により発生した契約上の債権債務を消滅させることにあると解
すべきである。そうすると，表意者の合理的意思を探求するという見地から
上記意思表示の解釈をすると，本件通知等によりなされた本件賃貸借契約の
取消しをする旨の意思表示は，本件賃貸借契約の解除をする旨の意思表示を
含むものと解するのが相当である。

6. Xに賃料支払義務があるかについて

　　Yは，Xには本件賃貸借契約に基づき平成24年10月以降の賃料等の支払
義務がある旨主張する。しかしながら，本件通知等によりなされたYに対す
る意思表示は，本件賃貸借契約の解除をする旨の意思表示を含むことが認め
られるのであるから，本件賃貸借契約は，上記解除の意思表示が到達した日
の翌日である平成24年9月以降の将来部分につき解除されたものと解すべ
きである。したがって，本件賃貸借契約について，平成24年10月以降の賃
料債権は存在せず，Yの前記主張は採用することができない。

7. XはYに対し本件建物の明渡しをしたか，Xは本件建物を占有したことにより利得を受け，そのためにYに損失を及ぼしたか

Xおよび乙は，平成24年8月に本件建物に引越しをしたが，同月頃，本件建物を出て，Xは引越し前に居住していたマンションに戻り，乙は実家に帰った。Xはその後，休日を利用して引越し業者に依頼し，数回に分けて本件建物から前住居に家財等の搬入を行い，同年10月，本件建物内の残留物を搬出し本件建物を退去した。Xは，同年10月本件訴訟を提起した。その後，Xの母は，Xから預かっていた本件建物の鍵をYに返還しようと考え，平成25年5月頃，仲介業者に鍵を交付し，Yは，同月に仲介業者から鍵を受け取った。Xは，本件建物から残留物を搬出し退去した後，鍵をYに返還することを失念していたものであり，仮にYから鍵の返還を求められていれば直ちに返還していたであろうと推測される。Xは，平成24年8月以降本件建物に居住したことはなく，同年10月に本件建物から残留物を搬出し退去した後は，本件建物を使用収益していなかった。本件通知等がなされた平成24年9月以降本件建物の鍵がYに返還された平成25年5月までの間，Yが本件建物につき使用収益をすることを欲することはなかった。前記事実によれば，Xは遅くとも平成25年5月，Yに対し，本件建物の鍵を返還し，本件建物の明渡しをしたことが認められる。

Yは予備的に，「Xは，本件建物の明渡しをするまでの間，本件建物を占有したことにより利得を受け，そのためにYに賃料相当額の損失を及ぼした」旨主張する。そこで検討するに，本件賃貸借契約は平成24年9月に解除により終了したのであるから，Xは，同月から同年10月までの間，占有権原がないのに本件建物を占有し本件建物内に残留物を存置する方法で本件建物を使用収益し，これにより法律上の原因なく一定の利得を受けたことが認められる。これに対し，本件建物から残留物を搬出し退去した後については，Xは本件建物を使用収益していなかったのであるから，上記搬出日の翌日である同月から平成25年5月までの間について，本件建物を占有することにより利得を受けたとは認められない。そうすると，Xは，平成24年9

月から同年 10 月までの間，本件建物を使用収益し，これにより法律上の原因なく一定の利得を受けたことが認められるところ，Y は，そのため，上記期間，本件建物を使用収益することができなかったのであるから，X が上記利得を受けたことにより，Y に上記期間の賃料相当額の損失を及ぼしたものというべきである。したがって，Y の主張は，上記の限度で採用することができる。

8. Y の不当利得返還請求は，権利の濫用・信義則違反にあたり許されないか

　　X が本件建物に家財等を搬入しその占有を開始したのは，Y が本件建物内での自殺に係る前記事実を知りながら，告知義務に違反し，上記事実を秘匿し故意に告知しなかったという不法行為に起因するものであること，したがって，X の上記利得および Y の上記損失が生じたのは，Y の上記のとおりの故意の不法行為に起因するものであるというべきこと，残留物を本件建物に存置した期間は平成 24 年 9 月から 10 月までの約 1 か月に留まること（この期間は，X が残留物を本件建物から搬出し前住居に搬入するのに要する期間としてやむを得ないものと認めることができる）に照らせば，上記利得につき，Y が X に対して不当利得として返還請求することは，権利の濫用にあたり，許されないというべきである。

9. 結論

　　以上によれば，X の請求は，Y に対し，損害賠償金 114 万 692 円およびこれに対する不法行為の日の後である平成 24 年 11 月 26 日から支払済みまで民法所定の年 5 分の割合による遅延損害金の支払いを求める限度で理由があるから，その限度で認容すべきところ，原判決はこれと結論を異にするが，X から控訴がない本件において，原判決を Y に不利益に変更することは許されない。また，Y の請求は，いずれも理由がないから棄却すべきであり，これと同旨の原判決は相当である。よって，本件控訴は理由がないからこれを棄却することとし，主文のとおり判決する。

〈解説〉

　　本件判決の対象となっている請求は 2 つある。第 1 に，賃借人からの不法行

為ないし債務不履行に基づく損害賠償請求，第2に，賃貸人からの賃料ないし不当利得返還請求である。

　まず，第1の賃借人からの請求については，居住用の建物を貸すに当たって1年数か月前に居住者が自殺した事実については信義則上の告知義務があり，同義務に違反し，故意に賃借人の権利等を侵害したとして不法行為を認めたものの，債務不履行の主張を退けている。不法行為の責任を認めたからよいと言えばそれまでであるが，本件は賃貸人と賃借人との間で賃貸借契約が締結されたことに起因する紛争であるから，端的に債務不履行責任を認めてもよかったと思われる。さらにいえば，第2の賃貸人からの請求に対する抗弁で解除の根拠として瑕疵担保責任の主張をしているのであるから，第1の賃借人からの請求でも瑕疵担保責任に基づく損害賠償請求をしてもよかったと思われる。特に，平成29年の民法改正で契約不適合責任が債務不履行責任の1類型と位置付けられるようになったことから，今後同様な事件が生じた際には，主に契約不適合責任による損害賠償請求が検討されることになろう。

　第2の賃貸人からの請求については，裁判所は相当に厳しい姿勢を示している。契約に当たり故意に自殺の事実を隠し，裁判においてもその隠した事実を認めようとせず不自然な主張を続けたこと，しかもその賃貸人が裁判官と同じ法曹の一員である弁護士であることから，裁判所としても，賃貸人の請求について「権利の濫用に当たり許されない」と断定したのであろう。

　ところで，末尾の点について一言触れると，控訴審では，「口頭弁論は，当事者が第1審判決の変更を求める限度においてのみ，これをする。」（民事訴訟法296条1項），「第1審判決の取消し及び変更は，不服申立の限度においてのみこれをすることができる。」（同法304条）ことから，控訴された被控訴人（本件でいえば賃借人）が附帯控訴（同法293条）をしない限り，控訴審は，控訴人にとって1審以上に不利な判決を出すことができない。これを「不利益変更禁止の原則」という。

第1章 不動産取引における心理的瑕疵 *109*

② 賃貸している建物での自殺等

1 問題となり得る責任

典型的には以下の事例が考えられる。

貸主Xが，所有するマンションの一室を借主Aに賃貸した。その際に，Zが当該賃貸借契約の保証人になった。その後，Aが室内で自殺した。Aの相続人はYである。

(1) 借主の相続人の責任

自殺等が発生した場合，その部屋は一定期間賃貸することができないか，賃貸できたとしても本来の賃料での賃貸は困難である。そこで，賃借人の善管注意義務には，賃貸目的物を物理的に損傷しないようにすることのみならず，賃貸目的物内で自殺しないようにすることも含まれるとして，賃借人が自殺した場合，賃貸人は賃借人の相続人に対し善管注意義務違反による債務不履行で責任追及することになる。

(2) 保証人の責任

マンション等を賃貸する場合，賃借人に保証人をつけることが多い。そして，賃貸人は賃借人が自殺したことによる損害賠償債務も連帯保証の範囲に含まれるとして，保証人に対し損害賠償請求をすることになる。

もっとも，改正民法465条の4第1項3号により，賃借人が死亡すると保証人の保証債務の元本が確定するので，死亡後の賃借人の相続人にどれだけの債務が発生したとしても，保証人には責任を問えないこととなる。そこで，死亡後に，賃貸人からの契約解除，もしくは賃借人の相続人からの解約申入れ，あるいは賃貸人と賃借人の相続人間の合意解除によって契約が終了し，その結果

として賃借人の相続人に原状回復義務が生じた場合にも，保証人に対する請求ができるのか疑問があり得る。ただし，賃借人の死亡時までに生じた債務については，保証人の責任範囲に属するので，自殺などの死亡が賃借人の用法違反等の債務不履行であると考える立場に立てば，その死亡により賃貸人に生じた損害については，保証人も責任を問われることになるであろう。今後の裁判例でどう判断されるのか注目したい。

2　裁判例の紹介

【24】　東京地判平 13・11・29 判例マスター200111290013

〈事案の概要〉

　XがYに対し，平成11年3月に借上げ社宅として4階建て共同住宅の1室を月額賃料4万8,000円で賃貸していたところ，Yの従業員Zが自殺したため，10年間にわたり賃料を半額の2万4,000円でしか賃貸できなくなったとして債務不履行による損害賠償請求として288万円の支払いを求めた。

　これに対し，東京地裁は，2年程度を経過すると瑕疵と評価することはできなくなるとみるのが相当であると判断して，実際の賃料2万8,000円との差額分2万円の2年間分の賃料から年5分の中間利息を控除した43万9,215円の限度で支払いを認めた。

〈判決の要旨〉

1. 入居者の自殺が「隠れた瑕疵」に該当する点について

　「貸室において本件のような入居者の自殺という事故があると，少なくともその直後においては，通常人からみて心理的に嫌悪すべき事由（いわゆる心理的瑕疵）があるものとして，当該貸室を他に賃貸しようとしても，通常の賃料額で賃貸することは難しく，通常の賃料額よりもかなり減額した賃料額で賃貸せざるを得ないのが実情であると推察される。」

第1章　不動産取引における心理的瑕疵　　*111*

2. 賃借人Yの責任について

　「Yは，Xに対し，本件賃貸借契約上の債務として，善良なる管理者の注意をもって本件貸室を使用し保存すべき債務（賃貸借契約書5条，民法400条）を負っていたというべきであり，その債務には，本件貸室につき通常人が心理的に嫌悪すべき事由を発生させないようにする義務が含まれるものと解するのが相当である。

　しかるに，Yは，上記債務について，履行補助者たるZが本件貸室において通常人が心理的に嫌悪すべき事由たる自殺をしたことにより，不履行があったものと認められ，かつ，その債務不履行についてYの責めに帰すことのできない事由があるものとは認められない。」

3. 損害額について

　「Xは，本件貸室を，Yから明渡しを受けて修繕した後，本件事故があったことを告げた上で平成13年6月1日から2年間の約定で他に賃貸したが，その賃料については，従前の月額4万8,000円の半額強の月額2万8,000円とせざるを得なかったこと，本件事故がなければ，上記賃料は従前と同様に月額4万8,000円程度とすることができたであろうことが認められ，これを覆すに足りる的確な証拠はない。

　そうすると，Xは，本件事故があったために，上記2年間について1年当たり24万円（1か月当たり2万円）の得べかりし利益を喪失するという損害を受けたということができる。」

　「本件のような貸室についての心理的瑕疵は，年月の経過とともに稀釈されることが明らかであり，本件貸室が大都市である仙台市内に所在する単身者用のアパート（本件建物）の一室であることをも斟酌すると，本件貸室について，本件事故があったことは，2年程度を経過すると，瑕疵と評することはできなくなる（したがって，Xにおいて，他に賃貸するに当たり，本件事故があったことを告げる必要はなくなる。）ものとみるのが相当である。」

〈解説〉

1. 本件は，借上げ社宅としてYに賃貸していた部屋でYの従業員が自殺し

たとして，Ｙの債務不履行を理由として，Ｘが損害賠償請求を行った事案である。すなわち，賃借人Ｙには，善良なる管理者の注意をもって本件貸室を使用・保存すべき債務があり，Ｙの従業員はその履行補助者にあたるが，従業員の自殺はその債務の不履行に当たるとして，損害賠償請求を行ったのである。判決も同じ法的構成を採り，Ｙに債務不履行責任があることを認めた。

　もっとも，【25】と対比すれば，この論旨が必ずしも当然とはいえないであろう。

2.　ところで，損害額について，判決が認めたのは月額賃料の半額の2年分であった。Ｘは，損害として，10年間にわたり賃料を半額の2万4,000円でしか賃貸できなくなったとして288万円の支払いを主張したが，本判決は，①本件のような貸室についての心理的瑕疵は，年月の経過とともに稀釈されることが明らかであること，②本件貸室が大都市である仙台市内に所在する単身者用のアパート（本件建物）の一室であることを主な理由として上げ，「本件事故があったことは，2年程度を経過すると，瑕疵と評することはできなくなる」として，実際の賃料との差額分2万円の2年間分の賃料を損害額として認定した。

3.　本件のように賃貸借物件で自殺等が発生した場合，売買事例と比較して，認定される損害額は低額であることが多いが，売買と賃貸借には，その性質に大きな違いがあるからである。

　賃貸借は一時的な利用であることが多いし，賃料は売買代金と比較すると低額である。一方，売買は金額が大きくまた永住するつもりで購入することも多いので，心理的瑕疵による被害は相対的に大きいことになる。そのため，認定される損害額にも違いが現れているのである。

第1章　不動産取引における心理的瑕疵　　*113*

【25】　東京地判平 16・11・10 判例秘書登載 05934532

〈事案の概要〉

　賃貸人 X は，タクシー会社 Y に対し，平成 11 年 9 月から横浜市港南区の共同住宅の 1 室を従業員の寮として月額賃料 6 万 3,000 円で賃貸していたところ，建物全体を解体撤去し更地として売却するため，X は Y との間で上記賃貸借契約を解約し平成 16 年 3 月 31 日に明渡すとの合意を締結した。しかし，同月 30 日に Y の従業員 A が室内で首つり自殺をして警察を呼ぶ騒動となったため，当該建物敷地を 2,150 万円で買いたい旨の申し入れがあったのに撤回されて，別の者に 1,500 万円で売却せざるを得なくなった。そこで，X が，その差額の 650 万円と明渡しに伴う粗大ゴミ処理費用 5 万円の損害賠償を求めた。

　これに対し，東京地裁は，賃借人は建物の返還債務の付随義務として，または使用者責任として，入居させていた従業員が室内で自殺しないよう配慮する義務を負わないし，従業員の自殺が賃借人の違法行為となるものではなく，自殺と土地の価格低下との間の相当因果関係があると認めることは困難であるとして，粗大ゴミ処理費用を除いて X の請求を退けた。

〈判決の要旨〉

1.　債務不履行責任について

　「そもそも，建物の賃貸借契約における賃借人は，賃貸借契約終了時に賃貸物である本件貸室を返還すべき義務を負うが，賃借物を返還するのに付随して，本件貸室や本件建物の価値を下げないように，その建物に入居させていた従業員が本件貸室内で自殺しないように配慮すべき義務まで負うと認められるかは疑問が残る。基本的には，物理的に賃借物の返還があれば賃借人の債務の履行としては十分であり，心理的あるいは価値的に影響を与えるような事由についてまで付随義務として認めることは加重な債務を負担させることになるからである。

　そして，本件においては，X は，建物の朽廃を理由として，建物を取り

壊し，その敷地を更地にして本件土地を売却することを想定して本件賃貸借契約の解約申入れをしたものであり，現実にそのとおりになっていること（本件自殺のあった本件貸室が存在しなくなった状態でその敷地が売却されている。），Aに自殺の兆候がみられなかったこと等からして，Yにおいて，Aが本件貸室内で死亡すること，本件自殺により本件土地の価格が低下することまで予見可能であったものとは解されず，本件貸室の賃借人であるYにおいて，土地の価格が下落しないように，その従業員が本件貸室内で自殺しないようにすべき注意義務があるとまで考えることは相当ではない。

　よって，Yには，本件賃貸借契約に基づく返還債務の付随義務として従業員が本件貸室内で自殺しないように配慮する義務を負わない。」

2. 使用者責任について（そもそも，Aの自殺が不法行為といえるか）

　「Aが自殺すること自体がXらに対する違法行為となるものではなく，本件貸室内で自殺することによりXらの土地の価格が低下したことが損害といえるかの問題である。Xらが主張する被侵害利益は，Xらの建物持分であるが，損害として主張しているのは，本件土地の価格低下であり，土地の価格の低下について，Xらの建物の持分侵害を違法行為と考えることはできない。

　仮に，Xらの主張が，本件土地の持分を侵害されたことを違法行為と考える趣旨であるとしても，本件土地上の本件建物の一部の賃借人であるYの元従業員であるAにおいて，本件自殺時に，本件貸室の入った本件建物の敷地である本件土地が売却予定であり，本件貸室で自殺することにより，本件土地の価格が低下することまで予見可能であったものとは解されず，Aがそこで自殺することが違法行為と認めることは相当ではない。また，仮にAが，本件貸室で自殺したことが違法であるとしても，前記認定の諸事情を考慮すると，本件自殺と本件土地の価格低下との間の相当因果関係があると認めることは困難である。

　よって，その余を検討するまでもなく，Xらの不法行為に基づく損害賠償請求は理由がない。」

第1章　不動産取引における心理的瑕疵　　*115*

〈解説〉

1. 本件は，賃貸人Ｘが，賃借人であるタクシー会社Ｙに対し，Ｙの従業員が死亡したことを理由に，債務不履行責任あるいは不法行為の使用者責任に基づく損害賠償請求を行った事案である。

　　本件では，ＸとＹとの間で賃貸借契約を解約する旨の合意が成立していたので，ＹはＸに対して期日までに本件貸室を明渡す債務を負う。当該債務に加え，本件貸室の明渡しが円滑に行えるようにするため，明渡しが終了するまで，その建物に入居させていた従業員が本件貸室内で自殺しないように配慮する義務を負うとして，ＸがＹに対し，当該債務の不履行を主張したのが本件事案である。また，Ｘは，Ａの自殺は不法行為であるとして，Ｙに対し，使用者責任に基づく損害賠償請求も行った。

2. 賃貸借契約における賃借人は，賃貸借契約の終了時に賃貸物を返還すべき義務を負う（目的物返還義務）。本件では，この義務に付随して，さらに，「本件貸室の明渡しが円滑に行えるようにする義務あるいは本件貸室の明渡しが終了するまで，その建物に入居させていた従業員が本件貸室内で自殺しないように配慮する義務」まで負うのか，という点が問題となった。

　　これについて，本判決は，心理的・価値的に影響を与える事由についてまで付随義務として認めると，賃借人に加重な債務を負担させることになるので，物理的に賃借物の返還があれば賃借人の債務の履行としては十分である旨述べ，上記義務を否定した。

3. 本件賃貸借契約は，自殺したＡの勤務先であるＹが，賃貸人Ｘと締結したものであり，いわゆる借上げ社宅であった。したがって，Ａの自殺は賃借人本人の自殺ではない。

　　もっとも，実際に本件貸室に居住していたＡは，賃借人である会社Ｙの履行補助者であるので，その者の故意・過失に基づく行為についても，会社は債務不履行責任を負う。そして，賃借人には，善良なる管理者の注意をもって貸室を使用・保存すべき債務があり，貸室内で自殺しないようにすることも賃借人の善管注意義務の対象に含まれると考えれば，Ｙは，従業員Ａ

が自殺したことによる債務不履行責任を免れないことになる。

　本件と同じく借上げ社宅で従業員が自殺した事案である【24】では，会社には，善良なる管理者の注意をもって本件貸室を使用・保存すべき債務があり，従業員はその履行補助者にあたるので，従業員の自殺はその債務の不履行に当たるとして，会社に債務不履行責任を認めた。他にも，【28】のように，無断転貸人の自殺ではあるが，賃借人の責任を認めた裁判例があることから，本件においても，Ｙの債務不履行責任を肯定することも可能であったと思われる。

　しかし，賃借人，転借人にかかわらず，自殺そのものが善管注意義務違反として債務不履行にあたるとは必ずしもいえないことを本判決は指摘しており，自殺の評価に対する裁判所の見解が一致しているわけではない。

4. なお，本件では，本件貸室を含む本件建物を取り壊し，更地にした上で売却することが予定されており，事実，その通りに本件建物は取り壊された。自殺等が発生した建物が取り壊された後，もしくは取り壊す予定で売買がなされる場合，【5】や【7】にも見られるように，「嫌悪すべき心理的欠陥の対象は具体的な建物の中の一部の空間という特定を離れて，もはや特定できない一空間内におけるものに変容している」と判断され，心理的瑕疵を否定する大きな理由としている。本判決は，その点も考慮してＹの責任を否定したのではないかと思われる。

【26】　東京地判平 19・3・9 WLJ

〈事案の概要〉

　Ｘは，Ｙに対し，平成 16 年 9 月にＹの従業員甲の社宅として使用させる目的で，本件建物について，月額賃料 9 万 8,000 円，敷金 19 万 6,000 円，2 年間の期間，期間内解約は 1 か月前予告で可能とする本件賃貸借契約を締結した。ところが，甲は，平成 17 年 8 月に本件建物のトイレ内で死亡した（以下，「本件事故」という）。それから 4 日後にＹのほかの従業員が本件建物を訪問して鍵

を開けたところ，甲の死亡を確認した。その後，XはYに対し，トイレの改修費用 54 万 4,530 円の請求をしたところ，Yは全額支払った。Xは，Yに対し，本件事故により本件建物の価値が 1,000 万円下がったとして，その内金 500 万円と未払賃料分として 87 万 8,733 円の合計 587 万 8,733 円を請求したところ，Yは敷金 19 万 6,000 円の反訴を提起した。東京地裁はXの請求を棄却し，Yの反訴を認容した。

〈判決の要旨〉

　そもそも住居内において人が重篤な病気に罹患して死亡したり，ガス中毒などの事故で死亡したりすることは，経験則上，ある程度の割合で発生しうることである。そして，失火やガス器具の整備に落ち度があるなどの場合には，居住者に責任があるといえるとしても，本件のように，突然に心筋梗塞が発症して死亡したり，あるいは，自宅療養中に死に至ることなどは，そこが借家であるとしても，人間の生活の本拠である以上，そのような死が発生しうることは，当然に予想されるところである。したがって，老衰や病気等による借家での自然死について，当然に借家人に債務不履行責任や不法行為責任を問うことはできないというべきである。

　甲は，専ら得意先回りをしており，Yの厚木営業所に常時出勤するような勤務をしていなかったこと，また，甲など外交を担当する従業員は，月曜日に出張所に出社して週間のスケジュールを立て，前週の報告をすることが通常であることが認められる。したがって，平成 17 年 8 月 25 日（木）あるいは同月 26 日（金）までに，Y側が甲の死亡に気づかず，同月 29 日（月）になって初めて甲の異常に気付いたとしても，そのことに関してYの債務不履行責任や不法行為責任を問うことはできない。

〈解説〉

　本件判決の対象事案は病死である。本件判決が，「老衰や病気等による借家での自然死について，当然に借家人に債務不履行責任や不法行為責任を問うことはできないというべきである。」と判示しているのは極めて正当である。ただし，社宅という性質上，賃借人である会社の対応がもう少し遅れて腐敗臭が

出てくるような状況になっていれば，賃借人の責任が問われる可能性もあり得た。

【27】 東京地判平 19・8・10 渡辺晋，布施明正著『不動産取引における瑕疵担保責任と説明義務』449 頁（大成出版社）

〈事案の概要〉

Ｘは，平成 15 年 10 月に，Ｚに東京都世田谷区のアパートの１室を月額賃料６万円で賃貸したが，その後Ｚが室内で自殺したため，Ｚの相続人 Y₁ に対しては賃貸借契約の債務不履行に基づき，連帯保証人 Y₂ に対しては連帯保証契約に基づき，676 万 8,000 円を損害賠償請求した。

これに対して東京地裁は，賃借人Ｚが自殺したことにより生じる損害賠償債務についても，賃借人の連帯保証人 Y₂ は負うとした上で，自殺があった貸室については，自殺事故から１年間の賃貸不能期間の賃料相当額およびその後の２年間の減額分（月額賃料の半額）を損害とし，中間利息を控除した 132 万円余を認めたが，自殺があった部屋の両隣と階下３室については，自殺事故後に最初に借りようとする者に対しても，自殺事故があったことを告知する義務はないとし，損害を否定した。

〈判決の要旨〉

1. 相続人 Y₁ の責任について

「賃貸借契約における賃借人は，賃貸目的物の引渡しを受けてからこれを返還するまでの間，賃貸目的物を善良な管理者と同様の注意義務をもって使用収益する義務がある（民法 400 条）。そして，賃借人の善管注意義務の対象には，賃貸目的物を物理的に損傷しないようにすることが含まれることはもちろんのこと，賃借人が賃貸目的物内において自殺をすれば，これにより心理的な嫌悪感が生じ，一定期間，賃貸に供することができなくなり，賃貸できたとしても相当賃料での賃貸ができなくなることは，常識的に考えて明らかであり，かつ，賃借人に賃貸目的物内で自殺しないように求めることが加

重な負担を強いるものとも考えられないから，賃貸目的物内で自殺しないようにすることも賃借人の善管注意義務の対象に含まれるというべきである。」

「Zを相続したY₁には，同債務不履行と相当因果関係のあるXの損害を賠償する責任がある。」

2. 連帯保証人Y₂の責任について

「賃借人であるZが本件貸室を賃借中に同室内で自殺したことは，本件賃貸借契約の債務不履行を構成し，これによるZ（Y₁）のXに対する損害賠償債務が，本件賃貸借契約に基づくZのXに対する債務であることは明らかであるから，Y₂には，本件連帯保証契約に基づき，賃借人であるZが本件貸室を賃借中に同室内で自殺したことと相当因果関係にあるXの損害について，Y₁と連帯して，賠償する責任がある。」

「Y₂は，本件連帯保証契約の責任範囲は，賃料不払などの通常予想される債務に限られ，賃借人であるZが自殺したことにより生じる損害賠償債務は含まれないと主張しているが，Y₂作成の連帯保証人確約書には，Y₂が主張するような責任範囲を限定する趣旨の記載はなく，かえって，『一切の債務』につき連帯保証人として責任を負う旨の記載があることが認められるのであるから，Y₂の主張は採用できない。」

3. 損害額について

「自殺事故による嫌悪感も，もともと時の経過により希釈する類のものであると考えられることに加え，一般的に，自殺事故の後に新たな賃借人が居住をすれば，当該賃借人が極短期間で退去したといった特段の事情がない限り，新たな居住者である当該賃借人が当該物件で一定期間生活をすること自体により，その前の賃借人が自殺したという心理的な嫌悪感の影響もかなりの程度薄れるものと考えられるほか，本件建物の所在地が東京都世田谷区という都市部であり，かつ，本件建物が2階建10室の主に単身者を対象とするワンルームの物件であると認められることからすれば，近所付き合いも相当程度希薄であると考えられ，また，Zの自殺事故について，世間の耳目を集めるような特段の事情があるとも認められないことに照らすと，本件で

は，Ｘには，Ｚが自殺した本件貸室を賃貸するに当たり，自殺事故の後の最初の賃借人には本件貸室内で自殺事故があったことを告知すべき義務があるというべきであるが，当該賃借人が極短期間で退去したといった特段の事情が生じない限り，当該賃借人が退去した後に本件貸室をさらに賃貸するに当たり，賃借希望者に対して本件貸室内で自殺事故があったことを告知する義務はないというべきである。」

「また，本件建物は2階建10室の賃貸用の建物であるが，自殺事故があった本件貸室に居住することと，その両隣の部屋や階下の部屋に居住することとの間には，常識的に考えて，感じる嫌悪感の程度にかなりの違いがあることは明らかであり，このことに加えて，上記で検討した諸事情を併せ考えると，本件では，Ｘには，Ｚが本件貸室内で自殺した後に，本件建物の他の部屋を新たに賃貸するに当たり，賃借希望者に対して本件貸室内で自殺事故があったことを告知する義務はないというべきである。」

「これらを総合的に検討した結果，本件では，本件貸室を自殺事故から1年間賃貸できず，その後賃貸するに当たっても従前賃料の半額の月額3万円での賃貸しかできず，他方で，賃貸不能期間（1年間）と一契約期間（2年間）の経過後，すなわち自殺事故から3年後には，従前賃料の月額6万円での賃貸が可能になっていると推認するのが相当であると考える。

そうすると，Ｘの逸失利益（中間利息をライプニッツ方式により年5％の割合で控除することとする。）は，1年目が68万5,656円（6万円×12か月×0.9523），2年目が32万6,520円（3万円×12か月×0.9070），3年目が31万968円（3万円×12か月×0.8638）であるから合計132万3,144円となる。」

〈解説〉

1. 本件は，賃借人が室内で自殺した行為が，賃貸借契約の善管注意義務違反にあたるとして，賃借人の相続人および連帯保証人に対して，賃貸人が債務不履行に基づく損害賠償請求をした事案である。

2. 賃借人Ｚの相続人Ｙ₁の責任について

賃借人には，賃貸目的物を善良な管理者と同様の注意義務をもって使用収

益する義務があり，その義務には，賃貸目的物を物理的に損傷しないようにすることのみならず，賃貸目的物内で自殺しないようにすることも含まれる，と本判決は述べる。賃貸物件で自殺等が発生すると，一定期間賃貸ができなくなり，あるいは相当賃料での賃貸ができなくなる事実が存在することを考えると，やむを得ない判断であるといえなくもない。しかし，自殺といっても，うつ病の発作としてなされた場合に，病死とどう違うのか，犯罪被害にあって前途を悲観して自殺した場合に責任があるといえるのか，具体的事情によっては善管注意義務違反が否定されることもありうる。現に，【25】判決は「物理的な賃借物の返還があれば，賃借人の債務の履行としては十分であり，心理的あるいは価値的に判断を与えるような事由についてまで付随義務として認めることは加重な債務を負担させることになる」として否定している。

3. 連帯保証人 Y₂ の責任について

Y₂ は，賃借人 Z が自殺したことにより生じる損害賠償債務は，本件連帯保証契約の責任範囲外であると主張した。Y₂ には Z が自殺しないように配慮すべき義務はないし，本件連帯保証契約の合理的意思解釈としても，Y₂ は賃料不払いなどについて連帯保証をするとの意思はあったが，Z が本件貸室で自殺することにより生じる損害についてまで連帯保証をする意思はなかったから，同損害は本件連帯保証契約による Y₂ の責任範囲には含まれない，と主張したのである。

これに対して本判決は，連帯保証人確約書に連帯保証人の責任範囲を限定する趣旨の記載はなかったこと，「一切の債務」につき連帯保証人として責任を負う旨の記載があったことから，当該 Y₂ の主張を認めず，Z の自殺によって生じた責任を Y₂ も負うと判断した。

もっとも，近年，民法 465 条の 2 以下で「個人根保証契約」における保証人の責任が規制されるなど，保証人の責任を限定的に解釈する流れがある中で，契約書に「一切の債務」と書かれているだけで，自殺の場合の責任まで当然に負わされると考えるのがよいか疑問が残る。

122

4. 損害額について

　判決は，自殺があった部屋については損害を認めつつも，①新賃借人が当該物件で一定期間生活をすれば，当該賃借人が極短期間で退去したといった特段の事情がない限り，心理的嫌悪感はかなりの程度薄れると考えられること，②本件建物の所在地が都市部であること，③本件建物が単身者を対象とするワンルームの物件であること，④Ｚの自殺事故について，世間の耳目を集めるような特段の事情があるとも認められないこと等から，Ｘには，自殺事故の後，最初の賃借人に対しては，自殺事故があったことの告知義務があるが，当該賃借人が極短期間で退去したといった特段の事情がない限り，その後に本件貸室の賃借を希望する者に対しては，自殺事故があったことの告知義務はない。したがって，自殺事故から１年間の賃貸不能期間の賃料相当額およびその後の２年間の減額分（月額賃料の半額）を損害であるとした。

　一方，自殺があった部屋の両隣と階下３室については，自殺事故があった部屋に居住することと，その両隣の部屋や階下の部屋に居住することとは，常識的に考えて，感じる嫌悪感の程度にかなりの違いがあること，そして上記①～④等を考慮した上，本件では，自殺があった部屋の両隣と階下３室を借りようとする者に対し，自殺事故後に最初に借りようとする者に対しても，自殺事故があったことを告知する義務はないとして，損害を否定した。

　賃貸借は一時的な利用であることが多いし，賃料は売買代金と比較すると低額である。したがって，賃貸事例で自殺等が発生した場合，自殺等が発生した部屋以外については損害を認めないとした本判決は妥当であると思われる。

【28】　東京地判平 22・9・2 判時 2093 号 87 頁

〈事案の概要〉

　Ｘが平成 20 年 3 月に Y₁ に対し，東京都内のワンルームマンションを賃料

第 1 章　不動産取引における心理的瑕疵　*123*

12 万 6,000 円で賃貸したところ，Y₁ が X に無断で転貸ないし無断で占有させ
ていた Z が平成 21 年 7 月に居室の浴室で自殺したため，Y₁ とその連帯保証人
Y₂ に対し，賃料減額分相当額につき債務不履行に基づく損害賠償請求および
未払賃料の請求として，合計約 524 万円の請求を行った。

　これに対し，東京地裁は，Y₁ は X に対し，無断転貸を伴う賃貸借において
は，居住者が当該物件内で自殺しないように配慮する義務を負うとして，賃貸
不能期間を 1 年，賃料半額が 2 年として，中間利息を控除した上で賃料収入の
減少を X の損害と認め，未払賃料と原状回復費用を加算した 361 万円余の支
払いを命じた。

〈判決の要旨〉

1. Y₁ の債務不履行責任について

　「賃借人又は賃借人が転貸等により居住させた第三者が目的物である建物
内において自殺をすれば，通常人であれば当該物件の利用につき心理的な嫌
悪感ないし嫌忌感を生じること，このため，かかる事情が知られれば，当該
物件につき賃借人となる者が一定期間現れず，また，そのような者が現れた
としても，本来設定し得たであろう賃料額より相当低額でなければ賃貸でき
ないことは，経験則上明らかといってよい。

　また，特に賃借人が無断転貸等賃貸人の承諾なく第三者を当該物件に居住
させていたような場合，賃借人に対し居住者の自殺といった事態の生じない
ように配慮すべきことを求めたとしても，必ずしも過重な負担を強いるもの
とはいえない。

　賃借人は，賃貸借契約上，目的物の引渡しを受けてからこれを返還するま
での間，善良な管理者の注意をもって使用収益すべき義務を負うところ，少
なくとも無断転貸等を伴う建物賃貸借においては，上記の点にかんがみる
と，その内容として，目的物を物理的に損傷等することのないようにすべき
ことにとどまらず，居住者が当該物件内部において自殺しないように配慮す
ることもその内容に含まれるものと見るのが相当である。

　したがって，本件物件において Z が自殺したことは Y₁ の善管注意義務の

不履行に当たるというべきであるから，これと相当因果関係のある損害について，Y_1 は X に対し債務不履行に基づく損害賠償債務を負うことになる。」

2. 損害額について

「Y_1 の上記債務不履行と相当因果関係のある損害としては，本件物件内でZ が自殺したことにより特に必要となったものを含め，経年劣化による分を超過する原状回復費用がまず挙げられる。」

「本件物件を賃貸するに当たっては，宅地建物取引業法により，宅地建物取引業者は賃借希望者に対し Z の自殺という事情の存在を告知すべき義務を負うとみられる。そうである以上，告知の結果本件物件を第三者に賃貸し得ないことによる賃料相当額，及び賃貸し得たとしても，本来であれば設定し得たであろう賃料額と実際に設定された賃料額との差額相当額も，逸失利益として，Y_1 の上記債務不履行と相当因果関係のある損害ということができる。

ただし，上記のとおり，賃料額を低額にせざるを得ないのは物件内での自殺という事情に対し通常人が抱く心理的嫌悪感ないし嫌忌感に起因するものであるから，時間の経過とともに自ずと減少し，やがて消滅するものであることは明らかである。また，本件物件は単身者向けのワンルームマンションであり，その立地は，付近を首都高速3号渋谷線及び国道246号線が通るとともに，東急田園都市線「○○」駅から徒歩2分とされ，都心に近く，交通の便もよい利便性の高い物件であることが窺われるところ，このような物件は賃貸物件としての流動性が比較的高いものと見られるから，上記心理的嫌悪感等の減少は他の物件に比して速く進行すると考えるのが合理的である。」

「本件における原告の逸失利益については，本件物件の相当賃料額を本件賃貸借と同額の12万6,000円と見た上で，賃貸不能期間を1年とし，また，本件物件において通常であれば設定されるであろう賃貸借期間の1単位である2年を低額な賃料（本件賃貸借の賃料の半額）でなければ賃貸し得ない期間と捉えるのが相当と考える。また，将来得べかりし賃料収入の喪失ないし減少を逸失利益と捉える以上，中間利息の控除も必要というべきである。」

第 1 章 不動産取引における心理的瑕疵 125

3. 保証人 Y₂ の責任について

「Y₂ は，当事者の合理的意思解釈により本件保証契約による保証債務の範囲は保証人となろうとする者が当然予測しうる範囲に限定され，転借人の自殺は当然には予測し得ず，この保証債務の範囲に入らない旨主張する。

しかし，本件保証において，Y₂ の保証債務は，Y₁ が本件賃貸借により X に対して負担する一切の債務に及ぶ旨合意されたことが認められる。この合意のとおりに解したとしても，Y₁ の X に対する債務不履行に基づく損害賠償責任に関する限り，債務不履行と相当因果関係のある損害の範囲にその責任は限定されるから，保証人である Y₂ の責任が不当に拡大するものと見ることはできない。そうである以上，上記のように解したとしても，消費者契約法 10 条により無効とされることはないというべきである。」

〈解説〉

1. 本件は，X が Y₁ にワンルームマンションを賃貸したところ，Y₁ が X に無断で転貸ないし無断で占有させていた Z が自殺したとして，X が Y₁ に対しては，原状回復費用および賃料減額分相当額について債務不履行に基づく損害賠償請求および未払賃料の請求をし，Y₂ に対しては保証債務の履行を請求した事案である。

2. Y₁ の債務不履行責任について

本判決は，賃借人等が賃借物件内において自殺をすれば，通常人であれば心理的な嫌悪感ないし嫌忌感を生じ，賃料の減少等が生じることは経験則上明らかである，と述べた上で，少なくとも無断転貸等を伴う建物賃貸借においては，居住者が当該物件内部において自殺しないように配慮することもその内容に含まれる，として，Y₁ の注意義務違反を認めた。本件では，無断転貸がなされていたという事情もあったので，この点も重視されたと思われる。

しかし，【25】が述べるように，賃借人側の自殺が必ずしも善管注意義務違反として債務不履行責任を問われることにはならないので，この結論に疑問がないわけではない。

3. 損害額

本判決は，賃料減額分を，本件物件の相当賃料額を本件賃貸借と同額の12万6,000円とした上で，賃貸不能期間を1年とし，また，本件物件において通常であれば設定されるであろう賃貸借期間の1単位である2年を低額な賃料（本件賃貸借の賃料の半額）でなければ賃貸し得ない期間と捉え，そこから中間利息を控除して，277万8,752円を逸失利益とした。

賃料の逸失利益については，様々な考え方があろう。本判決は，従前の賃料の一定額を減額分とみなし，それを基礎に逸失利益を算定したが，その他にも，従前の賃料と新契約の賃料との差額新規契約期間を基礎として算定する方法も考えられる。本件の原告は，この考え方に立ち，従前の賃料と新契約の賃料との差額新規契約期間を基礎とした逸失利益を主張していた。

Xは，本件自殺後に，本物件を，本物件の管理受託業者の従業員に対し，賃料月額5万円，契約期間を5年弱（58か月）で賃貸した（以下，「本件新規賃貸借契約」という）。そこで，Xは，損害額を12万6,000円との差額7万6,000円を基礎として逸失利益を算定すべきであり，新規賃貸借契約期間58か月分合計440万8,000円の損害を受けたと主張した。

しかし，本判決は，本件新規賃貸借契約において賃料が月額5万円であった点については，本件物件の性質や立地等からすると賃貸物件としての流動性が高いものと考えられ，心理的嫌悪感等の減少は比較的速く進行すること，本件新規賃貸借契約の借主は本物件の管理受託業者の従業員である等の事情があることからすると，単に当該賃料との差額だけを基礎として逸失利益の額を算定するのは妥当ではないとした。また，本件新規賃貸借契約の契約期間が5年弱であった点についても，当該従業員が会社を退社した場合は契約終了とされている等の点を考慮し，当該期間を基礎に算定するのも妥当ではないと判断した。

従前の賃料と新契約の賃料との差額を基礎として，逸失利益を計算することが妥当ではない事情がある場合，本判決のように従前の賃料の一定額を基礎として算定する方法を取ることになろう。

第1章　不動産取引における心理的瑕疵　　*127*

4.　保証人 Y₂ の責任

　保証人 Y₂ は以下のように主張し，Z の自殺に基づく責任は保証債務に含まれないと主張した。

　本件保証において，契約書上は「一切の債務」につき保証責任を負うとされているが，文字通りに解すると消費者契約法 10 条に基づき無効である。そこで，当事者の合理的意思解釈により，本件保証契約による保証債務の範囲は，保証人となろうとする者が当然予測しうる範囲に限定される。そして，転借人の自殺は当然には予測し得ず，この保証債務の範囲に入らない，と主張した。

　これに対し，本判決は「一切の債務」につき保証責任を負うとする本契約書は無効ではないと判断した。この理由として，Y₁ が本件賃貸借により X に対して負担する一切の債務に及ぶと考えても，Y₁ の X に対する債務不履行に基づく損害賠償責任に関する限り，債務不履行と相当因果関係のある損害の範囲にその責任は限定されるから，保証人である Y₂ の責任が不当に拡大するものと見ることはできない，とした。問題は，転借人の自殺による損害が債務不履行と相当因果関係のある損害といえるかどうかであり，本判決のように，「その責任は限定され」あるいは「責任が不当に拡大するものとみることはできない」と断定することにはためらいを覚える。

【29】　東京地判平 22・12・6 WLJ

〈事案の概要〉

　X は，本件アパートの所有者で，平成 13 年 6 月に甲に対し，201 号室を期間 2 年，月額賃料 8 万 5,000 円，共益費 2,000 円で貸し渡し，甲は敷金 17 万円を X に交付した。その後契約は更新されていたが，甲は，平成 18 年 10 月に本件貸室の浴室において，リストカットにより自殺した。甲の相続人は，母と姉である Y と兄がいたが，母と兄は相続放棄をした。Y は，敷金返還請求権と X の損害賠償請求権について相殺の意思表示をした。X は，Y に対し，債務不履

行に基づく損害賠償請求権として，クリーニング費用および内装造作取替費用150万円，逸失利益330万円の合計480万円の損害があるとして，その内金250万円の損害賠償を求めた。東京地裁は，そのうち125万4,325円と年5分の遅延損害金を認めた。

〈判決の要旨〉

1. 債務不履行について

　　甲は，Xに対し，本件賃貸借契約に基づき原状回復義務を負っていたところ，これに付随する義務として，自然減耗以外の要因により目的物件（本件貸室）の価値が減損することのないように本件貸室を返還すべき義務を負っていたものと解される。そして，社会通念上，自殺があった建物については，これを嫌悪するのが通常であり，その客観的価値が低下することは当裁判所に顕著な事実である（説明義務に関する東京地裁平成20年4月28日判決・判タ1275号329頁，競売物件の評価に関する仙台地裁昭和61年8月1日決定・判時1207号107頁，福岡地裁平成2年10月2日決定・判タ737号239頁）。そうすると，甲には本件賃貸借契約に基づく原状回復義務に付随する義務の債務不履行があったといわざるを得ない。甲の遺族からすれば，甲を失ったことによる精神的打撃に加えて損害賠償を求められることになり，苛酷な状況におかれることになるが，法的にはやむを得ないと考えられる。

2. クリーニング費用および内装造作取替費用について

　　Xは，クリーニング費用および内装造作取替費用として150万円が必要であると主張し，証拠として概算見積書を援用する。しかし，本件見積書の金額は合計で91万9,212円であって，そもそもX主張の金額を裏付けるものではない。さらに，本件見積書の内容をみるに，本件自殺が行われた浴室以外の部屋に係る補償費用やエアコンの交換に係る費用が含まれており，それらは本件自殺とは無関係のものであり，また，クロスの貼替費用などは通常損耗によるものと考えられるから，損害と認めることはできない。そうすると，本件自殺と関係が認められるのは，本件自殺が行われたユニットバスの交換費用のみである。Yは，甲の兄によって洗浄したから損害はないと主張

第1章　不動産取引における心理的瑕疵　　*129*

するが，いかに洗浄しようともそれに対する強い社会的嫌悪感をぬぐうこと
は困難であると認められる。そして，この費用はいわば本件貸室の修繕費用
であるから，これをさらに経年減価するのは相当ではない。したがって，58
万4,325円をもって，内装造作取替費用に係る損害とみるのが相当である。

3．逸失利益（賃料相当額）について

　5万6,000円が本件貸室の客観的賃料相当額として相当であると考えられ
る。しかし，居住用の建物において自殺があった場合に建物の評価や賃料が
下落するとしても，当然に無価値に等しくなるとまではいえないから（東京
高裁平成8年8月7日決定），上記の賃料相当額がそのままXの損害の基礎と
なるべきものではない。そして，本件貸室の賃料額が本件自殺によってどの
程度低下したかを判断することは困難であるから，民事訴訟法248条によ
り，最初の2年間については1か月当たり2万5,000円，次の2年間につい
ては1か月当たり1万円の低下が生じたと認めるのが相当である。そうする
と，本件貸室明渡の翌日（平成18年11月）から本件口頭弁論終結時（平成
22年11月）までの賃料減額分の損害としては，48か月分84万円をもって
相当と認める。

4　相殺について

　2．および3．の損害の合計額は142万4,325円となるところ，敷金返還請
求権が17万円であったから，Yの相殺により，残額は125万4,325円とな
る。

〈解説〉

　本件判決で，まず気になったのは，自殺により建物の価値が低下するから債
務不履行責任を負うとしていることである。自殺といってもいろいろなケース
があり，精神病の発作でなるときや不眠不休で仕事をしていて突発的に行うよ
うな過労死に近い場合など，はたして本当に賃借人に責任を問えるか疑問な場
合もあり得る。本件判決では，自殺の経緯や原因が不明である中で，自殺＝建
物価値の低下＝債務不履行責任と結びつけるのはやや短絡的と思われる。

　もっとも，原状回復費用（本判決でいう「クリーニング費用および内装造作取

替費用」）については，ユニットバスの取替費用以外は認めていない。

また，逸失利益については，対象期間が4年間というのは若干長いとも思われるが，反面，価値低下額は少なく，結果的には1年3か月分の賃料相当額で，むしろ，他の裁判例よりも低く抑えられている。

本件判決を総体的にみると，本件判決がはからずも述べているように，「苛酷な状況におかれる」遺族に対し，一定の配慮をしたのかもしれない。

【30】 東京地判平 23・1・27 W L J

〈事案の概要〉

Xは，Yとの間で，平成20年3月に川崎市内の甲マンション202号室について，賃料7万5,000円，共益費5,000円，敷金15万円，礼金15万円，契約期間平成22年3月まで，中途解約の場合には3か月前予告としてYの長女を入居者とする建物賃貸借契約を締結した。入居者が平成21年3月に本件貸室内で死亡したが,所轄警察署は自死とする死体検案書を作成し，Yは同月に解約を申し入れ，3か月分の中途解約金は保証人が支払った。Xは，債務不履行に基づく損害賠償請求権として271万9,950円と原状回復請求権として12万1,905円の合計308万1,855円から敷金充当後の293万1,855円を請求したところ，東京地裁は，160万7,934円の支払いを命じた。

〈判決の要旨〉

1. 原状回復費用について

本件賃貸借契約締結当初は本件貸室の浴室に破損はなかったにもかかわらず，Yが本件貸室を返還した平成21年4月頃には，浴室の天井や壁のパネルが外れていたものと認められるところ，かかる浴室の状況は，賃貸借契約における通常使用による損耗とはいえず，また，上記事情からすると，入居者の善管注意義務違反に基づく損傷と推認せざるを得ない。そうすると，Yとしては，本件契約終了にあたり，入居者の善管注意義務違反による損傷の原状回復費用を負担すべき義務があるものと認める。そして，Xは，ユニッ

トバスである浴室工事費用として12万1,905円を支出したことが認められる。しかるに、ユニットバスはその構造上、天井のみの補修のためにも、一旦天井、水栓金具、換気扇を取り外して解体し、天井を取り替えて設置する際に、再度、床材、壁材、浴槽部分に、水栓金具、換気扇を取り付けて天井を設置した上で、各部材の水漏れ防止のためのコーキング作業、モール取付作業を行う必要があることから工事の範囲が天井以外にも及んで費用が嵩んでいることや、かかる工事によりXとしても経年劣化による貸主が補修すべき工事費用を免れた分もあるものと推測されることに鑑み、XがYに原状回復費用として請求できるのは、上記12万1,905円の5割に当たる6万952円の範囲で相当と認める。

2. 債務不履行に基づく損害賠償請求権の成否について

入居者の死因については、所轄警察署がこれを「自死」とする死体検案書を作成したことは、前記のとおりであるが、かかる事実からすれば、特段の事情がない限り、入居者の死因は自殺と推認せざるを得ず、これを覆すに足りる証拠はない。わが国においては、建物を賃借する者にとって、賃借すべき物件で過去に自殺があったとの歴史的事情は、当該不動産を賃借するか否かの意思決定をするに際して大きな影響を与えるものであるとされており（したがって、貸主や宅建業者は、賃貸借契約を締結するに当たり、一定期間はかかる事実を説明すべき義務があるものと解される）、そのため、自殺者の生じた賃貸物件は、心理的瑕疵物件として、自殺後相当期間成約できなかったり、賃料を大幅に減額しないと借り手が付かないという状況が続くこととなる。ところで、建物賃貸借契約において賃借人は、当該賃貸建物の経済的価値を損ねない範囲で使用収益をする権利を有し、義務を負う（通常使用による損耗を除く）ものである。そうすると、当該賃貸物件内で自殺をするということは、上述のように当該賃貸物件の経済的価値を著しく損ねることになるので、賃借人としては用法義務違反ないしは善管注意義務違反の責めを負うことになり、また、本件のように、賃借人であるYの長女が入居者として本件貸室に入居している際には、Yとしては、履行補助者による故意過失とし

て，信義則上自らの債務不履行の場合と同様の責任を免れないといわざるを得ない。

3. 損害の範囲

　Ｘは，Ｘの逸失利益は，新契約の賃料等の額（月額４万6,000円）と本件契約の賃料等の額（月額８万円）の差額３万4,000円の72か月分（6年分）にあたる244万8,000円を下回るものではないとの主張をするので検討する。

　上記事実からすると，まず，平成21年７月１日から同年10月19日までの３か月と19日分の賃料等相当額分28万9,032円は損害ということができる。また，新契約分については，上記事実に加え，Ｘが甲マンションの各貸室を，学生を対象に（主に音大生を対象としていると推測できる），賃料等合計月額８万1,000円以上，賃貸期間２年の条件で賃貸していること等前記認定事実の事情を総合すると，少なくとも，新契約の賃貸契約当初の２年分（平成21年10月20日から平成23年10月20日までの24か月）に加え，その翌日である平成23年10月21日から学生が通常において賃貸物件を探すピークである翌年３月20日までの約５か月間の新契約の賃料等の額（月額４万6,000円）と，本件契約の賃料等の額（月額８万円）との差額（月額３万4,000円）については，逸失利益として認定するのが相当であり，その合計額は，98万6,000円となる。以上によれば，Ｘの逸失利益は，少なくとも上記の合計127万5,032円を下ることはないと認めることができるので，Ｘの請求金額の内，この金額の範囲内の分は逸失利益と認定することができるが，これを超える分については，相当因果関係にある損害とまでは認め難い。

　その他の損害としては，Ｘが支払った貸室内のクロスの張り替え，クリーニング等の費用21万9,450円および現場供養費用５万2,500円（合計27万1,950円）が，ＸがＹに請求すべき損害として認めるのが相当である。

　以上のＸの請求を合計すると，160万7,934円となる。なお，Ｘが訴状において請求していた本件契約の中途解約による賃料等の３か月分相当額合計24万円については支払済みであるので，算定しない。

第 1 章　不動産取引における心理的瑕疵　　*133*

〈解説〉

　賃貸借契約をした賃借人の長女が，入居していた建物で自殺した事案である。契約者自身の自殺ではないが，契約の目的が契約者の長女を入居させることにあり，長女はいわば契約者に代わって本件貸室を利用するのであり，これを「履行補助者」という。そして，履行補助者が行った故意過失により賃貸人に損害を与えた場合には，契約者自身の場合と同様に，契約者が債務不履行責任を負うことになるのである。自殺という行為が，その態様によって本件のように天井を破損させるなどの物理的損害を与えるだけでなく，その後第三者に賃貸させる際に心理的瑕疵として賃料を下げさせるために賃貸人の本来得られたはずの収益を失わせることから（「逸失利益」という），これも損害賠償の対象となる。そこで，入居者は，賃借した物件内で自殺をしない義務を負っていると考えられ，これを「善管注意義務」という。

　本件判決の特徴は，賃貸人の損害をきめ細かく認定していることである。まず，賃貸人が原状回復費用として請求している物理的損害について，自殺した現場と思われる浴室の工事費用として挙げられていることに関し，工事の範囲が天井以外にも及び，かつ経年劣化部分の本来賃貸人が補修すべきものも含まれているとして，賃貸人が支出した費用の半額を控除している。

　次に，逸失利益については，差額賃料から細かく計算しているが，8万円の賃料からすると約1年半分であり，合理的な金額と思われる。

　最後にその他の損害として興味深いのが現場供養費用である。自殺した現場でいわばお祓いをするのは日本的な慣習であるが，逆に言えば自殺をしなければ支出する必要のなかった費用といえるから，損害賠償の対象に含めてもよいと思われる。

【31】　東京地判平 26・3・18 W L J

〈事案の概要〉

　X は，平成 22 年 9 月に Z に対し，共同住宅の 205 号室（以下，「本件貸室」

という）を賃貸したが，Ｚの父親のＹがその保証人となった。契約は平成24年7月に更新されて，更新後の賃料が8万1,000円，共益費3,000円，自治会費400円である。平成25年2月分以降の賃料の支払いがなく，本件建物のガス，水道のメーターが動いていないことから，Ｘは同年3月に警察官立会いの下で鍵を解錠したところ，Ｚの首つり自殺が確認された。Ｙは，本件建物内の荷物を出して，同年4月18日本件建物を明け渡した。

Ｘは，Ｙを相手に約2か月半分の滞納賃料の外に，賃料下落分と原状回復費用を求めて提訴したところ，東京地裁はＸの請求を認容した。

〈判決の要旨〉

Ｙは，本件口頭弁論期日に出頭せず，答弁書その他の準備書面を提出しないから，Ｚおよびその連帯保証人であるＹが平成25年2月以降の本件貸室の賃料等21万9,440円をＸに支払っていない事実，およびＺが賃貸借契約上の義務を怠り，本件貸室内で自殺したことにより，本件貸室が通常人からみて心理的に嫌悪すべき事由があるものとなった事実を争うことを明らかにしないものと認め，これを自白したものとみなす。よって，ＹはＸに対し，本件賃借人の連帯保証人として，上記滞納賃料21万9,440円を支払う義務を負うとともに，本件賃借人の上記債務不履行によりＸの被った損害を賠償すべき義務を負ったというべきである。

1. 賃料下落分について

Ｘは宅建業者として，Ｚが本件貸室内で自殺した後に本件貸室をさらに賃貸するに当たり，賃借希望者に対して本件貸室内で自殺事故があったことを告知しなければならない結果，常識的に考えて，心理的な嫌悪感により一定期間賃貸に供することができなくなり，その後賃貸できたとしても，一定期間相当賃料での賃貸ができなくなることは明らかである。そして，本件に顕れた諸般の事情に鑑みれば，本件貸室の相当賃料額を本契約と同額の8万1,000円と見た上で，賃貸不能期間を1年とし，また，本件貸室において通常であれば設定されるであろう賃貸借期間の1単位である2年を低額な賃料（本契約の賃料等の半額）でなければ賃貸し得ない期間と認めるのが相当であ

第1章　不動産取引における心理的瑕疵　　*135*

る。以上によれば，Xの逸失利益（中間利息をライプニッツ方式により控除し，1円未満は切り捨てることとする）は，1年目が92万5,732円（8万1,000円×12か月×0.9524），2年目が44万802円（8万1,000円÷2×12か月×0.9070），3年目が41万9,806円（8万1,000円÷2×12か月×0.8638）であるから，合計178万6,340円となる。

2. 原状回復費用について

　　Zが本件貸室内で自殺したことにより特に必要となったものを含め，経年劣化による分を超過する原状回復費用については，Zの債務不履行と相当因果関係のある損害ということができる。Xが主張する原状回復費用68万6,658円は，本件貸室の全面的な改装費用であって，経年劣化による分を含んでいることが窺われるから，経年劣化による分を超過する原状回復費用としては，上記金額の約9割に相当する60万円をもって相当とする。

　　以上によれば，滞納賃料等21万9,440円，賃料下落分178万6,340円および原状回復費用60万円の合計260万5,780円から敷金7万9,000円を控除した残金は252万6,780円となるから，Yは，Xに対し，連帯保証債務の履行として，上記金額の範囲内である197万9,000円およびこれに対する訴状送達の日の翌日である平成26年1月25日から支払済みまで民法所定の年5分の割合による遅延損害金を支払う義務を負うものと認められる。

〈解説〉

　本件のYは，Xの訴訟に対してなんらの反応もしなかった。そうすると，民事訴訟法159条1項，3項で，「相手方の主張した事実を自白したものとみなす」（これを「擬制自白」という）結果，「裁判所において証明することを要しない」（同法179条）ことになる。もっとも，以上の点は事実のレベルの話であり，損害額の評価の点では，Xの主張を丸のみするわけではなく，裁判所としての判断をしている。

　第1に，賃料下落分について，将来の逸失利益分であることから，ライプニッツ方式を使って現在価値に割り戻している。交通事故の損害賠償でよく使われる方式である。これにより，Xが単純に計算した賃料1年分＋賃料半額2年

分（つまりは賃料1年分）の合計の賃料2年分に相当する194万4,000円よりも15万円余り少ない178万6,340円と算定している。本来であれば，逸失利益についてはこのような計算方式をとるべきであるが，請求する側も裁判所もそれほど意識することなく現在価値に割り戻すことなく全額を認めることが多く，法曹関係者としては，各立場にかかわらず注意をすべきといえる。

第2に，原状回復費用について，改装費用68万6,658円には経年劣化分も含まれているのでそれを控除して60万円としており，妥当な考え方と思われる。

もっとも，裁判所が認定した上記の金額に滞納賃料等を加算した金額から敷金を控除した残額は252万6,780円となるところ，Xの請求額がそれより少ない197万9,000円であることから，Xの請求を全額認めたものである。

【32】　東京地判平26・8・5 W L J

〈事案の概要〉

Xは，Yに対し，平成23年3月に東京都世田谷区内の共同住宅の1室の201号室を，賃料月額7万4,000円，敷金同額で賃貸し，Zは，保証会社として，Yの委託を受けて本件貸借契約に基づく賃料債務等について連帯保証した。同年4月にYの妻甲が自殺し，XとYはその後本件賃貸借契約を合意解除した。Xは，同年7月に本件居室について，Bとの間で賃料月額4万3,000円として賃貸借契約を締結した。そこで，XはYとZに対し，甲の本件自殺がなければ得られたであろう賃料との差額分や弁護士費用などの合計486万6,400円を請求したところ，東京地裁はYに対し155万7,877円の限度で認め，Yに対するその余の請求並びにZに対する全ての請求を棄却した。

〈判決の要旨〉

1. 本件事故についてYに本件賃貸借契約上の債務不履行はあるか

　建物の賃借人は，当該建物の使用収益に際し，善良なる管理者の注意をもってこれを保管する義務を負っている。賃借建物内で賃借人またはその他の

居住者が自殺をした場合，当該建物を使用しようとする第三者がこれを知ったときには嫌悪感ないし嫌忌感を抱くことは否定できず，そのために新たな賃借人が一定期間現れず，また現れたとしても本来設定し得たはずの賃料額よりも相当程度低額でなければ賃貸できなくなるであろうことが容易に推測できる。したがって，建物の賃借人は，賃貸借契約上の義務として，少なくとも賃借人においてその生活状況を容易に認識し得る居住者が建物内で自殺をするような事態を生じないように配慮しなければならないというべきである。本件事故は，Ｙの善管注意義務違反によって生じたものというべきであるから，Ｙはこれによって生じたＸの損害について賠償すべき義務を負う。

2. Ｚは本件事故について保証責任を負担するか

本件保証契約について，保証期間を本件賃貸借契約の期間と同一のものとし，保証金額を本件賃貸借契約の期間内にＹがＸに対して支払うべき賃料等の総額を上限とすること，Ｙが本件賃貸借契約に基づき負担する債務のうち賃料等の未払金の支払を保証の対象とすること，賃借人であるＹの責めに帰すべき事由により生じた本件居室の滅失または毀損に係る損害賠償金は保証の対象外とすることが認められる。本件事故によってＸに生じた損害は，本件賃貸借契約に基づくＹの賃料等債務とは異なり，Ｙの責めに帰すべき事由によって生じた本件居室の心理的な毀損に係るものというべきであるから，Ｚが保証すべき本件保証契約の対象ではない。

3. 本件事故によって生じたＸの損害およびＹの賠償責任の有無

本件事故は，その後，本件居室を賃貸するに当たり，宅建業者において，賃借希望者に対して告知すべき対象となる事実である。通常人が本件事故の告知を受けた場合，嫌悪感ないし嫌忌感を抱いて本件居室の賃借を辞退することは十分に考えられる。そうであるとすれば，Ｘは，本件事故の告知の結果，本件居室を第三者に賃貸することができなくなることによる賃料相当額，また，賃貸することができたとしても，その場合の賃料額は本来であれば設定できたはずの金額から相当程度の減額を要することになるものと想定されるから，その差額相当額の損害を被ることになる。もっとも，Ｘに生じ

た上記損害は，本件居室内での自殺という事情について通常人が抱く嫌悪感ないし嫌忌感に起因するものであるところ，このような心理的な事情は，一定の時の経過によって希釈されるものであるし，いったん本件居室に新たな賃借人が居住すれば，その後の賃貸借には影響を生じないものということができる。また，本件建物が交通の利便性の高い立地にあること，本件居室がワンルーム（間取り１Ｋ）であって単身者向けと思われること等を考慮すれば，本件居室は，賃貸物件としての流動性が比較的高いものと認められ，上記嫌悪感ないし嫌忌感の希釈は比較的速く進行するものといって差し支えない。以上を前提にしてＸに生じた損害を検討する。

　本件居室の相当賃料額は本件賃貸借契約と同額の７万4,000円と認められるところ，本件事故の告知の結果，通常１年間は賃貸不能であり，その後の賃貸借契約について，一般的な契約期間である２年間は相当賃料額の２分の１の額を賃料として設定するものと考えるのが相当である。なお，実際には，本件事故の３か月後に本件居室に新賃借人が入居しているが，上記のとおり，事故直後に本件居室に入居することには消極的となることが一般的というべきであるから，Ｘの逸失利益の額の算定に当たり，新たな賃借人の入居の事実を斟酌することは適当ではない。中間利息を控除した上で，Ｘの逸失利益を算出すると，次のとおり163万1,877円となる。

（ライプニッツ係数）

１年目　７万4,000円×12か月×0.9523 ＝ 84万5,642円

２年目　３万7,000円×12か月×0.9070 ＝ 40万2,708円

３年目　３万7,000円×12か月×0.8638 ＝ 38万3,527円

　102号室，202号室に係る損害について，Ｘは，本件事故によって本件建物の居住者が嫌悪感や嫌忌感を抱くとして，本件居室の隣室および階下の居室の賃料について減額をしなければならないという損害が生じた旨主張する。本件建物規模や構造に鑑みれば，本件居室の隣室の居住者が，本件事故について何らかの感情を抱くことは否定できない。しかしながら，本件居室の賃借人であるＹは，本件居室の使用収益に当たって善管注意義務を負うに

第1章　不動産取引における心理的瑕疵　　*139*

すぎず，当然に他の居室の賃料額の減額について責任を負うことにはならない。また，Xが本件居室以外の居室を新たに賃貸する場合，宅建業者において，賃借希望者に対して本件事故のあったことを告知する義務があるとはいえないから，新たな賃借希望者が本件居室以外の居室について賃貸借契約を辞退するなど，賃貸借契約が困難を生じることにはならない。したがって，本件居室以外の居室である102号室と202号室の賃料の減額について，本件事故と相当因果関係のある損害ということはできない。

　以上のとおり，Yは，本件事故により，Xに生じた損害として本件居室の賃料の喪失および減額分163万1,877円の賠償義務を負う。Xは，敷金相当額7万4,000円を受領しているから，これを上記損害額から控除する。

〈解説〉

　まず，争点1.について，賃借人の妻の自殺の原因や経緯が判然としないが，「居住者が建物内で自殺をするような事態を生じないように配慮」する義務を賃借人が負うのが当然の前提となっているが，そうでない場合もあり得るのではという疑問をここで留めておく。

　次に，争点2.について，いわゆる賃料保証会社の責任の範囲の問題である。本件の保証会社は，約款において，賃借人の責めに帰すべき居室の滅失または毀損に係る損害賠償金は対象外としている旨明記していると主張し，裁判所はこれを認めている。大手の保証会社の約款をみると，確かに賃料債務や残置物撤去費用に限定しているところが多いが，原状回復義務を対象にしている会社も相当数あるので，賃貸人としては保証会社を選ぶ際に約款の説明をきちんと受ける必要がある。いずれにせよ，本件の約款の内容からみて保証会社の責任が否定されたのはやむを得ないと思われる。

　争点3.の逸失利益については，1年目全額で，2年目，3年目を半額として，しかもライプニッツ係数で計算しており，一般論としてはおおむね妥当である。しかしながら，本件で見過ごせないことは，3か月後に新賃借人が入居していることである。Xの主張によれば，「安価であることを条件として本件居室の新賃借人を探し当てた」として，4万3,000円の賃料で契約しているの

であるから，賃料が入っている限り，その分の具体的損害はあり得ないはずで，少なくとも1年目の賃料全額の損害を認める必要はなかったと思われる。

　もっとも，隣室や階下の居室の賃料減額分を認めなかったのは適正な判断と考える。

【33】　東京高判平29・1・25ＷＬＪ（原審：東京地判平28・8・8ＷＬＪ）

〈事案の概要〉

　Xは，所有する東京都中野区にある9階建てのオフィスビル（以下，「本件建物」という）の7階部分を，平成23年11月に事務所用としてYに賃貸していたところ，Y東京支店長甲が平成26年1月に本件建物の9階部分の非常階段から落下して死亡した（以下，「本件事故」という）。Xは，本件事故前から本件建物を4億2,000万円で売りに出していたが，同年6月に売却できたのは3億7,500円であったことから，本件事故は自殺によるものであるとして，売出し価格との差額分＋弁護士費用の損害賠償を求めて提訴したところ，原審の東京地判平28・8・8ＷＬＪは，1,000万円の限度でXの請求を認めたため，X，Yともに控訴したところ，東京高裁は，Yの控訴を認め，Xの請求を全面的に棄却した。

〈判決の要旨〉

　当裁判所は，原審とは異なり，Xの本件各請求はすべて理由がないので棄却すべきものと判断する。その理由は，次のとおりである。

　甲は，Yの東京支店の支店長として勤務していたところ，平成21年7月から，妻乙との住まいがある北海道を離れて東京に単身で赴任し，アパートで独り暮らしをしていた。Yにおいては，平成25年12月28日から平成26年1月5日まで年末年始休暇とされ，甲は，この間に乙の下に帰省し，普段の帰省時と変わらぬ様子で過ごした後，同月6日の仕事始めまでに東京に戻った。同月10日には，当時常務取締役として東京支店に出入りしていた長年付き合いのある同僚と初詣に赴き，その晩酒食をともにしたが，特に変わった様子はみら

れず，本件事故の前日である同月 14 日の出勤時にも変わった様子はみられな
かった。甲が居住していたアパートの居室も，事故当日である同月 15 日の午
後の時点で特段の不審状況は認められず，むしろ普段どおりの生活感があっ
た。甲は，本件事故のあった同月 15 日は，Y 東京支店の事務所において，午
前 8 時頃からテレビ会議に出席し，午前 8 時 30 分頃にこれを終えた後，携帯
電話を耳にあてたまま本件貸室から出て非常階段に向かったのを目撃されたの
を最後に，午前 8 時 50 分から午前 9 時頃，本件建物の南側隣地建物の地階階
段付近に倒れているところを発見され，死亡が確認された。

　本件建物には，2 階から屋上までの各階の南東側に，外付け非常階段設備が
設置されており，各階貸室前のエレベータホールを通って非常階段につながる
ドアを開扉すれば立ち入ることができる。上記非常階段設備の 9 階から屋上に
昇る部分のうち，南側隣地側側面の，階段部分から踊り場にかけての近辺にお
いて，手すり部分から真下を見下ろした場所が，ちょうど甲が発見された南側
隣地地階階段部分付近に当たり，植栽のある比較的狭い空間である。上記非常
階段設備には落下防止のための金属製の手すりが設けられており，その高さ
は，踊り場部分においては，床面から手すりの上端まで約 110 センチメートル
であり，階段部分においては，階段から垂直に計測すると 100 センチメートル
程度であり，逆に，斜度約 37 度の階段に沿って斜めに設置されている手すり
の上端から垂直に階段までの高さを計測すると約 80 センチメートルの箇所も
ある。

　警視庁中野警察署では，実況見分等を行い，本件事故には事件性がないもの
として捜査を終了し，その後の照会において，上記非常階段設備のうち，9 階
から屋上に昇る部分の手すりから甲の指紋が検出されたことなどから，甲が同
部分から手すりを乗り越えて落下したとの見解を示す一方，遺書の発見や自殺
と断定する言動等，動機を特定する明確な根拠は得ていないため，自殺と断定
はしていない旨回答している。甲は，昭和 29 年生まれで，170 センチメート
ルを少し超える程度の身長である。本件事故の当時は満 59 歳であったが，定
期的な通院を要するような疾患を抱えておらず，住宅ローンを除き，大きな負

債はなかった。

　Xは，本件事故は甲による自殺であると主張し，甲が転落した場所が非常階段のうち９階と屋上の間の部分であること，同人が本件貸室のある７階から非常階段に出てわざわざ上階に昇っていること，手すりの高さが高いことからして，甲が何かの弾みで誤って転落したとは考え難いともいう。そこで判断するに，本件事故に係る前記認定事実によれば，甲は，本件建物の外付け非常階段設備の９階から屋上に昇る部分から何らかの理由で地上に転落し，死亡したものと認められ，この認定を左右するに足りる的確な証拠はない。そこで，次に，甲が自らの意思により上記場所から飛び降りたのか否かにつき検討する。甲が転落したと認められる上記の部分は，立ち入りが禁じられている場所ではない。Xは，甲がYの東京支店として使用されている７階から非常階段に出てわざわざ上階に昇っていることをとらえて，自然な行動ではないかのように主張するが，早朝のテレビ会議と携帯電話でのやり取りを終えた甲が，職場のある７階よりも高い位置から景色を眺め，休息や考え事をしていたとしても不自然ではなく，このような推測が当たっているかどうかは措くとしても，少なくとも，自殺であるとの認定判断に結び付くほどに甲の上記行動が不自然であるとは解されない。手すりの高さについてみても，踊り場部分においては，床面から手すりの上端まで約110センチメートルであるものの，階段部分においては，手すりも斜度約37度の階段に沿って斜めに設置されていることから，階段から垂直に手すりの上端までの高さを計測すると100センチメートル程度で，手すりの上端から垂直に階段までの高さを計測すると約80センチメートルの箇所もあるというのであり，甲の身長が170センチメートルを少し超える程度であったことを前提に考えても，景色を眺めるうちにバランスを崩して転落した可能性は残るというべきであり，甲が階段を下りる途中で転びかけ，手すりを超えて転落したという可能性も否定することはできない。このようにしてみると，証拠上認定できる本件事故の態様や本件事故の現場の構造等の客観的な事実関係のみからは，本件事故が，Xのいうように甲の自殺によるものであると断定することはできないというべきである。

第1章　不動産取引における心理的瑕疵　　*143*

　そこで，さらに，甲において自殺をするような動機があったか否かという主観的な事情の側面から検討してみても，前記認定事実によれば，甲は，Ｙの東京支店の支店長として勤務し，平成21年7月から，乙との住まいがある北海道を離れて東京に単身で赴任し，アパートで独り暮らしをしていたところ，平成25年の年末から平成26年の年始にかけて帰省し，普段の帰省時と変わらぬ様子で過ごしており，定期的な通院を要するような疾患を抱えておらず，住宅ローンを除き，大きな負債はなかったというのである。一般に自殺が大きな苦痛をもたらすものであることからすれば，そこには第三者から見ても了解可能な動機があってしかるべきところ，甲についてはそのような動機は認められない。本件事故の直前の生活状況等をみても，自殺を示唆するような言動や兆候などの不審な状況は存在していない。

　これらの事情からすると，甲には自殺の動機が見当たらず，その他，自殺の可能性をうかがわせるような事情も存在しないというほかない。以上によれば，本件事故が甲の自殺によるものであるとは認められないというべきである。そのほか，Ｘの主張に鑑み，当審において追加提出された証拠を含め，本件訴訟記録を精査しても，上記認定判断を左右するに足りる的確な主張立証はないというべきである。

　以上によれば，Ｙの債務不履行または約定による損害賠償責任を問題とするＸの請求は，その前提を欠くので，その余の争点について判断するまでもなく，いずれの理由がないというべきである（なお，Ｘが，Ｙの関係者の過失による死亡事故の場合にもＹの債務不履行または約定による損害賠償責任が生ずると主張しているものとは直ちには解されない。そして，当該主張があると善解しても，本件全証拠によっても，本件事案では，Ｙが本件貸室を返還するのに付随して，オフィス用物件である本件建物や本件貸室の価値を下げないように配慮すべき義務を認定することはできないのみならず，事柄の性質上，Ｘの主張する損害と因果関係のあるＹの債務不履行または約定による損害賠償責任を認定するのは相当ではないというべきである）。

〈解説〉

本件の第1の問題点は，甲の死亡が自殺によるものか否かである。原審の東京地裁と控訴審の東京高裁は正反対の結論を出した。東京地裁は，貸室の7階から出て非常階段の「9階から屋上にかけての部分まで昇らなければならない理由は見出しがたい」とし，非常階段の手すりの高さと甲の身長との関係から「自らの意思で非常階段の手すりを乗り越えたことにより転落したもの」と断定している。しかしながら，東京高裁がいうように，職場よりも高い位置から景色を眺め，休息や考え事をしていたとしても不自然ではないとした上で，非常階段の場所によっては80センチメートルの箇所もあることなどから転落死の可能性を否定せず，何よりも甲について自殺の動機が認められないことを重視している。本件においては，自殺の立証責任がXにあるのだから，東京高裁判決の指摘する疑義が解消されない以上，自殺を理由とする請求は認められない。

第2の問題点は，自殺が認められないとして過失による死亡事故の場合にもYの責任が問われることがあるかどうかである。この点については，本件高裁判決が末尾の括弧書きで触れているが，オフィス物件であり，過失による死亡事故の場合にYの債務不履行または約定による損害賠償責任を認定するのは相当ではないとしており，同感である。本件では，非常階段が出入りの禁止された場所ではないこと，死亡事故が建物外であること，転落した場所が本件建物敷地ではないことからも，Yの責任は否定されることになろう。

【34】 東京地判平 29・2・10 W L J

〈事案の概要〉

Xは，Zに対し，東京都大田区内のアパートの1003号室（本件貸室）を，月額賃料7万円，共益費1万円で賃貸し，本件賃貸借契約には，本件貸室の明渡し時においてZは，通常の用法に従い生じた本件貸室の損耗を除き，本件貸室を原状回復しなければならない旨の特約があり，YはZがXに対し負担する

第1章　不動産取引における心理的瑕疵　　*145*

一切の債務について連帯保証した。Zは，平成27年11月1日から10日頃までの間に死亡したが，XがZの死亡を知ったのは，異臭の通報を受けて，12月21日に警察官とともに本件貸室内に立ち入ったときである。XはYに対し，保証債務の履行請求権として，原状回復のための改修費用と逸失利益相当額を求めて提訴したところ，東京地裁はXの請求額である791万586円およびこれに対する年14.6%の遅延損害金を全額認めた。

〈**判決の要旨**〉

1.　Zの原状回復義務違反の有無について

　　Zが平成27年11月1日から10日頃までの間に本件貸室内において死亡したこと，Zの遺体は，同年12月21日，Xが異臭やうじ虫の発生について通報を受けて警察官らとともに本件貸室内に立ち入ったことを契機として発見されたこと，同日時点において，Zの遺体に由来する体液が本件貸室の木製フローリングの床板の広範囲にわたり，また，同床板の裏側の建材にまで染み込んでおり，本件貸室には同体液によるとみられる強い異臭が生じていたこと，XはZの遺体を発見後速やかに本件貸室内から除去し，翌22日にはZの遺体に対する検案がなされたこと，平成28年4月当時，本件貸室にはなおアンモニアなど腐敗物に起因するとみられる強い臭気が残存し，本件貸室内には多数の蠅やうじ虫がみられるなど，居住物件として利用が困難な状態にあったほか，本件貸室の壁面や換気扇にはたばこのやにと思われる汚れがはっきり目視できる程度に付着していたことが認められる。

　　そして，本件賃貸借契約の賃借人の地位にあったZは，本件賃貸借契約が終了し本件貸室を明渡すべき時点において原状回復義務を負う立場にあった一方，本件賃貸借契約がZの生前において終了したことを認めるに足りる証拠はないから，Zが本件貸室の明渡義務を負っていたとはいえず，したがって，特約に係る原状回復義務を負っていたとはいえない。本件賃貸借契約は，Zの賃借人たる地位を相続した甲ら相続人が，Zの相続人として平成28年3月にした解除申入れによりその1か月後である同年4月の経過をもって終了したとみるべきである（なお，本件貸室の汚損状況が通常の使用に伴

い生じた損耗の程度を超えるといえることに照らすと，甲らは，本件賃貸借契約に基づき，これを原状に回復すべき義務を負うというべきである）。

2. 本件連帯保証債務の範囲について

　Yは，本件連帯保証契約が，いわゆる根保証をYに負わせるものであり，原状回復義務を負わせる部分は，Yにとって同契約締結当時，予期し得ない請求額を負わせるものであるから，信義則上相当な範囲にその責任は限定されるべきである旨を主張する。しかし，本件賃貸借契約書において賃借物件に対する原状回復義務が明記されていることや，賃借人またはその同居人等の故意過失による本件貸室に破損・汚損・故障その他の損害を生じさせたときは，賃借人は一切の損害を賠償すべき旨が明記されていることに照らすと，本件連帯保証契約を締結したYにとっては，前記1. 記載の本件貸室の汚損に係る原状回復義務および損害賠償義務についても，同契約締結当時に保証の対象となることが予測できた範囲内の債務であったと解するのが相当である。したがって，Yが主張する上記事情は，Xによる保証債務履行請求を信義則上制限する事由になるものと解することはできない。

3. 損害の有無および額について

(1) 改修費用（合計 654 万 2,586 円）

　前記1. 記載の本件貸室の汚損状況に加え，本件貸室を居住物件として利用するには，解体工事の実施によりスケルトンとした上で床下部分に汚損や臭気発生原因が残存していないかを確認する必要があり，また，床下部分に汚損が達していたことに照らし，消毒と臭気対策を実施するとともに，現実に汚損したフローリングおよび床板の裏側の建材，クロス，ユニットバス等を交換する必要があったこと，こうしたスケルトン工事およびオゾン脱臭工事の費用として，現実に合計 654 万 2,586 円を要することが認められ，以上によれば，Xは，上記改修工事に要する費用として 654 万 2,586 円の損害を受けたといえる。

(2) 逸失利益

　本件貸室を居住に適した状態に回復するには，本件賃貸借契約が平成

第 1 章　不動産取引における心理的瑕疵　*147*

28 年 4 月の経過により終了した後，臭気調査，原状回復工事および脱臭工事の実施を経る必要があり，これらの工事の実施に同年 7 月までの期間を要したこと，新入居者が入居に至るまでには上記工事終了からさらに少なくとも 1 年近くを要するとみられること，本件貸室は本件貸室の入居者である Z が死後約 1 か月後に発見されたことによる心理的瑕疵を踏まえた本件貸室の新規賃料額は月額 5 万 3,000 円であることが認められ，これらの事情に照らせば，本件における X の逸失利益は，賃貸不能期間を本件賃貸借終了から 1 年間とし，また，本件貸室において通常設定されるとみられる賃貸不能期間に当たる 2 年間につき，月額 5 万 3,000 円の割引賃料でなければ賃貸し得ない期間と捉えるのが相当である。したがって，上記賃貸不能期間に係る賃料および管理費の合計額である 96 万円および上記割引賃料での賃貸期間に係る割引前賃料との差額の合計額である 40 万 8,000 円は，X の逸失利益に当たる。

〈解説〉

　本件判決にはいろいろな問題点がある。

　第 1 に，本件判決は，連帯保証債務の範囲について，原状回復義務も損害賠償義務も契約締結当時に予測できた範囲内の債務であるから信義則上制限する事由にならないとしているが，1 か月以上も遺体が放置されたまま腐乱した状態になって異臭等の異変でようやく発見されるということは極めてまれなことであり，連帯保証人としても賃料不払とは異なり，およそ予想していなかったであろう。したがって，遺体の腐乱状態に起因する改修費用を負担する義務まで負う必要がないと思われる。

　第 2 に，原状回復工事としての改修費用も過剰なものではないかという疑問である。判決文だけではどの程度の広さかはわからないが，東京都大田区所在のアパートの 1 室で一人暮らし用の賃料 7 万円で管理費 1 万円といえばワンルームと推測するが，いくらスケルトンにするにしても（そこまでする必要があるかも問題であるが），金額として高すぎると思われる。

　第 3 に，本件判決は，壁面や換気扇に煙草のヤニによる汚れの付着を指摘し

ているが，本件貸室の賃貸借契約において煙草の喫煙を禁止すると明記していないのであれば，通常の使用を超えるとまでいえない可能性があり得る。

　本件判決であまり問題にされていないもので気になる点がある。賃借人の死亡原因が明確でなく，少なくとも本人の行為が介在している，つまり自殺と証明されていない場合に，保証人や相続人が，原状回復義務にとどまらず，どこまで法的責任を負うのか，という根本的な問題がある。

　ところで，本件のような事案が2017年改正民法施行後に起きた場合には，事情が大きく変わる可能性がある。なぜなら，改正民法465条の4第1項3号によれば，個人根保証契約の場合（建物賃貸借の保証人はこれに該当する）には主たる債務者（つまり賃借人）が死亡すると元本が確定する。したがって，賃借人が死亡するまでに生じた債務が特になければ，保証人は保証債務を負わないことになるのである。

　これとの関連で，本件判決は意図していたか否かは別として極めて鋭い指摘をしている。すなわち，「本件賃貸借契約の賃借人の地位にあったZは，本件賃貸借契約が終了し本件貸室を明渡すべき時点において原状回復義務を負う立場にあった一方，本件賃貸借契約がZの生前において終了したことを認めるに足りる証拠はないから，Zが本件貸室の明渡義務を負っていたとはいえず，したがって，特約に係る原状回復義務を負っていたとはいえない。」と判示している。賃借人が死亡した時点では，契約は当然に終了せず，借家の権利は，賃借人の相続人に承継される。契約が終了していない以上，原状回復義務も死亡時点では発生していないことになるが，これは「目から鱗」である。

　これまでは，死亡後に，賃貸人からの契約解除，もしくは賃借人の相続人からの解約申入れ，あるいは賃貸人と賃借人の相続人間の合意解除によって契約が終了し，その結果として賃借人の相続人に原状回復義務が生じたが，改正民法前の保証人は，当然にこの債務を負うものと解されていたので，原状回復義務の発生が賃借人の死亡前か後かで特段の問題が生じなかったのである。

　ところが，改正民法により，賃借人の死亡時点で保証人の保証債務の元本が確定するので，死亡後の賃借人の相続人にどれだけの債務が発生したとして

第 1 章　不動産取引における心理的瑕疵　　*149*

も，保証人には責任を問えないこととなる。

　もっとも，以上のことは，あくまで原状回復義務を含む賃借人の死亡後に生じた債務に関することであり，賃借人の死亡時までに生じた債務については，保証人の責任範囲に属する。したがって，自殺などの死亡が賃借人の用法違反等の債務不履行であると考える立場に立てば，その死亡の結果賃貸人に生じた損害について，保証人も責任を問われることになる。

　なお，逸失利益については，他の裁判例と同様に，1年間の賃貸不能期間として賃料全額を，また2年間の減額した賃料との差額分を認めている。ただし，賃料差額分については，半減までとはしておらず1万7,000円減にとどめている。

【35】　東京地判平 29・4・14 W L J

〈事案の概要〉

　Xは，Zとの間で，平成24年2月に東京都練馬区所在のマンションの704号室（以下，「本件居室」という）につき，期間2年間，月額賃料5万3,000円，退去時のルームクリーニング費用はZの負担とする特約で賃貸借契約を締結したが，YはXとの間でZの負担する一切の債務について連帯保証した。XとZは，平成26年1月に合意更新したが，Zは同年9月に本件居室内で多量の向精神薬を服用して死亡した。同年10月にZの父親の立会いの下，本件居室の明渡しがなされた。そこで，XはYに対し，Zの債務不履行（善管注意義務違反，用法違反）ないし原状回復義務（予備的に不法行為責任）を理由に損害賠償ないし原状回復費用として668万36円を求めたが，東京地裁は，127万6,452円の限度でこれを認めた。

〈判決の要旨〉

1．Zの債務不履行ないし不法行為の成否について

　　Zは，本件居室の引渡しを受けてからこれを返還するまでの間，同居室を善良な管理者の注意義務をもって使用収益する義務がある。そして，上記善

管注意義務には，本件居室を物理的に損傷しないことのみならず，同居室において自殺等の事故を起こさないことも含まれると解される。すなわち，賃貸物件内で自殺等の事故を起こさないことを求めることは賃借人にとって不当な負担とはいえない反面，賃貸物件内で自殺等があった場合，これに起因する嫌悪感により，一定期間，同物件を賃貸に供することが困難となり，賃貸に供するとしても相当賃料での賃貸は極めて困難となることは明らかであるから，Ｚの善管注意義務について，上記のとおり解するのが相当である。したがって，Ｚが本件居室内で本件事故を起こしたことは，本件賃貸借契約における賃借人の上記善管注意義務に違反するものとして，Ｚの債務不履行責任が成立するというべきである。

　Ｙは，Ｚが，本件事故当時，抑うつ状態，統合失調症残遺状態にあり，精神障害で身の回りのことがほとんどできず，精神能力は４歳程度であったとしてその責任能力を否定する。確かに，Ｚの意思能力・責任能力に関するＹ代理人からの照会に対し，Ｄ医師は，本件事故の直近である平成26年９月時点でのＺの状態について，「精神障害を認め，身の回りのことはほとんどできない」とし，「幻覚，妄想状態や抑うつ状態が悪化して，食事もとれなくなるほど，判断能力が失われている」と回答している。しかしながら，当該回答は，本件事故から約１年３か月が経過した後に作成されたものであり，その裏付けとなるべき医療記録等も証拠として提出されていない。他方で，Ｚは，上記時点において一人暮らしをしており，一人で病院に来院するとともに，Ｄ医師に対して「この４日間は食事もとっていない」，「母に保護してもらう」などと述べるなど，自己の状態を認識・理解していたことがうかがわれることからすれば，Ｚが，上記時点で統合失調症を罹患し，抑うつ状態であったことを考慮しても，一定の判断能力は保たれていたというべきであり，少なくとも本件事故時点において責任無能力であったとまでは認められない。よって，Ｙの上記主張は採用できない。

第1章　不動産取引における心理的瑕疵　　*151*

2.　Xの被った損害および金額について

⑴　本件事故に起因する本件居室の不動産価値毀損ないし逸失利益について

　　Xは，Zの本件居室の退去後，同居室を資産入替目的で売却する予定であったと主張する。しかしながら，本件賃貸借契約は，平成26年1月に賃貸借期間を平成28年2月までとして合意更新したばかりであり，具体的な売却予定も決まっていなかったこと，本件事故から2年以上が経過しているところ，後記のとおり，本件事故に起因する嫌悪感は長期にわたって継続するものではないことからすれば，本件事故による本件居室の不動産価値毀損を損害として認めることはできない。以下，本件居室にかかる賃料の逸失利益を検討する。

　　本件事故のあった本件居室を賃貸する場合，Xは，賃借希望者に対し，本件事故につき事前に説明すべき義務があるといえるところ，一般に，本件事故の説明を受けた賃借希望者が，同居室を賃借して居住することに少なからず心理的な嫌悪感を抱くことは避けられない。そうであれば，Xが，本件事故につき説明した上で，本件居室を賃貸する場合，一定期間，賃借人となる者が現れない可能性は高く，仮に同居室を賃貸する者があるとしても，通常の賃料での賃貸は困難といわざるを得ない。もっとも，上記嫌悪感は心理的な要因により生じるものであり，物理的瑕疵と異なって時間の経過により希釈化するものと考えられる。また，本件事故後，新たな賃借人が本件居室を一定期間利用した場合などにも，同嫌悪感は薄れるものと考えられる。さらに，本件居室が西武池袋線B駅および西武有楽町線C駅からいずれも徒歩5分という立地条件のよい場所に位置し，マンションの管理体制も良好であり，その需要は高いこと，本件事故に関する報道等がされたことを認めるに足りる証拠はないことなどに照らすと，本件事故に起因する嫌悪感が長期間にわたって継続すると解するのは相当ではない。そして，上記事情に加え，本件賃貸者契約の賃貸借期間が2年であること，賃料が月額5万3,000円であることを併せ考えると，本件居室は本件事故から1年間は賃貸が困難であり，その後賃貸する場合でも2年間

は通常の賃料の半額でしか賃貸できないものと考えるのが相当である。他方で3年を経過した後は，通常の賃料による賃貸が可能と考えられるから，本件事故に起因する賃料の逸失利益は，以下の計算のとおり合計116万8,840円となる。

（ライプニッツ係数）

1年目　60万5,726円（5万3,000円×12か月×0.9524）

2年目　28万8,426円（2万6,500円×12か月×0.9070）

3年目　27万4,688円（2万6,500円×12か月×0.8638）

(2)　本件事故に起因する修繕費用について

　Xは，本件事故により，本件居室には死臭ないし腐敗臭が付着していたとして同居室のリニューアル修繕費を損害として主張する。しかしながら，本件居室の明渡し作業の後に作成された本件居室の原状回復に関する見積書には，Xの主張するリニューアル修繕のうち天井および壁のクロス張替費用，床材張替費用ならびにエアコン取替費用を除き記載がなく，これと同時期に作成された原状回復費用に関する計算書にも，上記見積書記載の金額にお清め費用および心理的瑕疵による物件価値毀損が加えられているのみで死臭や腐敗臭に起因する損害ないし修繕費に関する言及はない。さらに，本件提訴に至るまで，本件居室に付着したとされる死臭等が問題となった形跡はうかがわれず，X主張のリニューアル修繕費に関する見積書が作成されたのは，本件提訴後であることに照らすと，本件居室において，X主張のリニューアル修繕を要するような本件事故に起因する死臭等があったかは疑問であり，X主張のリニューアル修繕費を本件事故に起因する損害として認めることはできない。ただし，自殺等の事故があった場所では，供養やお清め等を行うのが通常といえるから，供養費用5万4,000円については，本件事故に起因する損害として認められる。

(3)　その他の善管注意義務違反等に起因する修繕費用

　明渡し後の本件居室内の洋室・キッチンの壁面および天井には，家具が置かれていた場所と異なって黄ばみが認められ，床には，煙草によるものと考えられる焼損，家具によるものと考えられる凹み痕が，洋室壁面には

陥没破損が，玄関土間には切り傷による破損が，玄関内扉には黄ばみがそれぞれ認められる。上記汚損等のうち，壁面や玄関内扉の黄ばみについては，これが通常の使用を超える使用に起因するものであるかは明らかではなく，これらを債務不履行に基づく損害ないし原状回復の対象と認めることはできない（なお，Xは，煙草のヤニによるものと主張するが，本件居室において喫煙は禁止行為に含まれておらず，Xの同主張は採用できない）。もっとも，床の焼損および凹み痕，壁面の陥没破損および玄関土間の切り傷による破損は，いずれも通常の使用によって生じたものとは考えられず，Zの故意または過失による善管注意義務違反に起因するものというべきである。したがって，床材張替費用6万3,504円，壁下地補修費用6,480円，玄関土間材張替費用6,480円が善管注意義務違反（本件事故に起因するもの以外）による損害となる（なお，新たに本件居室を賃貸する場合，少なくともこれらの張替・補修は不可避と考えられるから，形式的に経年劣化を考慮するのは相当でない）。なお，Zは，Xに対し，敷金5万3,000円を差し入れている。他方で，本件賃貸借契約に係る平成26年10月から本件居室の明渡し日である同月5日までの賃料8,548円（5万3,000円×5日÷31日）および特約条項に基づくルームクリーニング費用2万1,600円が未払いとなっているので，上記敷金から上記未払賃料および未払ルームクリーニング費用を控除した残金2万2,852円を上記損害金から控除した5万3,612円を損害額とするのが相当である。

3. Yの連帯保証責任は限定されるかについて

　Yは，本件連帯保証契約に基づくYの責任について，身元保証法5条の趣旨を及ぼし，責任の範囲を制限すべきであると主張する。しかしながら，本件賃貸借契約に基づきZが負担する義務は，賃料支払義務，原状回復義務，その他本件居室の破損等による賠償義務など一定の範囲に限定されている。そして，本件連帯保証契約に基づきYが負担する責任は上記範囲に留まるのであるから，Yが主張するような継続的・包括的保証債務とはいえず，また，雇用関係を前提に，被用者の行為により使用者が受けた損害を賠償する

ことを約する身元保証契約とはその前提を異にしているといえる。したがって，本件連帯保証契約に身元保証法5条を類推適用することはできず，Yの右主張は採用できない。

4. 結　論

　　以上によれば，Xの請求は，127万6,452円およびこれに対する平成27年5月29日以降支払済みまで年5分の割合による遅延損害金の支払いを求める範囲で理由があるからこれを認容し，その余は理由がないからこれを棄却することとし，主文のとおり判決する。

〈解説〉

　1. の賃借人の債務不履行ないし不法行為責任について，本件判決は，賃借人が統合失調症を罹患し，抑うつ状態であったとしても，一人暮らしをしていたことなどから一定の判断能力が保たれていて責任無能力ではなかったと判示している。確かに，責任無能力とまで認定するのは困難であろう。しかし，精神病患者が向精神薬を服用して死亡することは精神病の結果として病死と考えることも可能であり，その意味で賃借人本人の過失がないといえないか，検討の余地があると思われる。

　2. の損害については，本件物件所在地の特性なども踏まえ逸失利益について限定解釈し，また，修繕費用についても詳細に分析しており妥当な結論となっている。

　3. の連帯保証責任の限定解釈として身元保証法の類推適用をすることについて，本件判決は否定しているが，使用者に対して弱い立場にある被用者及びその身元保証人を保護するための同法の立法趣旨をそのまま借家の保証人に及ぼすことには，やはり無理があると思われる。

【36】　山口地判平29・11・28ＷＬＪ

〈事案の概要〉

　Xは山口市に所在するアパートを所有し，平成24年12月に同アパートのB

棟2階203号室（以下，「本件貸室」という）について，株式会社Yとの間で，入居者はY従業員のBとして，期間1年間，月額賃料4万4,000円，共益費3,500円で賃貸借契約を締結した。XとYは，平成26年11月に期間を2年間更新する合意をした。Bは，平成27年5月に本件貸室においてCとともに遺体として発見された。Xは，Yの履行補助者のBがCと心中したとして，10年間の賃料相当額の半額に当たる285万円を請求したが，山口地裁はこれを棄却した。

〈判決の要旨〉

1. Bの死は，BがCに依頼したことによる嘱託殺人ないし同意殺人によるものであるかについて

  BおよびCは，平成27年5月，本件貸室内において遺体で発見されたこと，Bの遺体には，顕著な抵抗の痕跡は見受けられないこと，Bは，紙おむつを着けた状態であったこと，Bの遺体の左手小指とCの遺体の右手小指が赤い毛糸で結ばれていたこと，BおよびCの連名の遺書があるが，この遺書にはBが自身で記載した部分はなく，また，Bの指紋も残っていないこと，Cの使用する自動車の鍵の付いた鍵束に，本件貸室の合鍵も付いていたこと，本件貸室のある建物の近くに，同日以前にもCが使用する自動車が駐車されていたことが目撃されたことがあることが認められる。確かに，連名の遺書があることや，特段の抵抗の痕跡がないこと，紙おむつをして窒息の際の失禁等で部屋が汚れないようにしていること，小指と小指が赤い糸で結ばれていること，合鍵の点や自動車の駐車の点から，一定程度BとCが親しかったことが窺われることから，心中を疑わせる方向の事情であるとはいえる。しかし，遺書を書くのであれば，署名すら自身で行わないというのは不自然である。本人自身が書いていない以上，Cの意思のみによっても作成しうるということになるし，その他の，紙おむつの点も，赤い糸の点も，Bの協力がなくても可能であり，Bが上記のような行動をしたことを認めるに足りる証拠があるとはいえず，自らの署名すらない点からすると，これらの行動がBの意思によっていたと認めるに足りる証拠があるとはいえない。ま

た，抵抗の痕跡がない点については，ある程度親しい人間から，いきなり殺害されることで，生じなかったということもあり得ることからすると，そのことで，Bの同意があったとはいえない。なお，Xは，偽装工作の動機がないことを指摘するが，小指と小指を赤い糸で結ぶようなロマンチシズムに満ちた行動を取っているCが，自らの中のBと愛し合っており心中したという世界を作出するために行動することは，自らの思い込みのみにより行動するストーカーなどの存在があることなどからいって十分に考えられるところであり，この点に関するXの主張する事情は，上記認定を覆すには足りない。したがって，本件において，Bの死が同人の嘱託ないし同意に基づくものであることについて認めるに足りる証拠があるとはいえず，この点に関するXの主張を採用することはできない。

2. Yの善管注意義務違反が認められるかについて

本件において，Bの死について，Bの嘱託ないし同意によるものといえないことから，Bが履行補助者であることから，債務不履行を構成するとのXの主張を採用することができないことは明らかである。次いで，Cが，Bの家族ないし同居者と同視できるものとして，CもYの履行補助者に当たるとのXの主張について検討するに，合鍵を渡していたとの点について，そのような事情があったとしても，家族や同居者と同視できるほどの事情があったといえるわけではなく，具体的な生活状況によるというべきところ，本件貸室において，Cがどの程度の生活を送っていたかについて，C使用の自動車が，本件貸室のある建物の近くに駐車されていることが見られることがあったという程度であり，その程度では，到底，Bの家族ないし同居者と同視できるほどの事情があったとはいえず，その他，そのような事情があったことを認めるに足りる証拠はないから，この点に関するXの主張を採用することはできない。したがって，本件において，Yに債務不履行があったと認めることはできない。

〈解説〉

本件判決がXの主張を認めなかったことについては，共感できるところがあ

るが，判決理由そのものには無理があると思われる。

　第1に，嘱託殺人ないし同意殺人を否定したことである。本件判決は，「連名の遺書があることや，特段の抵抗の痕跡がないこと，紙おむつをして窒息の際の失禁等で部屋が汚れないようにしていること，小指と小指が赤い糸で結ばれていること，合鍵の点や自動車の駐車の点から，一定程度ＢとＣが親しかったことが窺われること」などの事実を認めており，これだけで十分に心中を認定してよかったと思われる。

　ところが，本件判決は，①遺書を書くのであれば，署名すら自身で行わないというのは不自然である，②紙おむつの点も，赤い糸の点も，Ｂの協力がなくても可能である，③抵抗の痕跡がない点については，ある程度親しい人間から，いきなり殺害されることで，生じなかったということもあり得る，④小指と小指を赤い糸で結ぶようなロマンチシズムに満ちた行動を取っているＣが，自らの中のＢと愛し合っており心中したという世界を作出するために行動することは，自らの思い込みのみにより行動するストーカーなどの存在があることなどからいって十分に考えられる，などとしてＸの主張を退けている。

　しかしながら，①パソコンやスマホの時代に遺書に自分で署名をしないことがそれほど重視されるべきとは思えないこと，②殺害後紙おむつをするまでに失禁する可能性があり，自らも死に急いでいる男がわざわざそこまでするとは思えないこと，③いきなりの殺害であっても，何らかの抵抗の痕跡があり得ること，④ストーカーに合鍵を渡すとは思えないことなどから，本件判決の理由付けには苦しいところがある。

　第2の履行補助者であるか否かについても，合鍵を持たせたということは，本件貸室への出入りを自由に認めていたということであり，同居人に準じるものとして賃借人の履行補助者と認定することは可能であると思われる。

　本件判決は，賃借人を救済する意識が強すぎたため，無理な理由付けをしたと思われるが，むしろ正面から，社宅として借りた場合の従業員が本件のような無理心中をした場合に，賃借人である会社がその責任を負わなければならないのかについて議論すべきであったと思われる。

そのためには，本件の心中の背景がどうであったか，それについて会社での
仕事や同僚との関係などが何らかの影響を与えていたのかどうかについて，明
らかにすべきであったのではなかろうか。それが明らかでないままに，借り上
げ社宅で従業員が心中したからといって，会社が直ちに責任を負うことには必
ずしもならないと思われる。現に，【25】の東京地裁判決は社宅における従業
員の自殺について，会社の責任を否定している。

③　裁判例の分析

1　賃貸物件で自殺等があった場合の賃貸人や仲介業者の告知・説明義務

　賃貸物件で自殺等があった場合に賃貸人や仲介業者の新たな賃借人に対する
告知義務や説明義務が直接的に問題となったのは，【21】，【22】，【23】の3例
である。告知義務・説明義務について，このうち【21】と【22】は否定した
が，【23】は肯定した。

　【22】については，死因が自然死であること，新賃借人が借りる部屋ではな
くその階下の部屋での死亡であることから賃貸人の告知・説明義務を否定した
もので，当然といえよう。【21】は，死因は自殺で，自殺したのは賃貸人の娘
であるが，建物の内部ではなく屋上からの飛び降り自殺で，しかも落下した場
所は公の路上であること，新たな賃借人の使用目的は居住用ではなく店舗用で
あったことから，賃貸人と仲介業者のいずれの説明義務も否定している。

　もっとも，売買事例の【15】が，同じく賃貸人の娘が2年前に飛び降り自
殺したことについて，買主に対する説明義務を肯定していることと対比する
と，心理的瑕疵の事例としては比較的早い時期に出された【21】の判旨が，
今後も同様に維持されるかは何とも言えないところである。最終的に居住用で
はないことが告知・説明義務を否定する方向にある程度の影響を与えた可能性
もある。

【21】，【22】に対して，【23】は，原審も控訴審も告知義務違反による不法行為責任を肯定した。賃貸人の取得の経緯が競売によること，死因は自殺でしかも賃貸しようとする当該居室でなされたこと，賃貸人は自殺の事実を知りながらそれを賃借人に告知しなかったこと，弁護士でありながら裁判所に対しても虚偽の陳述をしたことなどが総合的に考慮されたものと思われる。

以上の3つの事例だけを見れば，肯定例と否定例は1対2で否定例が優勢である。しかし，賃借人やその関係者が自殺などをした場合に，賃貸人は新たな賃借人に対し当該事実を告知する義務を負い，その結果として賃料を減額せざるを得ないとした事例は，【24】，【27】から【32】までと【34】，【35】で，【23】も入れると10例と，賃貸事例全体の過半数を占めている。

また，賃貸マンションなどの売買事例でも，直接的には売主の買主に対する説明義務の問題であるが，その理由に買主の賃借人に対する告知義務を挙げて，間接的に告知義務を認めている【15】，【16】など相当数の事例がある。

以上から，少なくとも賃貸しようとしている部屋で自殺などの変死体が発生した場合に，賃貸人の告知義務は避けられないと思われる。

2　告知義務と死亡場所

賃貸マンション，アパート，賃貸ビルなどで自殺等が発生した後に部屋の1室を賃貸する際に，その部屋で死体が発見されたときの告知義務は原則としてあると思われる。問題は，①その階下や隣室での自殺等の場合，②屋上や廊下，中庭などの共用部分の場合，③自殺などの原因は当該部屋であっても死亡場所が病院や敷地外の公道の場合にも告知義務は避けられないであろうか。

まず，①については，【22】で階下の部屋について，【27】で階下および両隣の部屋の告知義務をいずれも否定している。確かに，多少の気持ち悪さはあるかもしれないが，各部屋は閉じられた空間であり，隣人とはいえ，よほど親密な関係でない限りお互いの部屋を行き来することはないのであるから，これらの判旨は今後とも維持されると思われる。

次に，②の共用部分については，場所からすれば階下や両隣の部屋よりも離れているといえ，【21】では，屋上からの飛び降り自殺について賃貸建物内でないことをもって心理的瑕疵否定の一因としている。しかし，【33】は，非常階段から地上への落下について，自殺かどうかが不明ということで賃貸人の請求は棄却したものの，場所に関しては裁判所も特に問題視していない。むしろ，共用部分は閉ざされた空間ではなく，賃借人の誰もが使用され得る場所であるから，賃貸人としては告知しておく方が無難であると思われる。

最後の③については，【21】が道路上への飛び降り自殺ということをあえて述べているが，ここでは自殺の原因が建物外である「屋上からの」という点に重きがあると思われる。売買事例ではあるが，【15】で建物の1室から公道上に飛び降り自殺したことについて，また【16】で搬送先の病院での死亡について，いずれも心理的瑕疵を認めていることからも，自殺等の原因が賃貸建物内であれば，死亡場所が建物外であっても告知義務を否定することは困難であると思われる。

3　告知義務違反が問題となる期間

告知義務違反が問題となる期間については，二つの場面で問題となる。第1は，賃貸人と新たな賃借人との関係で，第2は，賃貸人と自殺等をした者の保証人や相続人や勤務先の会社との関係である。

第1については，【21】が1年半前，【22】が半年前でいずれも賃借人の請求を棄却したが，【23】は1年数か月前で賃借人の請求を認めている。【21】，【22】はいずれも死亡等から短期間であるが，【21】は店舗であることなど，【22】は自然死であることなどの理由で，期間の長短とは関係なく，認めなかったと思われる。これに対して，【23】が賃借人の請求を認容したのは，賃貸人が自殺の事実を知っていたのにそれを隠して賃貸したことにあるだろうが，第2で述べる期間の目安である2年との対比からして1年数か月前という期間も告知義務を認めた1つの要因と思われる。

第2については，【24】から【36】までの13例のうちほぼ棄却した【25】，【26】，【33】，【36】の4例を除く9例についてみると，損害額や従前賃料に対する割合はさておき，損害の対象となる期間（年数もしくは月数）は，【24】が2年，【27】が3年，【28】が3年，【29】が4年，【30】が2年8か月，【31】が3年，【32】が3年，【34】が3年，【35】が3年というように，2年から4年の間にほぼ収まっており，しかも3分の2の6例が3年である。

売買事例における殺人の場合の約50年だけでなく，10年以上前の自殺でも心理的瑕疵を認めた事例などと比べると，賃貸事例における告知義務の対象期間が短期間に限定されているのは，対照的といえよう。

4 賃貸人が請求された損害額について

賃貸人が請求された事例で唯一損害賠償が認められた【23】の損害の内容は，賃貸保証料3万2,000円，礼金24万円，賃料8万7,742円，住宅保険代2万6,700円，暮らし安心サポート24代金1万5,750円，防虫・消毒費1万7,500円および仲介手数料2万1,000円の合計44万692円に，引越料18万円とエアコン工事代金12万円（6万円×2）に加えて，慰謝料30万円と弁護士費用10万円を加算した金114万692円であるが，原審の神戸地裁尼崎支部で認められた約104万円について賃借人が控訴をしなかったので，原判決が維持された。詳細な損害項目が，損害賠償を請求する場合には大変役に立つと思われる。

5 賃借人の相続人らが請求された損害額のうちの逸失利益について

次に，賃借人が自殺等で死亡した場合の賃借人の相続人や保証人，あるいは入居者等が自殺した場合の賃借人に対する賃貸人からの請求事案についての損害額をみてみよう。

この場合の損害の中心となるのが，死亡事故が発生するまで取得できていた

賃料等が事故後一定期間得られなくなることによる逸失利益である。損害額を多少なりとも認めたのは、【24】、【25】、【27】、【28】、【29】、【30】、【31】、【32】、【34】、【35】の10例であるが、この内逸失利益を否定したのは、【25】のみである。その他の9例をみると、「3 告知義務違反が問題となる期間」で述べたように、逸失利益の対象となる期間については、【24】が2年、【27】が3年、【28】が3年、【29】が4年、【30】が2年8か月、【31】が3年、【32】が3年、【34】が3年、【35】が3年であった。これらの9例について、認定された損害額を、従前の賃料ないし新規で想定された賃料と対比してみる。【24】は、従前の賃料4万8,000円に対し、実際の賃料2万8,000円との差額2万円の2年分から中間利息を控除した44万円弱を認めた。【27】は、従前の賃料6万円に対し、1年分の賃貸不能期間と2年分の賃料半減期間として中間利息を控除した132万円余を認めた。【28】も、従前の賃料12万6,000円に対し、1年分の賃貸不能期間と2年分の賃料半減期間として中間利息を控除した277万円余を認めた。【29】は、従前の賃料8万5,000円よりも新規賃料は相当に下がった5万6,000円として、これに対し当初2年間は2万5,000円の減、次の2年間は1万円の減として、84万円を認めた。【30】は、従前の賃料7万5,000円、共益費5,000円に対し、実際の空室期間3か月余りの28万円余に新規契約した賃料等の4万6,000円との差額3万4,000円に契約期間の2年と年度末までの5か月を足した29か月分の98万6,000円の合計127万円余を認めた。【31】は、従前の賃料8万1,000円に対し、1年分の賃貸不能期間と2年分の賃料半減期間として中間利息を控除した178万円余を認めた。【32】は、従前の賃料7万4,000円に対し、1年分の賃貸不能期間と2年分の賃料半減期間として中間利息を控除した163万円余を認めた。【34】は、従前の賃料7万円と共益費1万円に対し、1年分の賃貸不能期間の賃料および共益費と2年分の実際賃料との月額差額分1万7,000円の合計136万8,000円の支払いを認めた。【35】は、従前の賃料5万3,000円に対し、1年分の賃貸不能期間と2年分の賃料半減期間として中間利息を控除した116万円余を認めた。

　以上の9例をみると、逸失利益の対象期間が3年である6例のうち、【27】、

【28】,【31】,【32】,【35】の5例までもが従前の賃料に対し1年分の賃貸不能期間と2年分の賃料半減期間として中間利息を控除した金額の支払いを認めている。これら5例は，言い換えると，従前の賃料の2年分弱ということになる。【34】も，従前の賃料に対し，1年分の賃貸不能期間は同じで，その後の2年間は実際賃料との差額として，中間利息を控除しなかっただけのことで，基本的考え方は同じで，上記5例の2年分弱より少なく20か月分弱である。

　残りの3例も，【24】が44万円弱だから，従前の賃料4万8,000円に対し約9か月分であり，【29】が84万円だから，従前の賃料8万5,000円に対し約10か月分であり，【30】が127万円余だから，従前の賃料7万5,000円および共益費5,000円の8万円に対し約1年4か月分であり，いずれも従前の賃料に対する上記5例の2年分弱より少ないのである。

　以上から，賃貸事例において自殺等が発生した場合の逸失利益の算定方法としては，従前の賃料に対し1年分の賃貸不能期間と2年分の賃料半減期間として中間利息を控除した金額，言い換えると，従前の賃料の2年分以下の支払いを認める方向でほぼ固まったといえよう。

　もっとも，上記9例は，ほぼ都会のワンルームマンションか一人暮らしの共同住宅ないし社宅の事例である。これらは，入居者の入れ替わりが早いため，一契約期間である2年で入居者が変わることを前提として損害額を算定したものとも考えられる。そこで，都会ではない地方のしかもファミリータイプの共同住宅で自殺等が発生した場合に，逸失利益の算定において同様な結論となると決めつけるにはまだ早く，裁判例の集積を待つ必要があると思われる。

6　その他の損害について

　逸失利益以外の損害としてまず考えられるのが原状回復費用である。どの事例でも逸失利益と並んで請求されているかと予測していたが，請求事例は意外に少なかった。【25】,【28】,【31】,【34】,【35】の5例にすぎない。

　この5例をみると，【25】は粗大ゴミ処理費用5万円，【28】は改装費・負

担分け明細書による94万4,475円,【30】は浴室工事費用の半額の6万952円,【31】は全面的改築費用の9割相当の60万円,【34】は改修費用654万2,586円,【35】は床材張替費用6万3,504円,壁下地補修費用6,480円,玄関土間材張替費用6,480円の計7万6,464円である。

【25】と【30】と【35】は10万円以下であり,【28】と【31】は100万円以下であること,【28】は浴室での自殺による主に浴室の改装費と推測されること,【31】は首吊り自殺の現場に対する改築費用と考えられることから,これらの損害額の認定はやむを得ないと思われる。

問題は【34】である。東京地裁は,「本件貸室の汚損状況に加え,本件貸室を居住物件として利用するには,解体工事の実施によりスケルトンとした上で床下部分に汚損や臭気発生原因が残存していないかを確認する必要があり,また,床下部分に汚損が達していたことに照らし,消毒と臭気対策を実施するとともに,現実に汚損したフローリングおよび床下の裏側の建材,クロス,ユニットバス等を交換する必要があったこと,こうしたスケルトン工事およびオゾン脱臭工事の費用として,現実に合計654万2,586円を要することが認められ」と判示しているが,賃料・共益費合わせても8万円のアパートの1室の改修費用としてはあまりに高額で,建築工事に匹敵する金額とさえいえるほどである。本件では特に死亡原因がはっきりしないだけに,連帯保証人が負う損害額としては酷に過ぎると思われる。

もっとも,2017年民法改正により,極度額の定めが必要になったことと(465条の2第2項),賃借人死亡による元本確定(465条の4第1項3号)により,【34】のような過度な請求を保証人にすることは難しくなったと考えられる。

原状回復費用以外のその他の損害として裁判所が認めたもののうち,【30】の現場供養費用5万2,500円と【35】の供養費用5万4,000円である。供養費用というのはいかにも日本的といえるが,この程度の費用で原状回復費用等が大幅に減額されるのであれば,かえって妙味のある判断といえよう。

第1章　不動産取引における心理的瑕疵　　*165*

第4節　競売に関する裁判例の紹介と分析

　競売の手続きは民事執行法で定められている。同法が「第1章　総則」の後に，「第2章　強制執行」，「第3章　担保権の実行としての競売等」と続いているように，競売には，判決や公正証書に基づく強制執行としての強制競売と，抵当権などの担保権の実行としての競売の2つがある。本書で取り上げている「不動産競売」の大部分は抵当権に基づく「担保不動産競売」である。強制競売をされるような個人や会社は，既にお金に困っていてその不動産を担保に不動産の価値以上の抵当権を設定して借入れをしているので，強制競売の申立てをしても配当が見込めずほとんど意味がないからである。

　もっとも，同法の構成では，強制執行が担保権実行より先に来ているので，担保不動産競売については強制競売の規定が準用されている（同法188条）。そこで，心理的瑕疵の競売に関する裁判例では，いちいち同法188条の準用とは言っていないことが多いが，担保不動産競売では同法188条の準用を前提としていることを知ってもらえればと思い，長々と前置きしたものである。

　ついでにもう一つ，競売の流れを簡単に述べておく。まず，申立てに基づき執行裁判所が競売開始決定を出し（同法45条），執行官に対し現況調査を（同法57条），不動産鑑定士の評価人に不動産の評価を（同法58条），それぞれ命じる。執行裁判所は，評価人の評価に基づいて不動産の売却の額の基準となる「売却基準価額」を定めるが，買受可能価額はその8割以上でなければならない（同法60条）。そして，裁判所書記官が「物件明細書」を作成して，その写しを，執行官作成の現況調査報告書および評価人作成の評価書とともに一般の閲覧に供する（同法62条，民事執行規則31条）。この3つを競売の「三点セット」といい，競売手続きに参加する人はこの三点セットを参考にする。

裁判所書記官は，入札の期間，売却決定期日などを定めて官報公告をする（同法 63 条）。そして，執行裁判所は，売却決定期日を開いて売却の許可または不許可を言い渡す（同法 69 条）。この際に，手続きに重大な誤りがあるなどの場合には，売却不許可決定をしなければならない（同法 71 条 6 号など）。売却の許可または不許可の決定に対しては，執行抗告をすることができるが（同法 74 条 1 項），特に許可決定の手続きについては重大な誤りがあることを理由としなければならない（同条 2 項）。

　また，「最高価買受申出人又は買受人は，買受けの申出をした後天災その他自己の責めに帰することができない事由により不動産が損傷した場合には，執行裁判所に対し，売却許可決定前にあっては売却の不許可の申出をし，売却許可決定後にあっては代金を納付する時までにその決定の取消しの申立てをすることができる。ただし，不動産の損傷が軽微であるときは，この限りでない。」（同法 75 条 1 項）という規定がある。そこで，最高価買受申出人が競売不動産内における自殺等の事実を知った場合には，同法 71 条 6 号の「手続に重大な誤りがある」，あるいは同法 75 条の「天災その他自己の責めに帰することができない事由により不動産が損傷した場合」に準ずるとして，売却不許可の申出をするか，売却許可決定が出た場合には同法 74 条の執行抗告をするか，同法 75 条の売却許可決定の取消しの申立てをすることになる。

　もっとも，これらの申出や申立ては代金納付までだから，代金納付をした後であれば，民事執行手続きで残されているのは，同法 53 条の「不動産の滅失その他売却による不動産の移転を妨げる事情が明らかとなったときは，執行裁判所は，強制競売の手続を取り消さなければならない。」の類推適用の主張しかないが，「不動産の滅失」と挙げられている通り，相当に高いハードルである。

　そこで，この取消しの申立ても無理となれば，後は民法の競売における担保責任の追及あるいは執行官等の不法行為による国家賠償請求をすることになるが，これらもそう簡単なことではない。

　以上のとおり，不動産競売において自殺などの心理的瑕疵が発生した場合

第1章　不動産取引における心理的瑕疵　　*167*

に，民事執行法や民法あるいは国家賠償法において様々な救済方法が用意されているが，以下に紹介する裁判例がどの手続きによるものかを意識しながら読んでもらえれば，よりわかりやすく理解できると思われる。

① 裁判例の紹介

【37】　仙台地決昭 61・8・1 判時 1207 号 107 頁

〈事案の概要〉

　X は，昭和 60 年 11 月に売却許可決定を受けたが，昭和 59 年 6 月に暴力団組員によるリンチ殺人事件が発生していたのに，物件明細書の記載に全く反映されていなかったことから，その事実を知らないまま買受申出をしたとして，売却許可決定の取消しを求めた。これに対して，仙台地裁は，本事件により不動産の評価額が 30 パーセント減価していることから，民事執行法 75 条 1 項を類推適用して，売却許可決定を取り消した。

〈決定の要旨〉

　「本件不動産におけるリンチ殺人事件発生の事実は，本件不動産の価格になんらかの影響を及ぼすものと考えられるところ，前記評価人による補充評価額は，このような事実がなかった場合のそれよりも約 30 パーセント減価すべきものとしていることが認められ，その程度は決して軽微なものとはいえない。

　ところで，民事執行法 75 条 1 項は，『最高価買受申出人又は買受人は，買受けの申出をした後天災その他自己の責めに帰することができない事由により不動産が損傷した場合には，執行裁判所に対し，……売却許可決定後にあっては代金を納付する時までにその決定の取消しの申立てをすることができる。ただし，不動産の損傷が軽微であるときは，この限りでない。』旨規定しているが，最高価買受申出人らが買受けの申出をする前に不動産が損傷した場合については，なんらの規定も設けていない。その理由は，この場合の損傷は，民事執行手続上，評価人がこれを斟酌して不動産を評価し，執行裁判所がこの評価に基

づき不動産の最低売却価額を決定し，物件明細書の記載にこれを反映させるべき筈のものであるから，これにつき，理論上同旨の規定を設けるまでの必要がなかったことによるものと解せられる。しかし，現実の実務においては，執行官による現況調査・評価人による評価，執行裁判所による最低売却価額の決定及び物件明細書の作成がなされてから不動産に対する買受けの申出がなされるまでの間，不動産に損傷が生じても，これが見過ごされたまま，その手続が最高価買受申出人による買受けの申出以後の段階にまで進んでしまうことも全く無いものとはいえない。そうすると，このように，買受けの申出がなされる前に不動産が損傷した場合であっても，その損傷は，最低売却価額にも，物件明細書の記載にも全く反映されなかったことになるわけであるから，最高価買受申出人らの立場からすれば，買受けの申出がなされた後に不動産が損傷した場合となんら選ぶところはないものというべく，したがって，同条は，このような事例の場合にも類推適用されるものと解するのが相当である。また，同条にいう『天災その他による損傷』とは，直接的には地震・火災・人為的破壊等の物理的損傷を指すわけであるが，同条の立法趣旨に照らすと，このような損傷がない場合でも，不動産の交換価値が著しく損われたときや損われていることが判明したときは，同条が類推適用されるものと解すべきである。

　そこで，これを本件につきみるに，前記のとおり，本件不動産におけるリンチ殺人事件は，前記現況調査報告書，評価書の各作成・提出，最低売却価額の決定及び物件明細書の作成がなされたのち，最高価買受申出人たる申立人が本件不動産を買受ける旨の申出をするまでの間に発生したものであり，しかも，同事件発生の事実は，最低売却価額の決定や物件明細書の記載に全く反映されていなかったこと，申立人は，この件を事前に知らないまま，前記買受けの申出をしたが，この件を事前に知っていたならば，上記金額で本件不動産を買受ける意思はなかったこと，補充評価命令を受けた前記評価人は，本件不動産の評価額は，リンチ殺人事件の発生により市場性が大幅に減退し，これがなかった場合に比して30パーセントも減価している旨判断していることが明らかであり，これと本件に現われた一切の事情を考慮すると，申立人は，同条を類推

第1章　不動産取引における心理的瑕疵　　*169*

適用して，同裁判所に対し前記売却許可決定の取消しの申立をなし得るものというべきところ，申立人の本件申立は理由があるのでこれを認容し，前記売却許可決定を取り消すこととして主文のとおり決定する。」

〈解説〉

1. 本件は，売却許可決定後に，競売の目的となった建物内で1年半前に暴力団組員によるリンチ殺人事件の存在を知ったとして，民事執行法75条1項に基づく売却許可決定の取消しを求めた事案である。

2. 民事執行法75条1項は，「最高価買受申出人又は買受人は，買受けの申出をした後天災その他自己の責めに帰することができない事由により不動産が損傷した場合には，執行裁判所に対し，売却許可決定前にあっては売却の不許可の申出をし，売却許可決定後にあっては代金を納付する時までにその決定の取消しの申立てをすることができる。」と定めている。すなわち，本条は「買受けの申出をした後」に生じた事由について規定しているので，買受申出前に生じた損傷が看過され，現況調査報告書や物件明細書等に顕出されることなく手続が進められ，売却許可決定確定後にそれが判明した場合には，文言上，本条の適用はない。しかし，この場合でも買受人を保護する必要は当然認められる。そこで，本決定は同法75条を類推適用し，買受人を保護した。

　　また，同条立法趣旨から，同条の「天災その他による損傷」には，物理的損傷がない場合でも，不動産の交換価値が著しく損われたときや損われていることが判明したときは同条が類推適用されるものとした。

3. 本件においては，暴力団組員によるリンチ殺人事件という通常の殺人事件と比較しても残酷な事件であったので，心理的嫌悪の度合いは大きいものと思われ，これを裏付けるようにリンチ殺人事件の発生を考慮に入れた補充評価において，本件不動産の評価額が30パーセント減価すると判断されたことから，同法75条1項を類推適用し，売却許可決定の取消しを認めた。自殺等の存在を前提とした評価人の再評価額に大幅な減価が認められた場合，その事実は交換価値の著しい損傷の認定に大きな影響を及ぼすことから，本

決定は，その他の一切の事情を考慮して，同法 75 条 1 項の類推適用を認めた。結論は妥当であり，30 パーセントという高い減価についても，リンチ殺人事件というショッキングな出来事からすれば，やむを得なかったと思われる。

【38】 福岡地決平 2・10・2 判タ 737 号 239 頁

〈事案の概要〉

X は，平成 2 年 3 月に売却許可決定期日の指定を受けたが，買受申出後に元所有者が昭和 58 年 8 月に本件建物内で自殺したことを知って売却不許可の申出をした。

これに対して福岡地裁は，評価人の意見書で本件建物について 30 パーセント減価すべきものとされていることなどから，民事執行法 75 条 1 項，188 条の類推適用をして売却不許可決定をした。

〈決定の要旨〉

1. 評価額の減少について

昭和 63 年 7 月 11 日，評価人が本件土地の評価額を 170 万 9,000 円，本件建物の評価額を 480 万 9,000 円とする評価書を提出したので，裁判所は一括売却に付して，最低売却価格を 652 万円と決定した。その後，期間入札の方法で売却が実施されたが，入札者がなかったため，昭和 63 年 10 月 4 日，特別売却の方法で売却を実施したところ，平成 2 年 2 月に X が最高価買受申出人と定められた。その後，X が元所有者の自殺を知り，同年 3 月に売却不許可を申し出た。当裁判所が自殺があったことを前提とした評価額につき，評価人の意見を求めたところ，評価人は平成 2 年 3 月 19 日に建物につき以前の評価額より 30 パーセント減額すべきである旨記載した意見書を提出した。

2. 民事執行法 75 条 1 項，188 条の適用について

「およそ個人の尊厳は死においても尊ばれなければならず，その意味にお

第1章　不動産取引における心理的瑕疵　　*171*

ける死に対する厳格さは自殺かそれ以外の態様の死かによって差等を設けられるべきいわれはなく，それゆえ自殺自体が本来忌むべき犯罪行為などと同類視できるものではなく，また自殺という事実に対する評価は信条など人の主観的なものによって左右されるところが大であって，自殺があったそのことが当該物件にとって一般的に嫌悪すべき歴史的背景であるとか，自殺によって当該物件の交換価値が直ちに損なわれるものであるとかいうことは，とうてい客観的な法的価値判断というに値するものではない。しかして，以上のような問題に関わり，人の居住用建物の交換価値が減少をきたすというためには，買受人本人が住み心地のよさを欠くと感ずるだけでは足りず，通常一般人において住み心地のよさを欠くと感ずることに合理性があると判断される程度にいたったものであることを必要とすると解すべきである。これを本件においてみると，今もなお，近隣の住民が上記自殺について遍く知悉しており，買受人である甲野も買受申出後すぐに右事実を知らされ，かつ，その求めに応じて前記書面の作成をする程度の諸状況が存在していることから，7年前の出来事とはいえ近隣のうわさは依然として根強いものが残っていていまだ旧聞に属するなどとはとてもいえないこと，そして，本件土地の周囲の状況が農家や住宅が点在してはいるが，山間の田園地帯であり，必ずしも開放的な立地条件であるとはいえず，これらの諸環境からして，この後も，近隣のうわさが絶えることは簡単には期待し難いこと，現に，本件土地，建物は，近時，売却率がかなり高く，一物件当たりの入札者も多い当庁の期間入札では入札者がなく，特別売却を実施してから1年以上経過してようやく買受申出人が現れたこと等を併せ考慮すると，本件建物に居住した場合，上記自殺があったところに居住しているとの話題や指摘が人々によって繰り返され，これが居住者の耳に届く状態が永く付きまとうであろうことは容易に予測できるところである。

　してみると，本件建物がなお以上のような生活的環境に取り囲まれているということは，一般人において住み心地のよさを欠くと感ずることに合理性があると判断される程度にいたる事情があり，本件建物につき交換価値の減

少があるということは否定することができない。」

3. 物理的損傷以外のもので，かつ，買受申出以前の事情による交換価値の減少の場合にも同法75条1項，188条が適用されるか

　「民執法75条1項，188条にいう天災その他による不動産の損傷とは，本来，地震，火災，人為的破壊等の物理的損傷を指すものと解されるが，買受人が不測の損害を被ることは，右の物理的損傷以外で不動産の交換価値が著しく損なわれた場合も同様であるから，右の場合も同条項を類推適用しうると解すべきである。また，同条項の文言によると，右損傷は，『買受けの申出をした後』に生じた場合に限定しているが，買受申出前に生じた損傷についてもこれが現況調査，評価人の評価，それに基づく最低売却価額の決定及び物件明細書の記載に反映されていない場合もあり，買受申出人が買受申出前に右事情を知らない限り，買受申出人にとってみればそのような場合も買受申出後に損傷が生じた場合となんら選ぶところがないから，右のような場合も同条項を適用しうると解すべきである。

　これを本件においてみるに，前示のように元所有者の自殺に起因した住み心地のよさの欠如による交換価値の減少が認められ，また，買受けの申出の7年前に生じた事情ではあるが，それは，現況調査，評価人の評価，これに基づく最低売却価額の決定及び物件明細書の記載に反映されておらず，買受申出人甲野も買受申出前には右事情を知らなかったことが認められるから，本件においても民執法75条1項，188条の適用を妨げないというべきである。」

4. 交換価値の減少が軽微でないこと

　「評価人の意見書では，自殺があったことについての評価理論上の取扱いはともかく，これを前提とする評価額は建物について前のそれより30パーセント減額すべきものとしていることを考慮すると，交換価値の減少は軽微なものといえないことは明らかである。」

〈解説〉

1. 本件は，買受申出後，売却許可決定前に，競売の目的となった建物内で7

第1章　不動産取引における心理的瑕疵　　*173*

年前に自殺があったことを知ったとして，民事執行法 75 条 1 項，188 条に
基づく売却不許可の申し出をした事案である。

2.　本件では，自殺が発生したのは 7 年前であったことから，同法 75 条 1 項は
　　売却不許可の申出を「買受けの申出後」の瑕疵について規定しているが，
　　「買受けの申出前」の瑕疵についても同条の適用があるかどうか，そもそも
　　自殺の事実が「損傷」に当たるのか，が問題となった。

　　　本決定は，自殺の場合も「損傷」に当たることを認めた上で，買受けの申
　　出前に生じた自殺についても，同法 75 条 1 項，188 条の類推適用を認めた。

3.　本決定では，地域住民の記憶等の事情，本件自殺を前提とした評価額にお
　　いて本件建物について 30 パーセントの減価（本件土地を含めても 20 パーセン
　　ト以上）が認められた等の事情を重視し，交換価値の減少を認定した。

　　　X は平成 2 年 2 月 26 日に最高価買受申出人と定められたが，同年 3 月 7
　　日に売却不許可を申し出ていることからすると，X が最高価買受申出人と
　　定められた直後に地域住民から自殺の事実を聞いたと思われる。自殺が発生
　　したのは 7 年前であることを考慮しても，本件自殺の事実は地域住民の記憶
　　に深く残っていたのであろう。そして，本件建物は山間の田園地帯にあった
　　ことをも考慮すると，今後も近隣のうわさが絶えることは簡単には期待し難
　　い。本物件の購入者が，今後当該地域に居住して地域住民と付き合うにあた
　　り，精神的な苦痛を感じたり，場合によっては現実的に支障が生じる可能性
　　がある。

　　　また，本件では，自殺の事実を前提とすると本件建物の評価額は 30 パー
　　セントの減価となり，そしてこれを裏付けるように，当時福岡地裁では競売
　　の売却率がかなり高く，一物件あたりの入札者も多かったにもかかわらず，
　　特別売却実施後 1 年以上経過してから買受人が現れたという事情があった。

　　　評価額の低下や買受人がなかなか現れなかったことは，一般人の心理的嫌
　　悪の度合いが大きいこと，すなわち交換価値の減少を如実に表す。

4.　以上の事情からすると，本件において同法 75 条 1 項，188 条の類推適用を
　　認め，売却不許可決定をした本決定は妥当であると思われる。

もっとも，本決定の自殺の場合に【37】のリンチ殺人と同率の30パーセントの減価まで認めたのは，建物の減価だけとはいえ，行きすぎの感を否めない。なお，競売事例では，売買事例や賃貸事例と比較して，評価人の再評価額が低下したことや地域住民の記憶の要素が重視されており，本件においても，その傾向が表れていると思われる。

【39】　新潟地決平4・3・10判時1419号90頁

〈事案の概要〉

Xは，平成4年1月に売却許可決定を受けたが，本物件内で，昭和60年から昭和63年までに4件の嬰児殺人事件が発生し，平成3年3月から同年4月までの間に嬰児の死体4体が発見されたものの，物件明細書には何らの記載もされていなかったため，同決定の取消しを求めた。

これに対して新潟地裁は，本事件を前提として評価額は，本件土地建物が居住用物件であることを考慮の上，本件土地につき約7パーセント，本件建物につき30パーセントを各減額すべきである旨の評価補充書が提出されており，交換価値の減少は軽微なものとはいえないことは明らかである，として民事執行法75条1項，188条を類推適用し売却許可決定を取り消した。

〈決定の要旨〉

1. 評価額の減少に至る経緯について

平成3年8月26日に不動産競売開始決定をした。同年10月7日，評価人が本件土地一の評価額を190万円，本件土地二の評価額を141万円，本件土地三の評価額を1万円，本件土地四の評価額を35万円，本件建物の評価額を640万円とする各評価額の評価書を提出し，同月22日に本件土地建物の一括売却価額を評価額と同じ1,007万円と定め，その後期間入札を実施したところ，Xより本件土地建物を1,309万1,800円で買い受ける旨の申し出がなされた。同月23日にXに売却することを許可する旨の売却決定をした。その後，裁判所は嬰児殺人事件の発生および嬰児死体が発見されたことを前

提とした評価額につき評価人の意見を求めたところ，評価人は平成4年2月
25日，当裁判所に対し，本件土地建物が居住用の物件であることを考慮し，
前の評価額より本件土地一，二，四につき7パーセント，本件建物につき
30パーセントを各減額すべきである旨記載した評価補充書を提出した。

2. 嬰児殺人事件の発生および嬰児死体の発見の事実と交換価値の減少の関係
　について

　　「人の居住用建物の交換価値が減少をきたすというためには，買受人本人
　が住み心地のよさを欠くと感ずるだけでは足りず，通常一般人において住み
　心地のよさを欠くと感ずることに合理性があると判断される程度に至ったも
　のであることを必要とすると解すべきである。これを本件においてみると，
　本件土地建物において嬰児殺人事件が発生したのは，前記買受申出から約3
　年8か月ないし6年5か月前の出来事であり，嬰児死体が発見されたのは，
　約9ないし10か月位前の出来事であり，本件土地建物に居住した場合，前
　記事件があったところに居住しているとの話題や指摘が人々によって繰り返
　され，これが居住者の耳に届く状態や奇異な様子を示されたりする状態が永
　く続くであろうことは容易に推測できるところである。

　　してみると，本件土地建物については，一般人において住み心地のよさを
　欠くと感ずることに合理性があると判断される程度にいたる事情があり，交
　換価値の減少があるということは否定することができない。」

3. 民事執行法75条1項，188条の適用について

　　「民事執行法75条1項，188条にいう天災その他による不動産の損傷と
　は，本来，地震，火災，人為的破壊等の物理的損傷を指すものと解される
　が，買受人が不測の損害を被ることは，前記の物理的損傷以外で不動産の交
　換価値が著しく損なわれた場合も同様であるから，その場合も同条項を類推
　適用しうると解すべきである。

　　また，同条項の文言によると，前記損傷は，『買受けの申出をした後』に
　生じた場合に限定しているが，買受けの申出の前に生じた損傷についてもこ
　れが現況調査，評価人の評価，それにもとづく最低売却価額の決定及び物件

明細書の記載に考慮されていない場合もあり，買受申出人が買受申出前に前記事情を知らない限り，買受申出人にとってみればそのような場合も買受申出後に損傷が生じた場合となんら選ぶところがないから，前記のような場合も同条項を適用しうると解すべきである。

　これを本件においてみるに，前示のように嬰児殺人事件の発生及び嬰児死体の発見に起因した住み心地のよさの欠如による交換価値の減少が認められ，また，それは，現況調査報告書，評価書及び物件明細書にはいずれも記載されておらず，また，評価人の評価額及び最低売却価額の決定にあたっては必ずしも充分に考慮されておらず，申立人も買受申出前には，前記事情を知らなかったことが認められるから，本件においても民事執行法75条1項，188条の適用を妨げないというべきである。」

4.　交換価値の減少について

　平成4年2月25日に提出された評価人の評価補充書では，嬰児殺人事件の発生および嬰児死体が発見されたことを前提とする評価額は，本件土地建物が居住用物件であることを考慮のうえ，前の評価額より本件土地一，二，四については7パーセント，本件建物については30パーセントを各減額すべきものとしていることを考慮すると，前記交換価値の減少は軽微なものといえないことは明らかである。

〈解説〉

1.　本件は，競売の目的建物内で嬰児殺人事件が4件発生し嬰児の死体4体が発見されたが，これらの点について評価書，現況調査報告書，物件明細書には何ら記載されていなかったため，この事実を知っていたなら，本件土地建物を入札金額では買い受ける意思はなかったとして，Xが売却許可決定取消しの申立てをした事案である。

2.　本件も，①買受申出以前の事情による交換価値の減少についても民事執行法75条1項，188条の適用はあるか，②本件のようないわゆる心理的瑕疵も同条の「天災その他による不動産の損傷」に含まれるか，が問題となった。

これらについて，本決定も他の決定例と同じく，①については，買受申出人にとっては，買受けの申出の前に生じた損傷についても，買受申出後に損傷が生じた場合となんら選ぶところがないとし，②については，心理的瑕疵の場合も買受人が不測の損害を被る点で同じであるとして「天災その他による不動産の損傷」に該当するとして，民事執行法75条1項，188条の適用を認めた。

3. そのうえで，本決定は「通常一般人において住み心地のよさを欠くと感ずることに合理性があると判断される程度に至ったもの」であるかを判断している。

本件では，嬰児殺人事件という，通常の殺人事件と比較しても凄惨な事件が目的建物内で4件も発生し，しかも嬰児の死体4体も同建物内から発見されていた。さらに，事件が発生したのは買受申出の約6年5か月前から約3年8か月前であり，死体が発見されたのも買受申出のわずか9～10か月前であり，新聞報道も買受申出の約4か月前になされている。これらの事情からでも，住み心地のよさを欠くと認定されるであろう。そして，この点を裏付けるように，本件殺人事件の発生および死体の発見を前提とした評価額について，裁判所が評価人に意見を求めたところ，土地の大部分について7パーセント，建物について30パーセントの減額が認められた。本件不動産全体でいえば約24パーセント減である。本判決が「通常一般人において住み心地のよさを欠くと感ずることに合理性があると判断される程度に至った」としたのは妥当な判断と思われる。

4. もっとも，「申立の理由」をみると，Xは本件不動産を賃貸もしくは転売しようとしていたことから，不動産業者と推測されるが，買受申出の数か月前にこれだけ凄惨な事件が新聞報道もされているのに，気づかなかった点について落ち度を認めなくてよいのか若干の疑問が残る。

【40】 札幌高決平 4・6・15 金法 1345 号 24 頁

〈事案の概要〉

　X は，平成 4 年 4 月に売却許可決定を得たが，その直後に前所有者が昭和 63 年 6 月に本件建物裏の本件土地内でフェンスにロープをかけて自殺していたことを知り，執行抗告をした。

　これに対して，札幌高裁は，X が住宅としての快適な居住使用が損なわれると感じるのにも相応の理由があるということができ，このような事情は土地建物の価値評価を低下させる事由というべきであり，本件土地建物の最低売却価格を決定するについて右事情を考慮されたとは記録上認め得ないので，民事執行法 71 条 6 号の売却不許可事由に該当するというべきである，として売却許可決定を取り消した。

〈決定の要旨〉

　「記録によれば，(1) X は，原決定添付別紙物件目録記載の土地建物（以下「本件土地建物」という）につきなされた期間入札において入札価額 551 万 1,000 円で入札したところ，最高価買受人となり，執行裁判所は平成 4 年 4 月 14 日，X に売却を許可する旨の決定をしたこと，(2)本件土地建物の元所有者 A は，昭和 63 年 6 月 2 日，自宅としていた本件建物裏の本件土地内で，フェンスにロープをかけて首吊り自殺をしたこと，(3) X は右事実を知らずに入札に参加し，売却許可決定後の平成 4 年 4 月 18 日，現地に赴いたところ，近隣の者からその旨聞かされて知るに至ったが，右事実を知っていれば，前記入札価額で入札する意思はなかったこと，(4)物件明細書および評価書を含め本件記録中には，A が本件土地内で自殺した旨の記載はないことが認められる。

　宅地内で前所有者が自殺し，現在なお近隣者等からその事実を指摘されるような状況にあるときには，その取得者が住宅としての快適な居住使用が損なわれると感じるのにも相応の理由があるということができ，これを単に主観的事由として排斥することはできない。したがって，右のような事情は当該土地建物の価値評価を低下させる事由というべきであり，その程度も軽微とは言い難

いところ，本件土地建物の最低売却価額を決定するについて右事情が考慮され
たとは記録上認め得ない。

　そうすると，右は民事執行法71条6号の売却不許可事由に該当するという
べきであるから，本件執行抗告は理由がある。」

〈解説〉

1. 本件は，買受申出の4年前に，競売物件の前所有者が本件建物の裏の本件
　土地内で，フェンスにロープをかけて首吊り自殺をしていたことが売却許可
　決定後に発覚したが，当該事実は物件明細書および評価書には記載されてい
　なかったので，事実を知っていれば，前記入札価額で入札する意思はなかっ
　たとして，Xが民事執行法71条6号の売却不許可事由があるとして執行抗
　告を申し立てた事案である。

2. 本決定は，売却許可決定直後に現地に赴いた際に近隣住民からAの自殺の
　事実を聞いた点から，「快適な居住使用が損なわれると感じるのにも相応の
　理由がある」との判断を導き，同法71条6号の売却不許可事由にあたると
　して売却許可決定を取り消している。自殺等が地域住民の記憶に残っている
　場合には，本件建物に居住すると，地域住民と付き合う中で精神的な苦痛を
　感じることになるとして，その点が競売目的物の交換価値を減少させる理由
　と判断している。

3. なお，競売物件での自殺が最低売却価額の決定等に反映されていないとき，
　売却許可決定後で代金納付前であれば，「損傷」があるとして民事執行法75
　条1項を類推適用して売却許可決定の取消しの申立てをする事例が多いが，
　本件では同法71条6号の手続き上の誤りを問題とした点が特徴的である。

【41】　仙台高決平8・3・5判時1575号57頁

〈事案の概要〉

　Xは，平成7年8月に売却許可決定を得たが，共有者の一人が平成5年2
月に本物件から200～300メートル離れた山林で縊首自殺していたことを売却

許可決定確定後に初めて知ったことから，仙台地裁に決定の取消しを求めたものの，原審が棄却したため，執行抗告した。

これに対して，仙台高裁は，本物件内での出来事ではないから，同自殺が民事執行法75条1項を類推して「損傷」と同視できる交換価値の著しい減少があったものとまで解することはできない，最低売却価格の決定等の誤り（同法74条2項，71条6号）かどうかについて，専門家の間でも意見の分かれるところであるから，重大な誤りがあるとすることはできない，として棄却した。

〈決定の要旨〉

1. 不動産の「損傷」（民事執行法75条1項）該当性について

「民執法75条1項は，前記したとおり，競売物件自体に生じていた物理的損傷についての規定であるところから，交換価値の著しい減少に同条を類推適用できるとしても，その範囲は競売物件に生じた事由（例えば，公法上の規制により競売土地上に建物の建築が認められない場合とか，競売建物内で殺人があつた場合等）により，競売物件の交換価値に著しい減少をきたしている場合に，不動産の損傷に類するものとして同条の不許可事由又は取消事由となるものと解するのが相当である。

これを本件についてみるに，Xの主張によれば，本件自殺は，本件競売物件の所在地から約200ないし300メートル離れた山林内であつたというのであり，本件競売物件内での出来事ではないから，同自殺が民執法75条1項を類推して売却許可決定の取消事由となると解することはできない。確かに，本件自殺が，本件競売物件の取得代金の借入金の返済を苦にした結果であるとのことであれば，同競売物件の交換価値に何らかの影響を及ぼすであろうことは窺えるとしても，これをもつて同条1項を類推適用し，本件競売物件の『損傷』と同視できる交換価値の著しい減少があつたものとまで解することができない。」

2. 本件自殺の事実を現況調査報告書や物件明細書に記載しなかったことにより執行裁判所の最低売却価額の決定，あるいは物件明細書の作成に重大な誤りが生じている（民事執行法74条2項，71条6号）とのXの主張について

第1章　不動産取引における心理的瑕疵　　*181*

「Xは，本件自殺という著しい競売物件の『損傷』があるのに，これを全く考慮せずになされた評価は見直しの必要がある旨主張するが，同自殺が著しい競売物件の『損傷』に当たらないことは前記したとおりである。確かに，X提出の不動産鑑定評価書によれば，本件競売物件については，通常の売買価格から競売市場減30パーセントをし，さらに，自殺による40パーセントの減価をするのが妥当であるとしているが，他方，本件記録によれば，本件競売物件を評価した不動産鑑定士は，執行裁判所に対し，本件自殺によつて競売物件の評価額を変更する必要はない旨回答していることも認められるのであつて，本件競売物件内での自殺ならともかくも，同競売物件から約200ないし300メートル離れた山林での自殺が競売物件の評価に及ぼす影響については，専門家の間でも意見の分かれるところであるから，上記抗告人の提出した不動産鑑定評価書をもつてしても，未だ競売物件の評価の見直しをすべきものとまではいえない。また，前記したとおり，本件自殺の事実が民執法75条1項の不動産の『損傷』に当たるものと解することができないことをも考慮すると，執行裁判所が，同事実を本件競売物件の価額に反映させていない評価書の評価額に基づき，同競売物件の最低売却価額を定めたものであつたとしても，これをもつてその最低売却価額の決定に重大な誤りがあるとすることはできない。

次に，Xは，物件明細書に本件自殺の事実を記載していないのは違法である旨主張するが，物件明細書は，競売不動産の明細及び権利関係，殊に売却条件（売却後の負担）を明らかにすることにあり，民執法62条は，⑴不動産の表示，⑵不動産に係る権利の取得及び仮処分の執行で売却によりその効力を失わないもの，⑶売却により設定されたものとみなされる地上権の概要，の三点を必要的記載事項として法定しているのであるから，同事項の記載のないことは違法であるとしても，同事項以外の執行裁判所が任意に記載する事項について，これが記載されていないからといつて，その不記載を物件明細書の違法とすることはできないものと解すべきである。そうすると，執行裁判所が，前記した必要的記載事項ではない本件自殺の事実を物件明細

書に記載しなかつたからといつて，その物件明細書の作成に重大な誤りがあるとまでいえないことも明らかというべきである。」

〈解説〉

1. 本件は，本件競売物件の所在地から約200〜300メートル離れた山林内で，共有者の1人が縊首自殺をしていたことを，売却許可決定確定後に初めて知ったとして，Xが売却許可決定の取消しの申立てをした事案である。

2. 本決定は，買受申出以前の事情により競売物件の交換価値が著しく損なわれていることが判明した場合にも民事執行法75条1項が類推適用されることを述べた上，同項の「損傷」に該当するかを判断したが，本件ではそのような事情は認められないとした。

　すなわち，本件自殺は，本件競売物件の所在地から約200〜300メートル離れた山林内で発生したのであり，本件競売物件内での出来事ではないこと，本件競売物件を評価した不動産鑑定士は，本件自殺を考慮しても競売物件の評価額を変更する必要はない旨回答していることから，本件自殺の事実が民執法75条1項の不動産の「損傷」に当たるものと解することができないと判断した。

3. 本件自殺が発生した場所は競売物件の所在地から約200〜300メートルも離れた場所で，しかも山林内であったことからすると，そもそも本件自殺を本件競売物件の瑕疵ということは難しいであろう。「通常一般人において住み心地の良さを欠くと感ずることに合理性があると判断される程度に至ったもの」であるとはいえないとする原審決定は妥当な判断であったと思われる。

4. 本件では，本件競売物件の執行官および評価人は，現況調査の際に所有者から本件自殺の事実を聴取したが，本件不動産の評価にあたり考慮すべき減価要因には該当しないと判断したため，現況調査報告書，評価書には記載せず，評価人は本件不動産の評価に当たり，本件自殺の事実に基づく減価をしなかったし，最低売却価額の決定に際しても考慮しなかった。さらに，売却許可決定の取消しの申立て後に，裁判所が，評価人に対し，自殺があったことを前提とした評価額につき，あらためて評価人の意見を求めたところ，評

価人は，自殺があったことにより評価額を変更する必要性は認められない旨
記載した意見書を提出した。競売事例では，評価人が再評価した意見書は極
めて重視されていると思われ，本件においても，評価額を変更する必要性は
認められないとの意見書どおりの結論となった。
5. 本件では，民事執行法75条1項の「損傷」の有無のみならず，同法74条
2項，71条6号の「手続的に重大な誤り」があるかどうかも争点とされた点
に特色がある。

【42】　東京高決平8・8・7判タ1103号144頁

〈事案の概要〉

　競売開始決定前の平成7年3月に競売物件の建物の軒先で所有者の母親が縊
死し，周辺住民にも周知のことであったものの，評価書等には反映されていな
かった。売却許可決定を受けたYは，代金納付後に当該事実を知ったため，
静岡地裁浜松支部に対し民事執行法75条に基づく売却許可決定取消しの申立
てをしたところ，同支部は，居住用の物件としてほとんど無価値となったか
ら，民事執行法53条にいう不動産の滅失に比肩すべき重大な事由があるとし
て，同条を類推適用し，売却許可決定以降の手続きを取り消した。これに対
し，競売の申立人Xが原決定の取消しを求めた。

　これに対して，東京高裁は，既に代金は納付済みであるから，民事執行法
75条1項による売却許可決定取消しの申立てはできない，同法53条について
も，居住用の建物において自殺者があった場合にその評価が下落するとして
も，自殺の態様等にかかわらず当然に無価値に等しくなるとまではにわかに考
え難く，本件不動産につき滅失に比肩すべき事由があるということはできない
として，その類推適用を否定し，原決定を取り消し，Yの売却許可決定取消
しの申立てを却下した。

〈決定の要旨〉

　「確かに，居住用の建物において自殺者があったことが知れた場合，建物自

体に物理的損傷が生じるものではないものの，その建物は一般の人から嫌忌さ
れ，買受希望者が極めて限られることになることは明らかであるから，その客
観的評価額も下落せざるを得ないということができる。したがって，右のよう
な事実が最低売却価額の決定や物件明細書の作成に反映されていない場合に
は，民事執行法 71 条 6 号の売却不許可事由に該当すると解されるし，また，
これを不動産の損傷に準ずるものとして，同法 75 条 1 項により，売却不許可
の申出又は代金納付前に売却許可決定の取消しの申立てができると解する余地
もある。

　しかしながら，本件では既に代金は納付済みであるから同法 75 条 1 項によ
る売却許可決定取消しの申立てはできないのみならず，居住用の建物において
自殺者があった場合にその評価が下落するとしても，自殺の態様等にかかわら
ず当然に無価値に等しくなるとまではにわかに考え難く，まして，その敷地と
合わせた評価が無価値に等しくなるとは到底考えることができない（なお，本
件不動産の評価人の評価は合計 679 万円であるが，敷地の更地価格は約 480 万円で
ある。）。そして，前記自殺につき本件不動産にその痕跡が残っている等の事実
を認めるに足りる資料はない。したがって，本件建物において自殺した者があ
り，その事実を周辺住民が知悉しているからといって，本件不動産につき滅失
に比肩すべき事由があるということはできず，これにつき民事執行法 53 条を
類推適用することもできない。

　よって，民事執行法 53 条の類推適用により，本件競売手続のうち売却許可
決定以降の手続を取消した原決定はいずれにせよ不当であるから，これを取消
し，相手方のした本件売却許可決定取消しの申立てを却下することとして主文
のとおり決定する。」

〈解説〉

1.　本件競売物件の建物の軒先で所有者の母親が縊死していたことが代金納付
　　後に判明したとして，Ｙが民事執行法 75 条 1 項に基づき売却許可決定取消
　　しの申立てをしたところ，原決定は，本件自殺により土地建物は，居住用の
　　物件としてはほとんど無価値になったとして，同法 53 条の不動産の滅失に

比肩すべき重大な事由があるとして，同条を類推適用し，競売手続きのうち，売却許可決定以降の手続きを取り消した。

これに対し，競売の申立人 X が原決定の取消しを求めたのが本件である。

2. 本件は，代金納付後に売却許可決定取消しの申立てがされているので，民事執行法 75 条の適用の余地はない。本決定もその旨述べ，同法 53 条の類推適用の有無を検討している。

「損傷」と規定する同法 75 条 1 項と比較し，「滅失」と規定する同法 53 条の方が要件は格段に厳しく，同法 53 条の類推適用が認められるためには，滅失に比肩すべき事由が必要となる。

居住用の建物において自殺者があった場合，その評価額は下落するが，無価値に等しくなるとまでは言い難い。本件では建物のみならず土地も競売の対象となっていたが，建物で発生した自殺等が土地にも影響を及ぼし，土地についても滅失＝無価値に等しいとまでは，まずならない。そこで，本件建物において自殺した者があり，その事実を周辺住民が知悉しているとの事情があったが，それをもって本件不動産につき滅失に比肩すべき事由があるということはできず，これにつき民事執行法 53 条を類推適用することもできない，と判断した。

3. 本決定に基づくと，代金納付後に自殺等の事実が発覚したとして，民事執行法 53 条の類推適用により売却許可決定の取消しが認められることは極めて難しいと思われる。自殺等の事実は，心理的瑕疵，すなわち目的物等の使用自体には問題はないが，使用にあたり心理的嫌悪感がある場合をいうのだから，「競売不動産の滅失に比肩すべき事由」に該当する場合は，そもそも想定されないと思われるからである。

4. このように，代金納付後の売却許可決定の取消しを限定しているのは，代金が納付され所有権が移転した後に競売手続きの取消しを認めると，競売手続きの安定が害されるからである。法的安定性を重視する裁判所の姿勢としては当然であろう。

【43】 札幌地決平 10・8・27 判タ 1009 号 272 頁

〈事案の概要〉

X は，平成 10 年 6 月に本物件について最高価買受申出をし，売却許可決定を受けた後に，平成 9 年 6 月に本件建物内で所有者の夫が自殺していたことが判明し，売却許可決定の取消しを求めた。

これに対して，札幌地裁は，X がこの事実を事前に知っていたならば，本件不動産を買い受ける意思はなかったことが明らかであり，一般人において住み心地の良さを欠くと感じることに合理性があると判断される事情があり，交換価値の減少があるということは否定できず，その他本件の現れた一切の事情を考慮すると，民事執行法 75 条 1 項，188 条を類推適用して本件申立てをなし得る，として売却許可決定を取り消した。

〈決定の要旨〉

1. 本件申立に至る経緯

   評価人は平成 10 年 2 月 2 日に本件不動産の評価額は土地 (1) が 364 万円，土地 (2) が 24 万円，本件建物が 772 万円，合計 1,160 万円の評価書を提出した。そこで当裁判所は，本件不動産の最低売却価額を 1,160 万円と定め物件明細書を作成した。その後，期間入札をしたところ，同年 6 月に X より本件不動産を 1,426 万 2,600 円で買い受ける申出がなされたので，同月売却許可決定をしたが，代金納付には至っていない。ところが，X の買受申出前の平成 9 年 6 月 29 日，本件建物内で所有者の夫が自殺していた。X はこの事実を知っていたならば買い受ける意思はなかったとして売却許可決定取消しの申立てをするに至った。

2. 民事執行法 75 条 1 項の類推適用について

   「民事執行法 75 条 1 項は，『買受けの申出をした後』に不動産が損傷した場合についてのみ規定しているが，これは，買受申出前の損傷は，民事執行手続上，評価人がこれを斟酌して不動産を評価し，執行裁判所がこの評価に基づき不動産の最低売却価額を決定し，物件明細書の記載に反映されるべき

第1章　不動産取引における心理的瑕疵　　*187*

はずのものであることによるところ，買受けの申出をする前に不動産が損傷
した場合であっても，これが現況調査，評価人の評価，それに基づく最低売
却価額の決定及び物件明細書の記載に考慮されておらず，買受申出人が買受
申出前に前記事情を知らないときには，買受申出人にとってみればそのよう
な場合も買受申出後に損傷した場合となんら異なるところはないから，同条
はこのような場合にも類推適用されると解される。また，同条にいう『天災
その他による損傷』とは，本来地震，火災，人為的破壊等の物理的損傷を指
すが，買受人が不測の損害を被ることは，前記のような物理的損傷以外で不
動産の交換価値が著しく損なわれた場合も同様であるから，その場合も同条
が類推適用されると解される。」

3. 交換価値の減少について

　「これを本件についてみると，前記のとおり，本件不動産において，所有
者の夫が自殺したのは，前記買受申出の前であるが，右事実は，最低売却価
額の決定や物件明細書の記載に全く反映されていなかったこと，Xは右事
実を事前に知らないまま前記買受けの申出をしたが，右事実を事前に知って
いたならば，上記金額で本件不動産を買受ける意思はなかったことが明らか
である。そして，右事実は買受申出のわずか1年前の出来事であり，本件不
動産に居住した場合，前記事実があったところに居住しているとの話題や指
摘が人々によって繰り返され，これが居住者の耳に届く状態や奇異な様子を
示されたりする状態が長く続くであろうことは容易に推測できるところであ
り，本件不動産については，一般人において住み心地のよさを欠くと感じる
ことに合理性があると判断される事情があり，交換価値の減少があるという
ことは否定できず，その他本件に現れた一切の事情を考慮すると，Xは，
民事執行法188条，75条1項を類推適用して，当裁判所に対し，前記売却
許可決定の取消しの申立てをなし得るものというべきところ，Xの本件申
立ては理由があるのでこれを認容し，前記売却許可決定を取り消すこととし
て主文のとおり決定する。」

〈解説〉

1. 本件は，最高価買受申出をし，売却許可決定を受けた後に，本件建物内で所有者の夫が自殺していた事実が判明し，売却許可決定の取消しを求めた事案である。

2. 本決定においても，①買受けの申出以前の事情により交換価値が減少した場合でも民事執行法 75 条 1 項，188 条の適用はあるか，②本件のような，いわゆる心理的瑕疵も同条の「天災その他による不動産の損傷」に含まれるか，が問題となった。

　本決定も他の決定例と同じく，①については，自殺の事実が最低売却価額の決定や物件明細書の記載等に考慮されておらず，買受申出人が買受申出前に自殺の事実を知らないときには，買受申出後の損傷と何ら異なるところはないとして同法 75 条，188 条の類推適用を肯定した。

　②については，心理的瑕疵の場合でも買受人が不測の損害を被る点で同じであるとして「天災その他による不動産の損傷」に該当するとして，民事執行法 75 条 1 項，188 条の類推適用を認めた。

3. その上で，本件に同法 75 条 1 項，188 条の適用があるかを判断した。

　本件建物の 2 階で所有者の夫が自殺したのは，X の買受申出のわずか 1 年前の出来事であった。この事実から，本決定は，本件不動産に居住すると，自殺があった建物に居住していることを地域住民によって繰り返し話題にされ，それが居住者の耳に届いたり，地域住民から奇異な態度を示されたりする状態が長く続くことを指摘しており，地域住民の記憶の要素を重視している。

　なお，実際に地域住民は本件自殺の事実を知っていたのか，X はいかなる経緯で本件自殺の事実を知ったのか等の事情は本決定上からは明らかではない。本件建物は都市部である札幌市の物件であり，一定年数が経過すると農山村地よりは地域住民の記憶に残存しにくいことからすると，上記事実等を検討することなく地域住民の記憶に残り続けると認定した点にはやや疑問を感じるが，自殺がわずか 1 年前であったことからすると，売却許可決定の

第 1 章　不動産取引における心理的瑕疵　　*189*

取消しを認めた本決定は妥当であると思われる。

【44】　東京高決平 14・2・15 判例マスター番号 200202150010

〈事案の概要〉

　X は，平成 13 年 9 月に都心の 9 階建てのペンシルビルについて約 1 億 4,000 万円で売却許可決定を受けたが，本件ビルの 8 階の一室で平成 11 年 9 月に放火殺人事件が発生していたことを知り，東京地裁に同決定の取消しを求めたものの棄却されたため，執行抗告を申し立てた。

　これに対して東京高裁は，社会通念上，本事件が本件不動産の買受人をして，その購入意欲を失わせるほどの不祥事であるとは認められず，本件不動産の交換価値が著しく損傷されたと認めることはできず，本件売却許可決定を取り消すべき事由はない，として本件執行抗告を棄却した。

〈決定の要旨〉

1. 本件執行抗告申立てに至る経緯

　　東京地裁は平成 13 年 2 月に本件土地建物に競売開始決定をして，同年 5 月に評価人が本件土地を 5,228 万円，本件建物を 4,100 万円とする評価書を提出した。東京地裁は同年 6 月に一括で最低売却価格を 9,328 万円と決定し，期間入札を実施した結果，9 通の入札があり，同年 9 月に約 1 億 3,968 万円で買受申出をした X を最高価買受人として売却許可決定をした。ところが，X はその後本件建物で平成 11 年 9 月に放火殺人事件が起きた疑いがある旨の報道があったことを知り，本決定確定後の同年 10 月に取消しを申し立てた。東京地裁は，平成 13 年 11 月，本件建物 8 階部分で放火殺人事件が発生したという事実により本件不動産の交換価値の減退が認められるとしても，1 割以上の減価修正を要するとは考えられないから，本件不動産の価値が著しく損なわれているとは認められず，民事執行法 75 条 1 項を類推適用することはできないと判断し，本件申立てを棄却したので，X が執行抗告を申し立てた。

2. 民事執行法 75 条 1 項の類推適用について，「民事執行法 75 条 1 項にいう天災その他による不動産の損傷とは，地震，火災，人為的破壊等の物理的損傷を指すと解されるが，物理的損傷以外の事由であっても，競売対象不動産の場所的環境，規模，構造，用法，利用状況等に照らし，当該不動産の交換価値が著しく損なわれたと認められる場合にも，本条の類推適用により売却許可決定を取り消すことができると解される。ここに『当該不動産の交換価値が著しく損なわれた場合』の一つとして，当該不動産についての競売における買受けの申出があった後に当該不動産において自・他殺事件，火災事故等の不祥事が発生し，この不祥事の発生が，社会通念上，当該不動産の競落後の使用者をしてその使用の意欲を失わさせ，あるいは，買受人をしてその購入意欲を失わさせると認められる特段の事情がある場合が考えられる。

　さらに，このような不祥事が，当該不動産についての競売における買受けの申出があった後に発生したのではなく，当該不動産についての競売の開始前に既に発生していたが，その事実が現況調査報告書，評価書又は物件明細書に全く記載されないままその競売にかかる売却が実施され，その不祥事の発生を知らないで買受けを申し出た者がある場合において，その不祥事の発生年月日，その不祥事の痕跡の残存否，当該不動産の所在する地域の特徴，地域住民等の特徴，当該不動産の通常の使用収益の態様等に照らし，社会通念上，当該不動産の競落後の使用者をしてその使用の意欲を失わさせ，あるいは，買受人をしてその購入意欲を失わさせると認められる特段の事情があるときにも，上記の買受けの申出後に不祥事が発生した場合に準じ，民事執行法 75 条 1 項の適用が考えられよう。」

3. 本件不動産の交換価値の著しい損傷の有無について

　「本件建物は，一般的に匿名性が高いと言われる都心部に所在し，本件記録によれば，周辺は同種類似の高層ビルが建ち並ぶ商業地域であり，本件放火殺人事件は，このような場所に所在する地下 2 階付き 9 階建のペンシルビルの 8 階の一室において，2 年以上前（本件競売手続きの開始決定時から見ても 1 年数か月前）に発生した事件であるから，本件建物で本件放火殺人事件

第 1 章　不動産取引における心理的瑕疵　　*191*

が起こったという記憶が現在に至るまで一般の人々の脳裏に残存していると
は考えにくい。そのことは，本件放火殺人事件が発生した後も，本件建物の
他の階の賃借人がその事件発生を原因として他所に転・退去したという形跡
がないこと，平成 12 年 9 月 1 日以降，本件放火殺人事件があった 8 階部分
を中央美術画廊がその事件発生を知りながら賃借し，その事務所として利用
していたこと（なお，X は，平成 13 年 11 月 21 日，中央美術画廊から事情を聴
取した際，中央美術画廊は，賃貸借契約の期間満了を待たずに解約したことにつ
き，『縁起が悪い』と述べていたと主張しており，本件放火殺人事件が本件建物の
8 階の利用に及ぼした影響は，その程度のものでしかなかったことを窺わせる。），
本件不動産の現況調査を行った東京地方裁判所執行官も，本件放火殺人事件
の痕跡を認めることが無く，関係者からの事情聴取等を通じ，その事件発生
の事実を把握することはできなかったこと，本件放火殺人事件があったにも
かかわらず，X を含めて 7 社 2 名が本件不動産の入札を申し出たもので，
その多くが不動産の売買，賃貸，管理，仲介をその営業の目的とする会社で
あり，希望する入札価額が，いずれも最低売却価格を大きく上回るものであ
ったこと等からも明らかである。特に，本件建物は，事務所又は店舗として
使用される典型的な商業ビルで，居住の用に供されることはないから，本件
建物の 8 階の一室で発生した本件放火殺人事件が，同室を事務所又は店舗と
して利用又は売却する上で，それほど支障になるとは思われないし，また，
本件放火殺人事件は，特異な賃借人の極めて個人的な生活時間中の異常な行
動により惹起されたものであり，本件建物の構造，内装等の客観的ないし物
理的性状がその犯罪の発生の何らかの誘因となったり，その発生に何らかの
影響を及ぼしたりしたということも認められないのである。

　以上のような本件不動産の環境ないし所在地域の特徴，本件放火殺人事件
の発生状況，本件建物の通常の使用方法，本件放火殺人事件発生後の利用状
況等を総合的に考察すると，本件放火殺人事件は，中央美術画廊等の本件建
物の 8 階を使用する者や X のように本件建物の買受けの申出をした者にお
いて，その発生の事実を知って『縁起が悪い』という程度の主観的な印象を

抱かしめる本件建物についての歴史的経過の一事由にとどまり，同階を含め本件建物の使用収益においては何らの具体的な支障も生じさせてはいないと認められるのであって，これに照らすと，社会通念上本件放火殺人事件が本件不動産の使用者をしてその使用の意欲を失わせ，あるいは，買受人をしてその購入意欲を失わさせるほどの不祥事であるとは認められず，したがって，本件不動産の売却については，同事件が過去に発生していることについて，前記の特段の事情があるということはできない。すなわち，本件放火殺人事件の発生により，本件不動産の交換価値が著しく損傷されたと認めることはできない。」

〈解説〉

1. 本件は，都心の商業ビルの一室で，売却許可決定の2年ほど前に放火殺人事件があったとして，売却許可決定の取消しを求めたが棄却されたため，執行抗告を申し立てた事案である。

2. 本決定において，①買受けの申出以前の事情により交換価値が減少した場合でも民事執行法75条1項，188条の適用はあるか，②本件のようないわゆる心理的瑕疵も同条の「天災その他による不動産の損傷」に含まれるか，が問題となったが，本決定ではこれらが認められる場合について，「社会通念上，当該不動産の競落後の使用者をしてその使用の意欲を失わせ，あるいは，買受人をしてその購入意欲を失わさせると認められる特段の事情がある場合」には適用が認められるとしている。そして，本決定は，その判断要素として，その不祥事の発生年月日，その不祥事の痕跡の残存否，当該不動産の所在する地域の特徴，地域住民等の特徴，当該不動産の通常の使用収益の態様等，具体的に考慮要素を列挙しており，参考になる。

3. 本決定では，地域性，建物の利用目的等，複数の要素を考慮しているが，その中でも特に重視されているのは，地域住民の記憶と事件後にテナント入居者がいた事実および本件競売で多数の入札の申し出があった事実であると思われる。

　本件建物は都心部の商業ビルであった。したがって，人々の記憶から薄れ

第1章　不動産取引における心理的瑕疵　　*193*

やすく，また居住用に使用されるものではないため，心理的嫌悪の度合いは
相対的に低い。また，本件放火殺人事件が発生した後も，本件建物の他の階
の賃借人がその事件発生を原因として他所に転・退去したという形跡はな
く，それどころか，本件事件現場である8階部分を事件後に新たに賃借した
者がいた。さらに，本件競売においても，Xを含め7社2名が本件不動産
の入札を申し出ており，しかも，希望する入札価額がいずれも最低売却価格
を大きく上回るものであった。これらの事情は，本件放火殺人事件が風化し
ていることを裏付ける大きな理由となる。

　この結果，約2年前の本件放火殺人事件の存在は，「社会通念上，当該不
動産の競落後の使用者をしてその使用の意欲を失わせ，あるいは，買受人
をしてその購入意欲を失わさせると認められる特段の事情がある場合」には
あたらないこととなった。この結論は妥当なものといえるが，他の自殺案件
などで民事執行法75条の適用を認めた決定例と比較すると，放火殺人事件
という重大な犯罪であったにもかかわらず同条の適用を否定した本決定は適
用のハードルが相当高かったと思われる。

【45】　東京地判平14・6・18 判例マスター番号200206180003

〈事案の概要〉

　Xは，東京地裁に対し，平成12年2月に本件土地建物について1,345万9,000
円で最高価買受申出をし，同年5月に代金納付をして，本件不動産を取得した
が，その後に行われた現地調査の際に，同年6月に本件建物内で数か月前に変
死した前所有者Aの遺体が発見されたため，民法568条，566条の売主の担
保責任，予備的に瑕疵担保責任に基づく595万9,000円（瑕疵担保責任について
は550万円）の損害賠償請求をした。

　これに対して，東京地裁は，本件には民法566条を類推適用できず，また民
法570条但書は，同条の瑕疵担保責任は競売の場合には適用しないことを明文
で定めているとして，いずれも棄却した。

〈判決の要旨〉

1. 民法566条に基づく主張について

「民法566条は，目的不動産について用益的権利による制限がある場合の売主の担保責任を規定しているものであって，本件のように目的不動産の中で元所有者が病死し建物内に放置されていた場合，用益的権利による制限がある場合に該当せず，また，これと同視できないことも明らかである。したがって，本件に民法566条を類推適用すべきであるとするXの主張は採用できない。」

2. 民法570条但書に基づく主張について

「Aが，建物内で死亡し，発見されるまで約3か月という長期間建物内に放置されたままであった事実は，一般人であれば嫌悪し当該建物に居住することを拒む性質の事実であり，建物の交換価値を減少させる事実であると認められる。そして，Xが本件不動産を取得した当時Aが建物内で死亡している事実を知らなかったのであるから，このような事情が本件不動産の隠れた瑕疵にあたることは明らかである。」

「しかし，民法570条但書は，同条の瑕疵担保責任は競売の場合には適用しないことを明文で定めているから，本件において，これを適用すべきであるとするXの主張も採用できない。」

3. 競売の目的物に瑕疵がある場合に民法570条が適用されないと，買受人に著しく不公平かつ不合理な結果を強いることになるとのXの主張に対して

「強制競売の目的物に瑕疵がある場合に民法570条が適用されないことは民法570条但書が明文で定めているところであって，強制競売に参加する者にとっては周知のことと認められ，また，このような危険があることから，競売において形成される価格は多くの場合一般の取引価格より低額であることも一般に周知の事実である。したがって，本件のような場合，買受人に担保責任の追及を否定することが，直ちに，買受人に著しく不公平かつ不合理な結果を強いることになるとは認められない。

また，民法570条但書は，立法者が，買受人の信頼の保護を犠牲にしてで

第1章　不動産取引における心理的瑕疵　　*195*

も債権者・債務者を保護し，もって競売結果の確実性を期そうとしたものと解されるが，このような選択も，①競売が債務者の意思に基づかずに開始され，債権者は物件の処分を執行裁判所に委ね，物の性状を知る機会が少ないこと，②このような事情から執行裁判所はもとより，債権者・買受希望者も競売物件の性状について債務者の協力を得て子細に調査することが困難な場合が多く，買受人にとって結果的に期待に沿わない性状の物件を取得する危険も大きいと予想されること，③仮に瑕疵担保責任の追及が許されるものとすると，買受人の期待に沿わない性状の物件を取得したとして瑕疵担保責任を追及する買受人が多数出現することが予想され，競売手続きにより債権の回収をした債権者の期待を大きく害することになると考えられること（なお，競売目的物に権利の瑕疵がある場合，数量不足がある場合については，物の性状の瑕疵に比較してその存否を確定することは容易であるから担保責任の追及を認めることも不合理ではなく，民法568条はこのような趣旨から規定されたものと理解することができる。），④買受希望者は入札に参加するに際して，前述のように瑕疵担保責任の追及が許されないことに由来する危険を考慮に入れて入札価格を低くすることが可能であり，多くの買受希望者が同様の態度を取ることでこのような危険を考慮した低い価格が形成されるから，入札参加者としては危険か低価格かを自らの責任で選択して入札価格を決定しうること等の事情を考慮すると，不合理なものとは認められない。」

〈解説〉

1. 本件は，Ｘが最高価買受申出をして，代金を納付して，本件不動産を取得した後に前所有者Ａの遺体が発見されたとして，担保責任に基づく損害賠償請求をした事案である。すでに代金の納付がされていたため，民事執行法75条を適用する余地はなく，民法の担保責任（2017年改正民法の「契約不適合責任」）に基づき，代金の一部返還請求，損害賠償請求を行った。

2. 本判決において，Ａが競売目的不動産内で病死し約3か月もの間放置されていた事実が瑕疵に該当することは認めている。本件と同じく，死亡後，春から夏頃まで4か月以上も放置されていた事案である【46】においても，

遺体が腐乱した状態であったことから，本件物件の交換価値を著しく損なうものであり，民事執行法 75 条 1 項の「損傷」に該当すると判断している。

もっとも，本件ではすでに代金納付まで行われており，民事執行法 75 条 1 項等の適用（類推適用）の余地はない。そこで，X は，民法（2017 年改正前。以下，同じ）566 条，568 条に基づく主張，民法 570 条に基づく主張を行ったが，いずれも否定された。

民法 566 条の適用を否定した理由として，本判決は，心理的瑕疵は用益的権利による制限がある場合に該当または同視することができないことをあげる。同条が，売買目的物に他人の権利が付着し利用が制限されている場合の担保責任の規定であることからすると，主観的に制限があるにすぎず，その利用自体は何ら制限されていない心理的瑕疵の場合に同条を適用するのは困難で，X の主張には無理があると思われる。

3. また，民法 570 条に基づく主張については，本判決は，同条但書で強制競売の場合の適用を排除していることを理由として適用を否定している。

X は，競売の目的物に瑕疵がある場合に民法 570 条が適用されないと，買受人に著しく不公平かつ不合理な結果を強いることになると主張するが，本決定は，同条但書の趣旨を詳細に述べ，強制競売の目的，性質等から，当該結論も不合理ではないとしている。

債権者にとって他人の物である競売目的物の情報を十分に知ることは困難であり，しかも競売は債務者の意思に基づかずに行われることがほとんどである。一方で，競売では，競落人が自己の危険のもと値段を決定することが想定されており，そのため，市場価格よりも極めて安く競落されることもある。このため，競落人の信頼の保護よりも債権者・債務者を保護することで，競売結果の確実性を期するという同条但書の趣旨からすれば，このような結論もやむを得ないと思われる。

なお，2017 年改正民法 568 条 4 項でも同様の規定が置かれているので，同じ結論になると思われる。

第 1 章　不動産取引における心理的瑕疵　　*197*

【46】　名古屋高決平 22・1・29 判時 2068 号 82 頁

〈事案の概要〉

　X は，平成 21 年 8 月 12 日にマンションの一室につき売却許可決定を受け
たが，同月 21 日に，偶然本物件を訪問した X 従業員が，数か月前に変死した
前所有者 A の腐乱死体を発見した。そこで，名古屋地裁に対し売却許可決定
の取消しを求めたが，却下されたため，執行抗告を申し立てた。

　これに対して，名古屋高裁は，本物件を取得した者が自ら使用することが躊
躇われることはもちろん，転売することについても買い手を探すのは困難であ
り，また，買い手が現れたとしても，本件のような問題が発生したことを理由
にかなり売買価格を減額せざるを得ないことは明らかであるから，本物件の交
換価値は低下したものと言わざるを得ず，民事執行法 75 条 1 項にいう損傷に
あたるとして，売却許可決定を取り消した。

〈決定の要旨〉

　「A は，平成 21 年 4 月ころ，マンションの一室である本件物件内において
死亡したこと，その遺体は，同年 8 月まで本件物件内に残置されており，同月
21 日，X の従業員が本件物件を訪れた際，腐乱した状態で偶然発見されたこ
と，その際，室内には強烈な異臭が残り，周囲にも強い異臭が立ちこめていた
こと，遺体発見直後，警察官が数名駆けつけて本件物件内に立ち入り，数時間
にわたり警察官が現場を見張り，隣室住人が警察官から事情聴取を受け，同じ
マンションの住人等がこれらの様子を窺うなどしていたこと，X は，本件へ
の入札をした平成 21 年 7 月 29 日にはもとより，同年 8 月 21 日まで，上記死
亡及び遺体残置等の事実を認識しておらず，現況調査報告書，物件明細書及び
評価書のいずれにも，これらについての記載はなかったことが認められる。ま
た，本件遺体の発見後，本件物件内に特に手を加えられた形跡はない。

　なお，A の死因については，死体検案書では『病死及び自然死』であると
されているが，その具体的根拠は不明であり，……全記録によっても，A の死
因が自殺，病死又は自然死のいずれであるかを直ちに判定することは困難であ

る。」

　「以上を踏まえて判断するに，民事執行法 75 条 1 項にいう『損傷』は，文言的には物理的な損傷を指すものと解されるが，物理的な損傷以外の理由によっても目的不動産の交換価値が著しく損なわれ，買受人が不測の損害を受ける場合があり，また，本件のように，同項が規定する『買受けの申出をした後』の損傷ではなくとも，現況調査報告書，物件明細書及び評価書等のいずれにもそのことが反映されておらず，かつ，買受人が買受申出時にこれを認識していなかった場合には，買受申出後に損傷した場合と異なるところはないから，このような場合にも，民事執行法 75 条 1 項，188 条が類推適用される余地があるというべきである。

　しかるところ，本件においては，上記のとおり，Ａがその居住していた本件物件内において死亡し，春から真夏にかけて 4 か月以上もの間遺体が残置され，平成 21 年 8 月 21 日の遺体発見時には腐乱した状態で強烈な異臭を放っていたことが認められ，このような場合には，床や敷物の状況等にもよるが，遺体が残置されていた場所の床が変色したり，床，天井，壁等に異臭が染みついて容易には脱臭できなくなるのが通常であり，それにもかかわらず，その後本件物件内には特に手を加えられた形跡がないというのであって，腐乱死体による床の変色や異臭の床，天井，壁等への残存といった状態が現在も継続しているのであれば，相当広範囲にわたり床，天井，壁紙の貼替え等を要するところであり，それ自体が本件物件の交換価値を低下させる物理的な損傷であるということができる上，たとえ床の変色が当初から存在せず，現在では室内の異臭が解消しているものであるとしても，前記認定によれば，本件物件内に死因不明の前居住者の遺体が長く残置され，腐乱死体となって発見された事実は，周辺住民に広く知れ渡っていることがうかがわれることからすると，本件物件を取得した者が自ら使用することがためらわれることはもちろん，転売するについても買手を捜すのは困難であり，また，買手が現れたとしても，本件のような問題が発生したことを理由にかなり売買価格を減額せざるを得ないことは明らかであるから，本件物件の交換価値は低下したものといわざるを得ず，この

第 1 章　不動産取引における心理的瑕疵　　**199**

ことは，A の死因が自殺，病死又は自然死のいずれであるかにかかわらない
ところである。したがって，本件物件におけるこのような物理的な損傷以外の
状況もまた，本件物件の交換価値を著しく損なうものであり，民事執行法 75
条 1 項にいう『損傷』に該当するということができる。

　そうすると，本件売却許可決定は，民事執行法 75 条 1 項，188 条の類推適
用により，取り消されるべきである。」

〈解説〉

1.　本件は，売却許可決定後に前所有者の腐乱死体を発見したとして，売却許
　可決定の取消しを求めたが，原審（名古屋地決平 21・11・25）では申立ては
　却下されたため，執行抗告を申し立てた事案である。

2.　本件では，平成 21 年 4 月頃に死亡した A の腐乱死体が発見されたのが同
　年 8 月 21 日であったが，一方で，X が入札をしたのは同年 7 月 29 日，売
　却許可決定を受けたのが同年 8 月 12 日であった。

　　そこで，本件においても，①買受申出前に生じた損傷が売却許可決定後に
　判明した場合にも民事執行法 75 条 1 項，188 条の類推適用の余地があるか，
　②物理的損傷ではなく価値的損傷も同項の「損傷」にあたるかが問題となっ
　た。

　　これらについて，本決定は他の多くの決定例と同じく，同条の趣旨が目的
　不動産の交換価値が著しく損なわれた場合に買受人が不測の損害を被ること
　を防ぐ点にあることから，同項の「損傷」には心理的瑕疵のような価値的損
　傷も含むこと，買受の申出前の損傷であっても類推適用の余地があると述べ
　ている。

3.　そのうえで，本決定は，本件の A の死亡が「損傷」にあたるかを判断し
　た。

　　原審では，「補充現況調査資料」によれば A の死因は「病死及び自然死」
　であることが認められ，自殺や殺人であることを認めるに足りうる証拠はな
　いこと，A の死亡の事実が近隣住民の耳目を集めたなどの事情は窺われな
　いことを理由として，申立ては却下された。

これに対し，本決定では，原審と同じくＡの死因は自殺，病死または自然死のいずれであるかは明らかではないとしつつも，そのいずれであっても，死因不明の前居住者の遺体が長く残置され，腐乱死体となって発見された事実は，周辺住民に広く知れ渡っていることが窺われるから，本件物件を取得した者が自ら使用することがためらわれ，また転売するにも買い手を捜すのは困難であり，買い手が現れたとしても，売買価格をかなり減額せざるを得ないから，本件物件の交換価値は低下したとして，「損傷」にあたるとして売却許可決定を取り消した。

4. 原審では，Ａの死因が重視された印象がある。確かに，死因は通常一般人の嫌悪の度合いに影響するので，他の裁判例や決定例においても，瑕疵の認定に際して一つの考慮要素となっている。

　もっとも，本件のように腐乱死体で発見された場合，死因が「病死及び自然死」であったとしても，直ちに「損傷」該当性を否定することにはならない。「腐乱死体であったこと」自体に通常一般人の嫌悪の度合いが相当大きいと思われる上に，腐乱死体による床や壁の変色，異臭の染みつき等，物理的な損傷が生じている可能性もある。

　この結果，本決定が指摘しているように，転売するについても買い手を探すのは困難であるし，転売できたとしても売買価格はかなり減額せざるを得ないことから，民事執行法 75 条 1 項の「損傷」にあたるとして売却許可決定を取り消した本決定はやむを得ない判断であると思われる。

　その一方で，原審の名古屋地裁決定にも共感するところがある。死因が病死または自然死であることが認められる場合にまで，「損傷」概念を広げることには躊躇を覚えるからである。核家族化や単身赴任，そして高齢化による一人暮らしが増えている。その中で，病死後直ちに発見されないことはしばしばあることで，それがたまたま競売物件で発生した場合に，どの程度の期間が経過すれば，民事執行法 75 条 1 項の「損傷」にあたるのか非常に悩ましい問題を突きつけているといえよう。

第1章　不動産取引における心理的瑕疵　　*201*

【47】　東京地判平 25・4・24 判時 2205 号 69 頁

〈事案の概要〉

　東京地裁は，平成 23 年 8 月，本件土地および本件建物（以下，合わせて「本件不動産」という）について担保不動産競売開始決定をした。執行官は，同月に本件不動産の現況調査を行い，評価人も同行して本件建物の立入調査を行った。同年 9 月に執行官は現況調査報告書を，評価人は評価書を，それぞれ提出した。東京地裁は，同年 12 月に本件不動産について，売却基準価額 1,728 万円，買受可能価額 1,382 万 4,000 円などとする期間入札の公告を行った。X は，本件不動産について 1,471 万 9,297 円で買受けの申出をし，東京地裁は平成 24 年 2 月 3 日に売却許可決定をした。X は同年 3 月 9 日代金を納付し，同月 12 日，所有権移転登記手続きを経由した。X 従業員が同月 9 日に本件建物に立ち入り，1 階車庫に駐車されていた本件自動車の後部座席に B の遺体を発見した。捜査の結果，死体検案書では，死亡したのは平成 23 年 3 月上旬頃で硫化水素中毒による自殺と記載されている。そこで，X は，執行官が本件建物内の本件自動車内部の状況を確認すべき注意義務を怠ったなどとして，国家賠償法 1 条 1 項に基づき売却基準価額の 30% 相当額に弁護士費用を加えた 570 万 2,400 円を請求したところ，東京地裁はこれを棄却した。

〈判決の要旨〉

　民事執行手続きにおける現況調査の目的が，執行裁判所に売却条件の確定や物件明細書の作成等のための判断資料を提供するとともに，現況調査報告書の写しを執行裁判所に備え置くなどして一般の閲覧に供することにより，不動産の買受希望者に判断資料を提供することにあることに照らせば，執行官は，執行裁判所に対してはもとより，不動産の買受希望者に対する関係においても，目的不動産の現況をできる限り正確に調査すべき注意義務を負うものと解される。そして，現況調査に対する迅速性の要請や調査実施上の制約が存在することを考慮すると，現況調査報告書の記載内容が目的不動産の実際の状況と異なっても，そのことから直ちに執行官が前記注意義務に違反したと評価するのは

相当ではないが，執行官が現況調査を行うに当たり，通常行うべき調査方法を採らずあるいは調査結果の十分な評価，検討を怠るなど，その調査および判断の過程が合理性を欠き，その結果，現況調査報告書の記載内容と目的不動産の実際の状況との間に看過しがたい相違が生じた場合には，執行官が前記注意義務に違反したものとして，Ｙは，誤った現況調査報告書の記載を信じたために損害を被った者に対し，国家賠償法1条1項に基づく損害賠償の責任を負うものと解するのが相当である（最高裁平成9年7月15日・民集51巻6号2645頁）。

現況調査において執行官が調査すべき事項は，不動産の形状，占有関係その他の現況（民事執行法57条1項）であり，具体的に調査すべき事項は民事執行規則29条1項所定の事項であるところ，同項は，調査の目的物の特定のほか，その占有関係について，占有者の表示および占有の状況を記載することとし，占有者が債務者以外である場合にその権利関係について関係人の陳述等およびこれに対する執行官の意見を記載することとしているから，執行官は，調査の目的物の占有状況について，占有者とその占有の方法および態様について調査すべきであり，占有者が債務者以外である場合には，占有の開始時期等，その占有の態様を調査すべき義務を負うものである。したがって，調査の目的物が建物である場合に，建物内部に自動車が置かれているときは，占有の態様としてこれを調査し，そのことから当該自動車そのものが調査の目的物となるものではなく，自動車内部に存在する動産等により，当該自動車を置いて建物を占有している者を特定する必要があるなど特段の事情がない限り，自動車の内部が当然に調査の対象となるものではない。また，Ｘ提出の現況調査報告書および評価書によると，民事執行手続きにおいて，目的不動産で自殺など人の不自然死が発生したことが判明した場合には，これを現況調査報告書に記載し，その評価に当たりその事実を考慮しているといえるが，対象不動産に対する通常の調査の経過において，人の不自然死の発生ないしその遺体の存在が判明する場合は格別，そうでない場合には，これを疑うべき特段の事情がない限り，民事執行手続きにおける上記のような取扱いから当然に，執行官が，一般的に，現況調査に際し，調査の目的物で自殺など人の不自然死が存在するか否かにつ

いてことさら調査すべき義務を負うとはいえない。

　C執行官が，本件不動産所在地に臨場して調査を行い，本件現況調査報告書を作成したことは前提事実に記載のとおりであり，本件現況調査報告書には，電気やガスの使用状況，本件建物1階車庫を含む各部屋の状況等に関する記載があり，これを踏まえて，本件建物を所有者が居宅（空家）として占有しているとの認定をした旨の記載があるから，C執行官は，民事執行規則29条1項所定の事項を調査して記載したものといえ，本件不動産の現況調査として通常行うべき調査方法を採らないなど，その調査および判断の過程に合理性を欠くことを窺わせる事情は見当たらない。前提事実に記載の事実によると，Xの従業員により本件自動車内でBの遺体が発見されたのが平成24年3月であり，死体検案書の記載によると，Bが死亡したのは平成23年3月上旬頃とされているから，C執行官が，本件不動産の現況調査を行った同年8月には，本件自動車内にBの遺体があったものと推認されるところ，本件現況調査報告書にはその旨の記載がないことも前提事実に記載のとおりであり，C執行官は，本件建物1階車庫において，本件自動車の存在は確認したものの，本件自動車内のBの遺体を発見するには至らなかったものであるため，この点についてさらに検討する。C執行官による本件建物1階の調査について，Yは，本件建物の電気線が切断されて電気が通っていなかったため，車庫入口に設置されているシャッターを外から手作業で80センチメートル程度引き上げて内部に立ち入り，外光により内部の状況を認識したこと，本件自動車が駐車されており，車庫全体の様子が視認できたため，車庫入口付近からフラッシュを使用して写真撮影したが，本件自動車の内部までは確認しなかったこと，車庫の奥に進んだところ，壁の一部に開口部があり，開口部の奥は肉眼での状況確認が困難であったが，フラッシュを使用して写真撮影したところ，鮮明な写真を撮影することができ，開口部奥が物置として使用されていることが判明したことを主張している。本件現況調査報告書によると，本件建物1階車庫には，窓がなく，入口にはシャッターが設置されていることが認められ，同シャッターは電動シャッターであり，C執行官が，本件建物の立入調査を行った際，電気線が切断されて

いたことは前提事実記載のとおりであるから，車庫および物置内部の占有の態様等の占有状況を，シャッターを80センチメートル程度開けたことにより得られる外光とフラッシュを使用して撮影した写真により調査したことが，通常行うべき調査方法とは異なるものということはできないし，本件現況調査報告書の写真番号2，参考資料部分の写真番号6から8によると，本件建物1階車庫および物置の占有状況を認識することができるから，Ｃ執行官がこれ以上に本件建物1階車庫および物置について調査すべきであったということもできない。また，Ｃ執行官が本件自動車の内部を確認しなかったことは当事者間に争いがないが，調査の目的物ではない本件自動車の内部にまで執行官の調査義務が当然に及ぶものではなく，本件自動車について，その内部の調査を必要とする特段の事情があったことは認められないから，本件自動車の内部を確認しなかったことが，通常の調査方法を逸脱するものであるとはいえない。民事執行手続において，目的不動産において自殺など人の不自然死が発生したことが判明した場合には，現況調査報告書にその旨の記載をし，評価に当たりこれを考慮していることは上記のとおりであり，一般に，自殺物件であることは，買受け希望者が買受けの判断をするに際し，その判断資料の一つになるものということはできるとしても，そのことから当然に，現況調査に際し，人の不自然死の有無を調査すべき一般的な義務が生ずるものでないことは上記のとおりである。そして，Ｂの遺体を発見したＸの従業員作成の陳述書によっても，電気線が切断されている状況において，本件建物1階車庫の調査をすれば，本件自動車内のＢの遺体を容易に発見し得る客観的な状況にあったことは窺われないし，本件建物1階車庫内部の状況ないし本件自動車の形状等に自殺ないし遺体の存在を疑わせるような事情が存在したことを示す証拠もない。

　Ｘは，東京地裁管内では自殺など人の不自然死が発生した事例が多く，自動車がガス中毒等による自殺の手段，場所として使われた事例が多いことに加え，本件現況調査報告書において，Ｃ執行官が，相当期間にわたり人が生活していないと思われる空家状態であると認定しており，電気線が切断され，ガスメーターが閉栓状態であり，車庫には本件建物の所有者が日常使用していたと

第1章　不動産取引における心理的瑕疵　　205

思われる本件自動車があり，各階には冷蔵庫，応接セット，ステレオ，テレビ等の生活器具類や衣服，靴等が整然と置かれた状態であるとの記載があることから，本件建物の占有状態は，通常の平穏な状態とはいい難く，本件建物所有者の出奔，行方不明等の事情の存在を窺わせる特別の事情があり，C執行官には本件自動車の内部の状況について目視等による確認をする注意義務が課せられていたと主張する。しかしながら，Xが主張する上記の事情は，本件建物の所有者がC執行官の臨場調査時点において本件建物で生活していなかったことを示す事情にすぎず，所有者が出奔，行方不明であることを示す事情とはいえないし，本件建物内で自殺したことを窺わせるものとは到底いえない。他に，本件建物1階車庫においてBが自殺している可能性を窺わせる特別の事情が存在することについての主張はされていないから，本件建物の現況調査において，C執行官に本件自動車の内部の状況について目視等による確認をすべき注意義務があったということはできない。したがって，C執行官が本件自動車の内部を確認しなかったことをもって，その現況調査について執行官としての注意義務違反があったと認めることはできない。

　以上のとおりであるから，その余の点について判断するまでもなく，Xの請求は理由がないので，これを棄却することとして，主文のとおり判決する。

〈解説〉

　まず，本件判決が引用している最判平9・7・15民集51巻6号2645頁は，執行官が山林の現況調査を行うに当たり，案内を申し出た現地役場職員の指示説明の正確性の検討を怠り，登記所備付の17条地図と現地の状況との照合を十分に行わないなど，通常行うべき調査方法を採らず，また，調査結果の十分な評価，検討を怠り，その結果，現況調査の対象となる土地の特定を誤り，目的不動産の現況をできる限り正確に調査すべき注意義務に違反した事案である。

　本件判決においても，「通常行うべき調査方法を採らず，また，調査結果の十分な評価，検討を怠る」行為であったかどうかを判断しているが，調査目的物が建物であって，遺体が置かれていた自動車そのものではないことから，自

動車内部が当然に調査対象とはならないこと，通常の調査経過において人の不
自然死の存在を疑うべき特段の事情がない限り，その存在の有無についての調
査義務を負わないとしている。

　本件では，特に本件建物の電気線が切断されていたことから，入口のシャッ
ターを引き上げて車庫内部を外光で認識したが，車庫全体の様子を視認でき
ず，自動車内部まで確認しなかったことについて，通常の調査方法を逸脱した
ものではない，などとして執行官の注意義務違反を否定しており，民事執行手
続きにおける迅速性の要請を考慮するとやむを得ない判断と思われる。

② 裁判例の分析

1　民事執行法の手続き内か否か

　競売事例では，冒頭で述べたように，自殺などの心理的瑕疵がある場合に，
まずは民事執行法の手続き内であれば，同法 75 条の類推適用による売却の不
許可の申出あるいは売却許可決定の取消しの申立てをするか，同法 71 条 6 号
があるとして同法 74 条の売却許可決定に対する執行抗告をするか，同法 53 条
による競売手続き自体の取消しの申立てをするか，のいずれかとなる。そのど
れもが難しいとなれば，民法 568 条による債務者あるいは配当を受けた債権者
に対する担保責任の追及か，現況調査をした執行官などの過失があるとして国
家賠償請求をすることになる。

　本節で紹介した 11 例のうち，民事執行法の手続きがなされたのは，【37】
から【44】および【46】の 9 例である。それ以外の【45】は民法の担保責任
に基づく損害賠償請求，【47】は国家賠償請求である。

2 民事執行法の手続きで売却許可決定が否定された事例

まずは，民事執行法の手続きによる9例をみると，心理的瑕疵を理由に売却不許可決定をしたのが【38】，売却許可決定を取り消したのが【37】，【39】，【40】，【43】，【46】で計6例と3分の2にあたり，民事執行法の手続き内において心理的瑕疵の問題が重視されていることがわかる。

逆に，否定された事例をみることにより，売却許可決定が取り消されない理由も理解できるかもしれない。まずは，【41】であるが，競売物件の共有者の一人が自殺した場所が競売物件ではなく，競売物件から200ないし300メートル離れた山林である。本決定では，競売物件内での出来事ではなかったことを主な理由として民事執行法75条1項の取消事由とはならないとしているが，売却許可決定の取消しの申立後に提出された評価人の意見が，「自殺があったことにより評価額を変更する必要性は認められない」との内容であったことも重視していると思われる。

2番目の【42】は代金納付後の事例であるために，同法75条の「損傷」のレベルではなく，同法53条の「滅失」のレベルでなければならないので，買受人の請求が認められる可能性は当初からなかったと思われる。

3番目の【44】は，2年前のビルの1室での放火殺人事件であり，通常の売買であれば心理的瑕疵が認められる可能性はむしろ高いと思われる。ところが，本件建物は都心部の商業ビルで，本件建物の他の階の賃借人が本件事件の発生を原因として他所に転・退去したという形跡はなく，それどころか，本件事件現場の8階部分を事件後に新たに賃借した者がおり，さらに，本件競売においても法人7社，個人2名が入札を申し出ており，しかも，希望した入札額がいずれも最低売却価格（民事執行法の改正により「売却基準価額」となる）を大きく上回るものであったという事情がある。そこで，不動産の交換価値が著しく損傷されたと認めることができないと判断されたものである。

3　民事執行法の手続きによらない訴訟の事例

　なお，民事執行法の手続き外の2例についても，競売で取得した人の請求が否定されているので，ついでにみておく。

　まずは，【45】であるが，競売における担保責任について，改正前の民法570条但書きで競売には瑕疵担保責任の規定が適用されないことを明示しており，改正後の民法568条4項でも契約不適合責任については適用しないと明記されており，そもそも主張自体失当の請求であったといえる。また，【47】も，執行官は裁判所内の同僚でもあるから，裁判官が執行官の注意義務違反による過失を認めることは，まずないであろう。

　以上のとおり，民事執行法の手続きの内外で競売物件を取得した人の請求が否定されたのは，いずれもそれ相応の理由があるというべきである。

4　売却許可が否定された事例

　それでは，売却不許可決定が出されたか，売却許可決定の取消しが認められた6例を検討する。

　第1に，自殺等があったことを踏まえて評価人に再評価をさせたのが【37】，【38】，【39】の3例だが，いずれも対象不動産全体もしくは建物について30％という大幅減の評価をしている。不動産競売では，前述したとおり，裁判所が選任した評価人による評価書が存在するから，自殺等の発覚により同じ評価人に再評価をさせることで，自殺等の事実が対象不動産の価額に及ぼす影響が明らかになる。裁判所としても自ら選任した評価人の評価であるだけに評価書の信用性はより高いと判断する。そこで，自殺等の発覚前よりも大幅な減額が認められた場合には，不動産が大きく損傷したものとして，民事執行法75条の類推適用を認めることになるのである。

　第2に，山間田園地帯などの地域性や地域住民の記憶を重視しているのが

【38】, 【39】, 【40】, 【43】, 【46】の5例である。売買事例においても，都会より地方である場合に地域住民の記憶にいつまでも残っているなどとして，心理的瑕疵を認めることがあった。競売事例では，その傾向がより強く出て，「地域に居住して地域住民と付き合う中で精神的な苦痛を感じたり，現実的な支障が生じる可能性がある」などとして心理的瑕疵を認める方向にあるが，もはや心理的瑕疵というよりも環境的瑕疵といえよう。

　第3に，自殺等からの期間を重視しているのが【39】（9ないし10か月前）と【43】（1年前）の2例である。しかしながら，他の4例は，【37】が約1年半前，【38】が7年前，【40】が4年前，【46】が4か月前と，バラバラである。【38】の7年前の自殺の事例で売却許可決定が取り消されたのに対して，【44】の2年前の放火殺人事件の売却許可決定が維持されたのをみる限り，期間についてはそれほど重視していないと思われる。

　第4に，死因については，自殺が【38】, 【40】, 【43】の3例で，殺人が【37】, 【39】の2例，死因不明の腐乱死体が【46】の1例と様々であり，放火殺人事件の【44】が売却許可決定を維持したのと対比すると，競売手続きにおいて売却許可決定を取り消すか否かについてそれほど意味をなしているとは思えない。

5　競売事例で考慮される特有の事情

　【45】で述べられていることであるが，競売では，買受申出人や買受人が競売不動産の状況を事前に調査することが困難な場合が多く，そのため買受人などにとっては，予期しない心理的瑕疵のある物件を取得するリスクが高い。にもかかわらず，改正前民法570条但書きも，改正民法568条4項も，競売における心理的瑕疵などの契約不適合責任を否定している。競売においては，買受人を犠牲にしてまでも抵当権者などの債権者や不動産所有者などの債務者を保護するために，競売結果の確実性の要請が働いているからである。とはいっても，競売手続きの途中段階であれば，まだ債権者や債務者に対する影響はそれ

ほどないと考えられるので，心理的瑕疵を斟酌することは十分可能である。

そこで，競売手続きのどの段階で心理的瑕疵が発覚されたかが問題となるが，結論を言えば買受人による代金納付の前か後かがポイントである。無論，その前の売却許可決定より前であれば，【38】のように売却不許可決定ですますことができる。売却許可決定が出た後でも，代金納付前であれば，【37】，【39】，【40】，【43】，【46】の５例にみられるとおり，売却許可決定を取り消している。逆に，代金納付後の【42】は，売却許可決定の取消しも競売手続きの取消しも否定している。そして，前記民法の規定から，【45】のとおり契約不適合責任は否定され，また【47】の事例のように国家賠償責任の追及も困難である。

以上からすると，不動産競売事件において自殺等の心理的瑕疵が発覚した場合に，代金納付以前であれば，売却不許可決定もしくは売却許可決定の取消しが認められる可能性が高い反面，代金納付後は救済の道がほぼないことになる。そうであるだけに，代金納付前に近隣を含むできるだけの調査が重要である。

第５節　各事例間の心理的瑕疵の損害賠償額についての不統一性などへの批判

　第２節から第４節にかけて，心理的瑕疵に関する売買および賃貸借の裁判例ならびに競売に関する裁判例をみてきた。この３つの類型について，裁判所として必ずしも統一的に考察されてはいないように思われる。

　売買も競売も，有償で所有権が移転されるという意味では同じであり，ただそれが任意的か強制的かの違いにすぎない。もっとも，競売については手続きの確実性と迅速性の要請があり，時価と比べ元々の評価が低いうえに，心理的瑕疵が発覚した場合には，売却基準価格（以前の最低売却価格）が大幅減となる。実際にも，【37】，【38】，【39】の３例は，いずれも対象不動産全体もしくは建物について30％減の評価をしている。

　これに対して，任意の売買事例で損害賠償として認められた15例のうち，金額が判明しない【8】を除く14例の売買代金に対する損害賠償額の割合は，【2】が約13％，【3】が約31％，【4】が20％，【6】が25％，【9】が約5％，【11】が約1％，【12】が20％，【13】が6％，【14】が20％，【15】が約14％，【16】が1％，【17】が10％，【18】が約4％，【20】が約2％である。30％以上が【3】の１例にとどまり，20％以上30％未満が【4】，【6】，【12】，【14】の４例，10％以上20％未満が【2】，【15】，【17】の３例に対し，10％未満が【9】，【11】，【13】，【16】，【18】，【20】の６例である。相当にばらついているものの，10％未満が最大多数派を占めており，競売事例の30％評価減と比べても，明らかに低く抑えられている。

　賃貸事例のうち賃貸人の責任が認められた唯一の事例である【23】は，賃料で換算すると約12か月である。その内訳は，賃貸保証料，礼金，賃料，引

越料，エアコン工事代金，慰謝料，弁護士費用などである。特に，賃貸人の悪質さから慰謝料として30万円の支払いを命じたことが目立っている。

賃貸人から自殺者等の相続人や保証人に対する損害賠償については，賃貸事例の裁判例の分析でも述べたように，少なくとも逸失利益に関しては，従前の賃料に対し1年分の賃貸不能期間と2年分の賃料半減期間として中間利息を控除した金額，言い換えると，従前の賃料の2年分以下の支払いを認める方向でほぼ固まったといえる。もう1つの損害賠償の柱である原状回復費用については，発見されるまでの日数の経過による腐乱状態等の事情で大きく変わり得るので，文字どおりケースバイケースである。

ところで，不動産鑑定士の世界では，不動産を評価するに当たり，数年間の収益価格と数年後の処分価格から現在価値に引き戻すＤＣＦ法が主流となっており，それは言い換えると，売買価格と収益である賃料とは裏腹の関係にあるということを意味すると思われる。

そこで，特にテナントビルや賃貸マンション全体の中の1室で自殺等の事件が発生した場合に，賃貸事例でほぼ固まった2年弱の賃料相当分の逸失利益による不動産評価の減価分とはどの程度のものであろうか。ビルの大きさや規模にもよるが，その減価はそれほどのものではなかろう。であるとすれば，競売事例の30％とまではいかないにしても，売買事例における売買代金に対する損害賠償額の割合はなお高すぎると思われる。

賃借人や入居者が殺人の被害者となった場合に，賃貸人がその相続人や保証人に対して責任を追及しようものならば，社会的非難を浴びることは必定であろう。彼らは同情こそされ，非難されるいわれが全くないからである。では，賃貸物件で病気による孤独死を迎えたときに，たまたま発見が数日遅れて腐乱死体として発見された場合に，賃借人には責任があるであろうか。私はないと思うが，そうであれば，賃借人の相続人も保証人も責任を問われないはずであるが，【34】では逸失利益と原状回復費用として，保証人に対し賃料7万円の113か月分に相当する791万円余りの支払いを命じている。生きとし生けるものは，必ずいつかは死すべき運命にあるのに，これでは自宅で安らかに死ぬこ

とさえできない。

また，自殺についても，【35】の賃借人は精神的な病気で通院中に精神薬を大量服用して死亡しており，これはもはや病死である。いや，精神病に限らず自殺をするということ自体，様々なストレスに晒されて追い込まれた結果であるから，すべからく病死といえなくもない。

人の死は確かに痛ましいものであるが，これらの出来事によって，裁判所が売買価格について必要以上の減価をして買主に対し過大な損害賠償額を認めることは，死の尊厳に対する冒とくであり，不動産取引の円滑化にとっても決して好ましいことではないと思われる。

2章

心理的瑕疵物件の賃貸・売買市場の実態

① はじめに

「心理的瑕疵物件」とは，自殺や殺人事件等が発生したマンションや戸建住宅等で，借り手や買い手が忌み嫌い敬遠する物件をいい，昨今，新聞等でしばしば報じられている孤独死や孤立死も含まれる。

これは，現在のわが国の社会状況と深い関係がある。わが国の自殺者数はいまや年間 2.5 万人を超え，多くの人が複雑な社会環境に悩んでいる。また，核家族化が進み，独居老人が多くなった都会では，最近，孤独死が頻繁に発生するようになった。孤独死の多くが高齢の独居老人であり，その人たちの多くは生活に困窮して生活保護を受けている。これは現在の大都会の病理現象であるともいえよう。

本章では，これら心理的瑕疵物件が市場でどのように取引されているかを賃貸物件と売買物件に分けてみていきたい。

なお，孤独死と孤立死の違いは，東京都監察医務院によると次のとおりである（『東京都 23 区における孤独死の実態（平成 22 年 12 月 9 日）』より）。

- ・孤独死……死亡者を亡くなった場所（病院，自宅，その他の場所）および亡くなった時点での診断あるいは疑われる死因（病死，自殺，事故死，死因不明）で区分する。亡くなった時点で病死の場合は自然死であるが，自殺，事故死，死因不明は「異状死」である。「異状死」のうち，自宅で死亡した一人暮らしを「孤独死」という。
- ・孤立死……社会から孤立した結果，死後長期間放置された事例をいう。

② 心理的瑕疵のある賃貸物件

筆者は，平成 25 年 5 月に，関西地区の公的団体と民間業者に心理的瑕疵のある賃貸物件をどのように取り扱っているかをヒアリング調査したので，その

概要を紹介しよう。

《公的団体 (A)》

①　管理戸数……約 21 万戸

②　心理的瑕疵のある賃貸物件……約 100 件。最近，頻繁に発生するようになった。

③　死亡原因……ほとんどは病死であるが，自殺もある。

④　賃貸不可能な期間……死亡後半年程度は空けておくことが多い。死臭がひどくて賃貸できない物件もある。

⑤　再募集の条件……1 年間は家賃を半額とする。外国人でも入居可能。

⑥　賃貸の重要事項説明……重要事項説明の際に，「当住戸は死亡した人の住戸である」ことを言うが，死亡時期や死亡原因についての詳しい説明はしない。

⑦　顧客の反応……家賃が安い理由を承知で入居を希望する人がいる。

⑧　賃貸期間 1 年経過後の取扱い

・継続して入居を希望する場合は，家賃を本来の金額に戻す。

・賃借人が退去し，新たに募集する場合には，心理的瑕疵の内容を説明しない。賃貸料は，本来の金額である。

《公的団体 (B)》

①　管理戸数……約 2 万戸

②　心理的瑕疵のある賃貸物件……約 20 件。家賃補助制度のある高齢者住宅の単身者で発生するケースが多い。

③　死亡原因……60 歳〜70 歳の高齢者の病死が圧倒的に多い。

④　賃貸不可能な期間……死亡後 6 か月〜1 年間は空けておく。

⑤　再募集の条件……2 年間は家賃を半額とする。外国人でも居住権があれば入居可能。

⑥　賃貸の重要事項説明……口頭で死亡理由を説明する。

《公的団体・特別募集》（一部抜粋） （単位：円）

事例	所在地	間取り	本来家賃	割引家賃	割引率（%）	共益費
1	茨木市	3K	55,900	27,950	50	2,040
2	豊中市	4K	88,900	44,450	50	2,120
3	豊中市	2DK	65,700	32,850	50	3,100
4	高槻市	3DK	74,400	37,200	50	3,250
5	大阪市	2DK	51,500	25,750	50	3,100
6	泉大津市	2K	37,000	18,500	50	2,130
7	富田林市	3K	45,000	22,500	50	1,740
8	奈良市	2DK	43,500	21,750	50	2,800
9	八幡市	2DK	44,600	22,300	50	2,300
10	大津市	3DK	49,600	24,800	50	3,330

⑦　顧客の反応……以前は空室のまま放置していたが，最近になって事故件数が増えてきたので，内装をやり直し，再募集したところ，ある程度の反応がある。

⑧　賃貸期間2年経過後の取扱い
- ・継続賃貸の場合は，家賃を本来の金額に戻す。
- ・2年が経過すれば事故物件の取扱いをしない（重要事項説明でもしないし，家賃も減額しない）。

《大手賃貸管理業者》

①　管理戸数……約5,000戸
②　発生件数（事件発生から1週間後くらいに発見される）
- ・自　殺……年間2件程度
- ・孤独死……年間5件程度
③　死亡原因……高齢の単身者の孤独死が多い。
④　賃貸不可能な期間……死亡後半年程度は空けておく。

⑤　再募集の条件

・自殺の場合……3年間は家賃を半額にする。

・孤独死の場合……家賃を8割程度とし，礼金を割り引く（通常の7割程度）。

⑥　賃貸の重要事項説明

・自殺の場合……重要事項説明書に記載し，顧客に説明する。

・孤独死の場合……重要事項説明の際に口頭で説明する。

⑦　顧客の反応……低額の家賃を求めている借り手がいる。最近では単身者やシングルマザーが増えており，かれらが顧客層である。

《中小賃貸業者》

長く宅建業に携わっていても，殺人事件や自殺等の事案には滅多にあわないし，このような物件の仲介等の取引には関与したくないという業者が多い。

殺人事件や自殺等の事案の背景には複雑な家庭環境や対人関係があることが多く，営業として関わりたくないという気持ちが強くあるようだ。

一方，孤独死については，高齢の単身者が賃貸アパートに多く住んでいることもあり，近年，近親者に看取られないまま病死するケースが増えている。

近親者がいない場合は，賃貸業者は市役所の手続き，寺の供養などを引き受けざるを得ないことがあるという。

地方の出身者の中には，お骨を引き取りに来ないこともあるといい，無縁社会を垣間見る思いである。

このような孤独死は今日の大都会ではよくあることであり，心理的瑕疵という範疇に入らないのではないかという業者もいる。これらの業者は，新たな賃借人の募集や契約時に事情を告知しないという。

自殺後長期間放置され白骨化していたとか，死臭が漂っていたとかについては，新たな賃借人に告知する義務があるが，身寄りのない孤独死の場合は，前述のように説明義務がないという業者もいる。

しかし，現在の取引慣行を考慮すれば，事故発生から3年間くらいは，重要

事項説明に際して口頭であっても説明する必要があるのではなかろうか。

③ 心理的瑕疵のある売買物件

1 一次流通（物件買取り業者）市場

　売買では，賃貸とは明らかに異なり，心理的瑕疵が取引に強く影響する。

　心理的瑕疵物件の流通市場はなかなか表面化しないが，一次流通と二次流通の仕組みがあるようである。

　一次流通は，特定の業者が心理的瑕疵物件を直接買い取るか，または特定の業者を対象に任意売却をしたり，心理的瑕疵物件の取扱い業者に仲介する市場であり，競売で落札する者もこのような特定の業者である。

　一次流通は，エンドユーザーの一般顧客を相手にしない，いわば闇のルートであり，これを市場といえるかどうかは疑問である。

　それに対し，二次流通は，買取り業者から一般顧客に広く売却される市場（オープンマーケット）であり，これは明らかに取引市場といえる。

　心理的瑕疵物件の中には，自殺や焼死もあれば，孤独死もある。独居で自殺した場合には発見が遅れてしまい，家中に死臭が染みつき，およそ住める状態ではなく，建物が取り壊されるケースが多い。また，火災で死亡した場合には，当然に更地にされる。

　当該地域では長くその事件が記憶されて忌み嫌われ，その物件の購入が敬遠される。

　また，このような事案では，死亡した人の借財が残っていることが多いため，競売で特定の業者が落札したり，任意売却で特定の業者が買い取ることになる。

　しかし，業者の買取り価格の実態を把握するのは難しい。

　心理的瑕疵の程度，物件の立地，周辺の環境等にもよるが，市場価格の3割

から５割程度であり，新聞等に報道される殺人事件のように心理的瑕疵の著しい物件は３割程度で，そうでない物件は５割程度のようである。

相当の期間，保有しなければならないリスクを業者は抱えることになるが，自殺や焼死物件であっても，時価の５割以下で買い取れば幾分かの利益が得られるというのが，業者の一致した見方である。

また，心理的瑕疵物件が駅前商業地にある場合と住宅地内にある場合とでは条件が異なる。

駅前商業地の場合には駐車場として暫定利用をすることもできるし，また店舗を建設して賃貸することもできる。しかし，住宅地内にある場合は，駐車場として利用することができるかもしれないが，建物は居住用しか建てられないので，業者は保有リスクを覚悟しなければならない。

なお，同じ自殺であっても，後述の【事例11】のように，うつ病が原因で家人が速やかに発見したような場合には，業者が買い取らずに，故人の親族が二次流通市場に売りに出す場合もある。

2　二次流通（一般顧客）市場

二次流通市場は，業者が一般の顧客に供給する市場である。

従来は，前述のように，特定の業者が自殺や焼死物件を相当に減額して取得し，暫定利用するケースが多かったが，最近では，一般顧客を対象にインターネットで「訳あり物件」とか「事故物件」として仲介する業者が現れてきた。

二次流通市場に提供される物件は一次流通市場で業者が買い取った物件が多いが，心理的瑕疵の程度が軽い物件は親族等が仲介に出す場合もある。

後述の【事例1】，【事例2】，【事例4】，【事例5】，【事例6】などは業者が買い取り，建物を取り壊して更地にして二次流通市場に提供している物件であり，事故発生時点を見ると，13年前とか，6年前，5年前とあるように相当経年しても未だ売却されていない。これは売出し価格の問題ではなく，心理的瑕疵が強く影響していると見るべきである。

これに対し，【事例11】は自殺物件であるが，築年数が浅く，故人の親族が売りに出したものであり，1年足らずして成約に至ったようである。詳しい自殺内容はわからないが，6割程度減額されていることもあるが，心理的瑕疵の程度が強く影響していないからだと見ることができよう。

【事例12】は売買成立価格であるが，それ以外は売出し希望価格であり，未だ成約に至っていない。

売出し価格は保有する業者の希望価格であって，実際に成約する価格はこれより下回ることは確かであり，通常の仲介物件では，成約価格は売出し希望価格の9割程度といわれている。

しかし，心理的瑕疵のある物件は，売出し希望価格に心理的瑕疵の程度が売買に影響する。自殺や他殺の事情が地域の住人に広く知られ忌み嫌われるような場合には，【事例2】のように，売出し希望価格が時価の25％程度であっても買い手が現れない。

売出し希望価格をみると，減価率が時価相場の20％〜75％と幅があるが，大体4割から5割程度である。時価相場は，周辺の取引事例価格や公示価格を参考に算出したものである。

次ページの表を見ると，自殺や火災で死亡したような心理的瑕疵の重い物件は，売出し希望価格を下げて，相当経年しても未だ売買されずに敬遠されている実態がわかる。

以下，各事例について簡単に説明する。

【事例1】 13年前に自殺した物件であり，売出し希望価格が半値以下（△60％）であっても買い手がつかない。建物は取り壊されて業者が更地で所有していると思われる。一般顧客を対象に売りに出されているが，地方では心理的瑕疵，特に自殺等は強く意識されるといえよう。

【事例2】 6年前に火災で死亡した物件である。建物は取り壊されて業者が更地で所有していると思われる。売出し希望価格は時価の75％減

第2章　心理的瑕疵物件の賃貸・売買市場の実態　　*223*

《心理的瑕疵物件の売出し価格と減価率》

事例	種　別	所　在	規　模	売出し価格 （千円）	瑕疵要因	減価率 （％）
1	更　地	岡山県 浅口市	土地219㎡	3,400	13年前自殺	60
2	更　地	神奈川県 横須賀市	土地123㎡	2,900	火災で2名死亡 （平成19年）	75
3	マンション	兵庫県 神戸市	専有45㎡	3,200	自殺 （平成22年）	55
4	更　地	埼玉県 春日部市	土地106㎡	5,500	死亡事故 （詳細不明）	36
5	更　地	東京都 八王子市	土地138㎡	13,500	死亡事故 （詳細不明）	25
6	更　地	東京都 墨田区	土地38㎡	5,000	火災で死亡 （平成18年）	56
7	更　地	埼玉県 三郷市	土地148㎡	13,900	一酸化中毒で死亡 （平成24年）	20
8	戸　建	埼玉県 さいたま市	土地69㎡	19,800	前の建物で自殺 （再築）	45
9	更　地	埼玉県 春日部市	土地74㎡	3,800	死亡事故 （詳細不明）	40
10	戸　建	奈良県 奈良市	土地85㎡ 建物48㎡	3,500	自殺（建物込） （平成25年）	60
11	戸　建	奈良県 橿原市	土地145㎡ 建物104㎡	11,000	自殺（建物込） （平成25年）	50
12	戸　建	大阪府 東大阪市	土地53㎡ 建物不詳	3,000	孤独死（建物込） （平成21年）	50
13	土　地	奈良県 生駒市	土地200㎡	12,800	焼死（独居） （平成19年）	25

　　という破格の値段であるが，周辺は戸建住宅地域であるので，一
　般顧客は敬遠しているものと思われる。

【事例3】　マンションの自殺物件である。半値程度で一般顧客市場に売りに
　　出されている。事件から3年程度経過しているが，なかなか買い
　　手が現れない。中古マンションは周辺に数多くあるので，敬遠さ

れているようである。

【事例4】 死亡事故の詳細は不明である。建物は取り壊されて更地となり，業者が保有していると思われる。時価の6割程度で一般顧客市場に売りに出されている。最寄駅に比較的近く，周囲は中小規模の戸建住宅やマンション，店舗等が存する地域である。実際の売買成立価格は時価の5割程度であろうか。

【事例5】 死亡事故の詳細は不明である。建物は取り壊されて更地となっている。時価の7割程度で一般顧客市場に売りに出されている。最寄駅に近く，周囲は戸建住宅，マンション等が立ち並ぶ地域である。死亡事故の内容にもよるが，他の事例に比べ，売出し希望価格が高い。市街地であり，一般顧客は心理的瑕疵の影響をあまり意識しないのであろうか。

【事例6】 住宅やマンション等が混在している都内の準工地域である。周辺の公示価格は坪100万円程度であるが，火災による死亡原因が強く影響して売出し希望価格は約半値である。火災から7年程度経過しているが，取引に至っていない。心理的瑕疵の程度が強く，敬遠されていると思われる。

【事例7】 周辺はマンションや店舗等が混在している地域であり，ミニ開発地である。売出し希望価格が時価の△20％程度の減価であるのは，周辺が混在地域で用途の多様性があることや，心理的瑕疵の程度が自殺や殺人ではなく，事故の影響が弱いからではないかと思われる。

【事例8】 本件は，自殺があった建物を業者が取得して取り壊し，新しく建物を建設して販売したものである。売出し希望価格は1,980万円であるが，建物価格を1,500万円と査定して土地価格を算定した。通常の建売価格と比較して，土地で半値，総額で時価の△20％程度低い販売価格となっている。

【事例9】 周辺は住宅や店舗等が混在している準工地域である。死亡事故の

第2章　心理的瑕疵物件の賃貸・売買市場の実態　　*225*

詳細は不明であるが，業者が買い取り，更地としたものであろうと考えられる。事故内容にもよるが，実際の取引価格はさらに下がるのではないか。

【事例10】　本件は，戸建住宅地域内の自殺事案である。特定の業者が買い取り，心理的瑕疵物件や任意売却を専門とする業者に入札が実施された物件である。取引業者の実際の取引価格は不明であり，表中の金額は推定によるものである。これには，建物の取壊し費用約100万円相当（建物内の残置物処理費用等を含む）を含む。本物件の最初の取得者の取得金額は不明であるが，精通者によると，市場価格の3割程度ではないかと思われる。ある程度の期間，業者が保有し，二次流通市場に売り出すものと思われる。

【事例11】　本件は，家族が自殺し，その子供が売主となって一般顧客に売却した物件であり，住宅地域に存する。平成10年建築で新築間もない。売出し希望価格は建物込みで時価相場の半値（減価率50%）であり，建物価格はほとんど含まれていない。売出し希望価格に近い価格で売買が成約した。仲介担当者によれば，買い主（個人）は心理的瑕疵を気にしていないという。なお，買い主の購入後の利用は不明である。

【事例12】　本件は孤独死であり，相続した娘が売却を依頼した。周辺は中小規模の戸建住宅が立ち並ぶ地域である。一般顧客が建物の取壊し費用込みで時価相場の5割程度（300万円）で購入した。

【事例13】　本件は，約6年前に独居男性が焼死した物件であり，建物はなく更地である。売出し希望価格は時価相場の75%程度である。周辺は区画整然とした閑静な住宅地域である。心理的瑕疵で敬遠されているのか，あるいは心理的瑕疵があるにしては売出し希望価格が高いのか，数年経ても未だ売却できていない。

④ まとめ

　上記のように，心理的瑕疵物件は賃貸物件と売買物件に区分されるが，昨今は孤独死などが増えていることもあってか，一般顧客が賃貸物件を敬遠する心理はさほど強くない。

　賃貸物件は一時的に居住するものであり，永住するという考えがないということや，孤独死のほとんどが高齢の単身者の病死であり，今日の社会状況では止むを得ない事象と捉えているからであろうか，家賃を半額程度に減額すれば抵抗感がないようである。

　また，前述のように，孤独死を心理的瑕疵として特別視する必要はないのではないか，という宅建業者もいる。

　現に公的団体の賃貸住宅では，半額割引は1年間で，2年目以降の家賃は定価に戻す，また，新しい賃借人には特別な説明もしないとしている。これらの対応は，現在の社会状況を反映しているといえよう。

　一方，心理的瑕疵のある売買物件は，顧客の反応が賃貸物件と明らかに異なる。売買物件は，高齢者の病死という事案もあるが，多くは自殺や焼死事案である。これらの事案の背景には複雑な家族関係があるので，これらの事情が取引に色濃く影響する。

　建物が新築間もない自殺物件の場合には，建物を取り壊さずに取引されるケースがある。また，建物込みで時価相場の半値程度に減額されて取引される場合がある。

　また，殺人事件とか事件性の強い物件は，建物が取り壊されて更地で売りに出されるのが通常であるが，このような場合は一般顧客には敬遠され，売出し希望価格をいくら下げても売れない。このような場合には，前述したように，一次流通市場で特定の業者が所有して駐車場等として暫定利用することが多い。

　心理的瑕疵というのは，あくまでも購入者の感情の問題であるので，社会情

第2章　心理的瑕疵物件の賃貸・売買市場の実態　　*227*

勢の変化とともに受け止め方は変化していくものである。

　前掲の【事例11】で紹介したように，建物が新築同然であって，売出し希望価格が時価のほぼ半額（土地価格程度）であれば，その利用方法は不明であるが購入者が現れるのである。

　仲介業者も，心理的瑕疵物件を購入するかどうかの基準は，物件の立地等の条件や事件の内容にもよるが，時価の半値程度であれば利益を得ることができると思っているようである。

参考資料(1)　心理的瑕疵物件一覧（東京都）　　（「大島てる一覧表」より抜粋）

符号	所在地	発生時期	居住形態	事故内容
1	中央区入船	平成 24 年 2 月	マンション	火災により死亡
2	中央区勝どき	平成 24 年 1 月	マンション	火災により死亡
3	中央区勝どき	平成 22 年 5 月	マンション	飛び降り自殺
4	中央区日本橋	平成 23 年 5 月	マンション	自　殺
5	港区六本木	平成 20 年 4 月	マンション	首つり自殺
6	港区青山	平成 21 年 11 月	マンション	刺　殺
7	港区台場	平成 22 年 7 月	マンション	絞　殺
8	港区東新橋	平成 21 年 5 月	マンション	自　殺
9	港区南青山	平成 24 年 6 月	事務所ビル	首つり自殺
10	港区海岸	平成 23 年 3 月	マンション	火災により死亡
11	港区白金台	平成 22 年 2 月	マンション	火災により死亡
12	港区芝	平成 24 年 12 月	マンション	刺　殺
13	新宿区上落合	平成 21 年 1 月	マンション	火災により死亡
14	新宿区下落合	平成 23 年 1 月	戸建住宅	火災により死亡
15	新宿区中井	平成 22 年 6 月	マンション	首つり自殺
16	新宿区余丁町	平成 21 年 5 月	マンション	火災により死亡
17	新宿区北新宿	平成 22 年 5 月	マンション	自　殺
18	新宿区大久保	平成 23 年 11 月	マンション	火災により死亡
19	文京区千駄木	平成 25 年 1 月	戸建住宅	火災のより死亡
20	文京区小日向	平成 24 年 5 月	戸建住宅	火災により死亡
21	文京区小石川	平成 20 年 3 月	戸建住宅	刺　殺
22	台東区今戸	平成 23 年 7 月	マンション	自　殺
23	台東区東浅草	平成 23 年 1 月	戸建住宅	一酸化炭素中毒死
24	台東区根岸	平成 24 年 3 月	戸建住宅	火災により死亡
25	墨田区吾妻橋	平成 22 年 12 月	マンション	首つり自殺

注 (1)　物件は，「大島学」が運営するインターネットサイト「大島てる事故物件」
　　　　および販売物「大島てる一覧表」から抜粋し編集したものである。
　　(2)　所在，発生時期および事故内容については，上記の資料を転載した。記載内
　　　　容は，運営者により調査されているとのことであるが，実際と異なる場合があ
　　　　る。
　　(3)　居住形態については，上記のサイトおよび販売物には記載がなく，筆者が物
　　　　件表示を推察して分類したもので，実際と異なることがある。

第2章　心理的瑕疵物件の賃貸・売買市場の実態　　*229*

参考資料(2)　心理的瑕疵物件一覧（近畿圏）　　（「大島てる一覧表」より抜粋）

符号	所在地	発生時期	居住形態	事故内容
1	枚方市東船橋	平成24年12月	戸建住宅	母親が子供を殺害
2	枚方市南樟葉	平成24年8月	マンション	自宅マンションから飛び降り自殺
3	枚方市新之栄町	平成23年1月	戸建住宅	火災により死亡
4	交野市梅ヶ枝	平成23年7月	マンション	火災により死亡
5	枚方市東田宮	平成22年4月	マンション	息子が父親を殺害
6	高槻市登町	平成24年10月	戸建住宅	自　殺
7	寝屋川市松屋町	平成16年	マンション	火災により2人死亡
8	寝屋川市萱島信和町	平成24年3月	戸建住宅	火災により死亡
9	寝屋川市萱島東	平成22年3月	戸建住宅	母親が娘を絞殺
10	守口市大久保町	平成24年2月	戸建住宅	無理心中
11	門真市深田町	平成24年10月	戸建住宅	薬品による殺人
12	門真市元町	平成22年9月	戸建住宅	変死事件
13	大阪市城東区	平成19年	戸建住宅	火災により死亡
14	大阪市東淀川区	平成23年9月	賃貸住宅	火災により死亡
15	吹田市日の出町	平成22年10月	賃貸住宅	殺人（騒音トラブル）
16	大阪市鶴見区	平成15年頃	マンション	飛び降り自殺
17	大阪市鶴見区	平成15年頃	マンション	自　殺
18	大阪市城東区	平成18年9月	戸建住宅	火災により死亡
19	大阪市城東区	平成22年1月	戸建住宅	火災により死亡
20	大阪市城東区	平成20年6月	マンション	自　殺
21	大阪市東成区	平成20年3月	マンション	殺　人
22	大阪市東成区	平成24年9月	マンション	火災により死亡
23	大阪府東大阪市	平成25年3月	マンション	火災により死亡
24	大阪市東大阪市	平成24年8月	戸建住宅	火災により2名死亡
25	大阪府八尾市	平成20年3月	戸建住宅	自　殺

（注）　前同。

参考資料(3)　東京都23区における性・年齢階級別の孤独死数（平成29年）（東京都監察医務院）

年　齢	総　数	男　性　（人）			女　性　（人）		
		単身世帯	複数世帯	小　計	単身世帯	複数世帯	小　計
総　数	7,481 (7,734)	3,325 (3,057)	1,562 (1,821)	4,887 (4,878)	1,452 (1,415)	1,142 (1,441)	2,594 (2,856)
15歳未満	12	—	6	6	—	6	6
15～19歳	18	1	11	12	2	4	6
20～24歳	68	28	16	44	17	7	24
25～29歳	76	36	15	51	20	5	25
30～34歳	87	42	18	60	13	14	27
35～39歳	126	55	28	83	25	18	43
40～44歳	178	79	47	126	22	30	52
45～49歳	290	153	73	226	31	33	64
50～54歳	362	204	73	277	43	42	85
55～59歳	421	254	84	338	48	35	83
60～64歳	507	326	76	402	59	46	105
65～69歳	982	617	153	770	123	89	212
70～74歳	960	550	182	732	132	96	228
75～79歳	979	421	204	625	204	150	354
80～84歳	1,090	329	249	578	293	219	512
85歳以上	1,325	230	327	557	420	348	768
(再掲)							
0～14歳	12	—	6	6	—	6	6
15～64歳	2,133	1,178	441	1,619	280	234	514
65歳以上	5,336 (5,061)	2,147 (1,602)	1,115 (1,240)	3,262 (2,842)	1,172 (1,125)	902 (1,094)	2,074 (2,219)
15歳以上	7,469 (7,699)	3,325 (3,057)	1,556 (1,803)	4,881 (4,860)	1,452 (1,415)	1,136 (1,424)	2,588 (2,839)

（注）　（　）内は平成24年の人数。

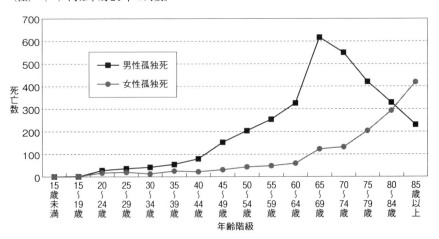

第**3**章 心理的瑕疵による
減価率の査定手法

① はじめに

心理的瑕疵にかかる不動産の減価については，案件の個別性が著しく定量分析が困難である。

本章では，心理的瑕疵による不動産の減価があるのかないのか，あるとしたらその判断基準はいかなるものかを裁判例から導きだし，かつ，土地評価における心理的要因による減価率について4つの手法からアプローチを試みる。

② 心理的要因は不動産の減価となり得るか否か

1 瑕疵担保責任と不動産売買

(1) 瑕疵担保責任の意義

瑕疵担保責任とは，売買の目的物に隠れたる瑕疵がある場合に，買主はその瑕疵の存在によって契約の目的を達し得ないときには，契約を解除し，かつ損害の賠償を，契約の目的を達し得ないとまではいえないときには，損害の賠償のみを請求できることを内容とする売主の契約上の責任をいう（民法566条，570条）（2019年5月現在で施行されている民法による。以下，同じ）。

「隠れたる瑕疵」の「隠れたる」とは，売買契約時に買主が瑕疵の存在を知らず（善意），かつ瑕疵の存在を知らないことについて過失がなかった（無過失）ことである。また，「無過失」であるとは，取引上要求される一般的な注意（社会通念上，買主に期待される通常の注意）をもってしても発見できなかったことをいう。

瑕疵担保責任に「隠れたる瑕疵」であることが要求されるのは，隠れていない瑕疵であれば，それが売買価格に反映され，既に等価的均衡が保たれている

と考えられることから，これを買主の負担とするのが均衡であり，また瑕疵が隠れたものであるときは，それは売買価格に反映されておらず，等価的均衡が崩れることから売主の負担とするのが衡平であるからである。

(2) 法的性質

法定責任説と契約責任説がある。

(ア) 法定責任説（通説，判例）

不動産のような特定物の売買にあっては，売主は当該特定した目的物を引き渡せば，その目的物に瑕疵があっても債務の履行を完了したことになるとし，ただ目的物に瑕疵（欠陥）があると売買における等価的均衡が崩れることになるから，売買という有償契約における等価的均衡の要請に根差す衡平と取引の信頼を保護するために法律によって特に定められた売主の無過失責任であるとする説である。

(イ) 契約責任説（近年の有力説）

特定物の売買であっても目的物に瑕疵があるような場合は，売主は，その引渡しによって履行を完了したことにならず，売主に債務不履行責任が生じ，瑕疵担保責任の規定は売買の場合の債務不履行責任の特則であるとする説である。

(3) 「瑕疵」の定義

「物の給付を目的とする契約において，物の瑕疵とは，その物が備えるべき性能，品質，数量を備えていない等，当事者の合意，契約の趣旨および性質（有償，無償等）に照らして，給付された物が契約に適合しないことをいう。」（債権法改正の基本方針【3.1.1.05】）

(4) 「瑕疵」の種類

「瑕疵とは，その物が通常有する性質を欠くことをいうが，それは目的物の物理的，物質的または法律的な客観的不完全さのみならず，思想的，感情的な

心理的不完全さをも包含する。」(東京地裁八王子支部昭和54年7月26日判決)

(ア) 物理的瑕疵

建物であれば雨漏,白蟻被害,不等沈下による建物の不具合,土地であれば地中埋設物,土壌汚染等が例として掲げられる。

(イ) 法律的瑕疵

建築基準法違反建築物,公法上の制限の存在等により利用目的が達成できない場合。

(ウ) 環境的瑕疵

日照,眺望阻害,騒音,振動等の環境によるもの。

(エ) 心理的瑕疵

自殺,殺人事件,暴力団事務所の存在等によるもの。

2　心理的瑕疵における不動産の減価

前述のとおり,瑕疵には物理的,法律的,環境的,心理的瑕疵があるが,このうち心理的瑕疵については,殺人事件の他,建物の内部で縊首自殺があったなど,目的物にまつわる嫌悪すべき歴史的背景に起因する心理的欠陥も,建物として通常有すべき住み心地の良さを欠くものとして,瑕疵となる(大阪高裁昭和37年6月21日判決,横浜地裁平成元年9月7日判決)。

また,「目的物の通常の用法に従って利用することが心理的に妨げられるような主観的な欠陥をも含む」としている(東京地裁平成21年6月26日判決)。

「第2章　心理的瑕疵物件の賃貸・売買市場の実態」で前述されているとおり,不動産の交換価値は,たとえば建物であれば再調達原価から物理的・機能的減価を控除して求めた物理的な価値のみで決定されるものではない。心理的な欠陥は購買意欲を減退せしめる。自殺,殺人事件のみならず,隣人の脅迫的言辞によって事実上建物建築が制限されることについても,「宅地としての効用を物理的又は心理的に著しく減退させ,その価値を減ずるであろうことは,社会通念に照らして容易に推測される」として,瑕疵と認めている(東京地裁

第3章　心理的瑕疵による減価率の査定手法　　*235*

平成19年12月25日判決)。

　そこで，心理的瑕疵に係る裁判例を収集し，以下の表の如くまとめた。

　なお，まとめ方としては，①売買の目的物（土地と家屋，土地のみ），②競売，③動産に分けた後，「建物種別と売買目的」「瑕疵の内容」「瑕疵の事実からの時間の経過」「判決結果の要約」「減価率」（率の記載のないものは筆者が計算）「裁判所・判決年月日・出典」の項目分けをした。

(A)　売買の目的物が土地と家屋（区分所有建物を含む）であるケース

番号	建物種別と売買目的	瑕疵の内容	瑕疵の事実からの時間の経過	判決結果の要約	減価率	裁判所判決年月日出　典
1	居住用	縊首自殺	5か月	建物価格を加味しないで売買価格が定められ，建物の瑕疵担保責任の免責特約がある場合でも売主は瑕疵担保責任を負う。	売買価格と瑕疵の存在を前提とした適正価格の差額△12.6%	浦和地裁川越支部平成9年8月19日判タ960-189
2	居住用ただし，新築分譲住宅建設目的で購入後，家屋を解体	縊首自殺	2年	家屋は取り壊され，嫌悪すべき心理的欠陥の対象はもはや特定できない一空間内におけるものに変容している。	隠れたる瑕疵に該当せず，棄却	大阪地裁平成11年2月18日判タ1003-218
3	居住用山間農村地の一戸建てとそれに付属する物置	物置にて服毒(農薬)自殺病院で死亡	6年11か月	自殺後，6年11か月経過後になされた売買契約であるが，自殺という重大な歴史的背景およ	契約解除を認め，支払い済み代金の返還を命ずる。	東京地裁平成7年5月31日判時1556-107,判タ910-170

				び物件の所在地が山間農村地であることに照らすと，問題にすべきほど長期でない。		
3（つづき）						
4	自殺があった事故物件を不動産会社が競落し，自殺があったことを見落として建物解体前提で売却	建物内で自殺	1年4か月	売主の不動産会社が不法行為責任を負うべきである。	自殺の約1年4か月後に締結された契約であり，その間，土地建物の利用状況に変化はなかったことを総合して，本件建物を取り壊すとの前提で本件土地建物を購入する場合の価格は，売買代金の2割5分減程度であるとして損害賠償請求△25%	東京地裁平成18年7月27日判例秘書06133011
5	居住用中古マンション	マンションのベランダで縊首自殺	6年3か月	売主の妻が縊首自殺をしていた中古マンションの契約を瑕疵担保責任に基づき解除。6年3か月という期間は長期であるといえない。大都会にあるマンションという売主の主張についても，本件建物	契約解除を認め，手付金の返還と規定していた違約金（売買代金の20%相当）の支払いを認める。△20%	横浜地裁平成元年9月7日判時1352-126

				内で自殺が発生し，その後も家族が居住していたことは瑕疵を否定することにならない。		
5（つづき）						
6	事務所，居宅8階建ての建物で賃料収入を目的に購入	売買建物の8階に住んでいた元所有者の娘が睡眠薬自殺をはかり，その2～3週間後に病院で死亡	1年11か月	本件建物内で直接死亡したものではないので，瑕疵の程度は軽微，自殺は賃貸を妨げ交換価値を下げる要因になっていない。	契約解除はできないが，瑕疵は認め，不動産売買代金額の1%の損害額を認める。	東京地裁 平成21年6月26日 判決秘書0643 0336
7	賃貸用の2階建て共同住宅（ワンルーム）	建物の一室で賃借人が縊首自殺	土地建物の引渡し日に自殺を発見。自殺は引渡しの5日前	心理的瑕疵を認め，本件居室に対する効用割合10.7%，減価率50%として減価を算出する一方，土地については建物耐用年数の24年後には減価はなくなるとして，複利現価（年5%）を認め，全体の減価率を4.36%とした。	△4.36% ただし，クリーニング費用等，先に授受した金額控除額に対しては△3.7%	横浜地裁 平成22年1月28日 判タ1336-183
8	居住用賃貸用 賃料収入を目的として購入	前所有者の娘（居住者）の飛び降り自殺	約2年	購入しようとする者，賃借しようとする者に主観的な忌避感を生じ	購入価格について，自殺物件であることによる減価を△25%とみ	東京地裁 平成20年4月28日 判タ1275-329

8 （つづき）		（ただし，転落場は私道上）		させるおそれがある事実であり，たとえ買主が収益を主目的とする物件であっても，経済的不利益を生じる可能性がある。	て，2年経過後であることを考慮して購入価格の△14.3%	
9	不動産業者による中古マンションの購入	元所有者の長男・父が他殺を疑われる態様で死亡。元所有者も近隣マンションから飛び降り自殺	7年6か月	売主から管理を任されていたZは死亡事件の存在を知っており，買主側の仲介業者に対し，その事実を積極的に秘匿して告知しなかった。Zは，売主と同視すべきであるから，売主は債務不履行の責めを負う。	契約解除を認め，売買代金の10％の損害賠償を認める。△10%	大阪地裁 平成21年11月26日 判タ1348-166
10	不動産業者による土地・建物の購入	売主の母親が強盗殺人の被害者となり犯人未検挙	7年4か月	売主が買主に事件を告知しなかったことは不法行為に該当。売買代金5,575万円と売却可能額4,000万円の差額1,575万円（別途弁護士費用160万円）の支払いを命じる。	適正価額と売買代金の差1,575万円の支払い △28.3%	神戸地裁 平成28年7月29日 判時2319-104

| 11 | 転売を経た土地・建物の購入 | かつて居住していた甲が縊首自殺。甲の相続人→乙→丙→売主と所有権移転 | 10年8か月 | 周辺は古くから居住する高齢者が多く閉鎖的な地域。立地状況から自殺の記憶を容易に払しょくできない。建物は建て替えられていないことから債務不履行による契約解除を認め違約金と手付金の返還を求めた。 | 契約解除を認め、違約金（売買代金の20%相当額の160万円）と手付金50万円の支払い △20% | 東京地裁 平成29年5月25日 Westlaw japan 2017 WLJPCA 05258004 |

(B)　売買の目的物が土地であるケース

番号	売買目的	瑕疵の内容	瑕疵の事実からの時間の経過	判決結果の要約	減価率	裁判所判決年月日出典
12	建売住宅販売	購入した土地の一筆にかつて存在していた建物内で女性が刺殺	約8年半	嫌悪すべき心理的欠陥の対象はもはや特定できない一空間に変容したとはいえるものの、殺人事件として新聞報道がなされており、周辺住民の記憶に少なからず残っている。本件土地上に新たに建物を建築しようとする場合、殺人があったと	売買代金額の5%	大阪高裁 平成18年12月19日 判時1971-130

				ころに住んで いるとの話題 や指摘が人々 によってなさ れ，居住者の 耳に届くよう な状態がつき まとうことも 予測されうる のであって， 以上によれば 本件売買の目 的物である本 件土地には， これらの者が 上記建物を住 み心地が良く なく，居住の 用に適さない と感じること に合理性があ ると認められ る程度の嫌悪 すべき心理的 欠陥がなお存 在するものと いうべきであ る。		
12 （つづき）						
13	自宅建設	かつて本 件土地上 に存在し ていた建 物内で凄 惨な殺人 事件が発 生し，そ の後建物 は取壊し	約50年	特異な猟奇性 を帯びた事件 であったこ と，事件発生 場所が東京都 下の農村地帯 であったこと に鑑みれば， 本件事件は単 にその事件が 発生した建物 においてのみ ならず，その	売主の不動産 業者に対し， 売買代金全 額，仲介業者 に対し，仲介 手数料を損害 と認定 売買代金額の △100％	東京地裁八王 子支部 平成12年8月 31日 『詳解・不動 産仲介契約』 434頁，大成 出版社

13 （つづき）				事件が発生した屋敷，地所とともにそれに関連して地元住民の記憶に深く残されたであろうと考えられること，本件土地上に新居を建築し，そこに居住することに「住み心地の悪さ」むしろ「住みたくない」と感じるのは自然の感情で，かつ，一般人においても同様の感情を抱くであろうと判断される。したがって，本件土地には将来にわたって居住し続けるために通常保有すべき性質を欠いている隠れた瑕疵があったといわなければならない。		
14	建売分譲	かつて本件土地上にあった3棟の共同住宅のB棟の一室から出	約3年7か月	買主は更地の状態で買い受け，5棟の新築分譲を開始した後にかつての共同住宅での焼死事件	売買契約代金のうち，B棟が占める部分（約2,370万円）の1割足らずの200万円	東京地裁 平成22年3月8日 判例秘書0653 0224

14 (つづき)		火して居住者1名が焼死		を聞いた。事件場所であったB棟は，売出価格を2割下げても売れなかったため，売主に損害賠償，仲介業者に仲介手数料の返還を求めたことに対し，焼死などの不慮の事故死は，一般に病死や老衰などの自然死と異なって理解されるから，「隠れた瑕疵」が認められ，売主に損害賠償請求を求めた。仲介業者には調査義務違反を認めなかった。	△10%	
15	建売分譲	売主の夫が土地内に駐車した車の中で自殺	約1年4か月	買主は戸建分譲にあたって重説に自殺のあったことを記載して販売。当初売出価格より20%以上の下落。本件自殺の存在により，20%（868万円）は下落。	損害賠償として土地価格は20%減の868万円であるが，買主の請求額500万円の支払いを命じた。 △11.5%	東京地裁 平成25年3月29日 判例秘書LO6830291

第3章　心理的瑕疵による減価率の査定手法　*243*

(C)　不動産競売に関する裁判例

番号	瑕疵の内容	瑕疵の事実からの時間の経過	判決結果の要約	交換価値の減少率についての評価人の意見	裁判所判決年月日出典
16	最低売却価額決定の1年前に建物内でリンチ殺人事件があったケース	1年5か月	民事執行法75条1項の類推適用により売却許可決定の取消しを認めた。「同条にいう『天災その他による損傷』とは，直接的には地震，火災，人為的破壊等の物理的損傷を指すわけであるが，同条の立法趣旨に照らすと，このような損傷がない場合でも不動産の交換価値が著しく損われたときや，損われていることが判明したときは，同条が類推適用されるものと解すべきである。」	△30%	仙台地裁昭和61年8月1日判時1207-107
17	元所有者の自殺	7年	売却許可決定の取消し。「自殺があったそのことが当該物件にとって一般的に嫌悪すべき歴史的背景であるとか，自殺によって当該物件の交換価値が直ちに損なわれるものであるとかいうことは，とうてい客観的な法的価値判断というに値するものではない。」「しかし，以上のような問題にかかわり，人の居住用建物の交換価値が減少をきたすというためには	△30%	福岡地裁平成2年10月2日判タ737-239

17 (つづき)			買受人本人が住み心地のよさを欠くと感ずるだけでは足りず，通常一般人において，住み心地のよさを欠くと感ずることに合理性があると判断される程度にいたったものであることを必要とすると解すべきである。」		
18	昭和60年9月下旬～63年6月頃までの間に4件の嬰児殺人事件が発生し，平成3年3月31日～同年4月15日までに死体4体が発見	約3年8か月乃至6年5か月前に事件発生。死体発見から9か月乃至10か月	売却許可決定の取消し。「本件土地，建物に居住した場合，前記事件があったところに居住しているとの話題や指摘が人々によって繰り返され，これが居住者の耳に届く状態や奇異な様子を示されたりする状態が永く続くであろうことは容易に推測できるところである。」「してみると，本件土地，建物については，一般人において住み心地のよさを欠くと感ずることに合理性があると判断される程度にいたる事情があり，交換価値の減少があるということは否定できない。」	土地 約△7% 建物 △30%	新潟地裁 平成4年3月10日 判時1419-90
19	土地建物の前所有者が昭和63年6月2日，自宅としていた本件建物裏の本件土地内でフ	約4年	売却許可決定の取消し。「宅地内で前所有者が自殺し，現在なお近隣者等からその事実を指摘されるような状況にあるときには，その取得者が住宅としての快	意見の徴取なし	札幌高裁 平成4年6月15日 金法1345-24

番号	瑕疵の内容	瑕疵の事実からの時間の経過	判決結果の要約		裁判所判決年月日出典
19（つづき）	ェンスにロープを掛けて首つり自殺		適な居住使用が損なわれると感じるのにも相応の理由があるということができ……」		
20	所有者の夫が本件建物内で自殺	1年	売却許可決定の取消し。「右事実は買受申出のわずか1年前の出来事であり，本件不動産に居住した場合，近隣者等からその事実を指摘されるであろうことが容易に推測され，一般人において住み心地の良さを欠くと感じることに合理性があると判断される事情があり，交換価値の減少があるということは否定できず……」	意見の徴取なし	札幌高裁平成10年8月27日判タ1009-272

(D) 動産に関する裁判例

番号	瑕疵の内容	瑕疵の事実からの時間の経過	判決結果の要約	裁判所判決年月日出典
21	新車の貨物自動車の売買で自動車の引渡しに先立ち，車輌検査を受けるため，従業員の運転により出向かせた途中，従業員が死亡事故を起こした。外形的な損傷がなかったため，売主は買主にその事実を告げることなく自動車を引き渡した。半年後，買主は事故の発生を知ったため，残代金の支払いを拒絶し，瑕疵担保責任としての損害賠償を請求	半年	損害賠償を認める。「右自動車に前認定のような他人の嫌悪すべき歴史又は由来の附着したときは，その思想的感情的性質に著しい欠点があり，交換価値の減少を招くものであるから新品と称し難い瑕疵あるものと認めるのが相当……」	松山地裁昭和35年8月5日下民集11-8-1641,判タ107-102

3 心理的瑕疵と認められるための判断基準

以上の判例から心理的瑕疵と認められるための判断基準としては，自殺や殺人などの嫌悪すべき歴史的背景に起因する心理的瑕疵のある不動産売買の目的物については，㋐通常一般人において「住み心地の良さ」を欠いており，㋑「居住の用に適さないと感じることに合理性があること」がキーワードとなっている。

そして，「住み心地の良さ」の具体的な判断項目としては，以下のごとくまとめられるが，どれかひとつで判断が導き出されるものではなく，各事項が総合考慮されているものである。

① 嫌悪すべき歴史的背景たる事件が起こった場所と建物の存否
　（例）　建物内なのか，ベランダなのか，付属家（物置）なのか。敷地の中か外か。建物は現存するのか，取り壊されているのか。

② 事件の起こった土地の地域性
　（例）　死亡場所が山間農村地か，病院か，大都会のマンションの一室か。

③ 事件が起こった時点と契約時との時間の経過
　（例）　「1年未満」もあれば，「50年」もある。

④ 事件の当事者
　（例）　売買の目的物たる不動産の前所有者，前所有者の親族なのか，賃貸マンションの賃借人なのか。

⑤ 事件の態様
　（例）　自殺か，殺人か。

⑥ 売買目的
　（例）　居住目的か，収益用不動産の購入目的か。

第3章　心理的瑕疵による減価率の査定手法　　*247*

---

③　心理的要因による減価率の査定

心理的要因による減価率の査定にあたっては，査定すべき不動産の減価率について，前述の「3　心理的瑕疵と認められるための判断基準」の①～⑥にあてはめて，個々に検討していき，心理的要因による交換価値の減退があるか否かといった判断をしていく必要がある。

もし心理的な交換価値の減価があるとしたら，減価率にどうアプローチしていくかについて，本節では土地のみを対象とした減価率の査定にあたっての考えを以下に記す。

・第1手法：「忌み」施設から当該減価率を査定する手法

「死」にまつわる点で「忌み」としてとらまえられることから，「忌み」施設（墓地・霊園，斎場・火葬場）が，市街地の価格に与える影響から土地の減価率を査定する。

・第2手法：競売における市場性減価から当該減価率を査定する手法
・第3手法：不動産業者に対するヒアリング調査ならびに売買実例から当該減価率を査定する手法
・第4手法：裁判例から比較して当該減価率を査定する手法

1　第1手法の適用

市街地の価格は，その位置の良否が極めて大きな要素となって定められる。

位置の良否は，市街地としての発展状況のいかん，すなわち公私の都市施設の整備状況ではかられる。

たとえば，鉄道駅やバス停留所のような交通関係の施設，スーパーや商店街等の経済関係の施設，学校や官公庁等の教育・行政施設，劇場や公園等の文化・厚生的な施設等が設置されるに応じて付近の市街地は発展し，宅地の利用性は増大する。すなわち，これらの施設に近接することによって宅地の価値は

増大する。

　これに反して，墓地・焼却場等，市街地に存在することが好ましからざる施設に近接する場合は，逆に減価となって現われるものである。

　特に，斎場・火葬場，墓地・霊園は都市の外延部に設置されており，かつては問題になることはなかったが，都市化の進展により，上記施設隣接地にまで住宅開発が及んだ結果，環境影響施設としてとらまえられるようになったものである。

　墓地・霊園については，生活上の実害はないが，「忌む」べきものとして，これらに隣接した住宅開発の宅地の事例をみても若干減価して販売されている。

　斎場・火葬場については，悪臭，ダイオキシンの問題として挙げられる。判決例では市営火葬場の悪臭により近隣住民が損害を受けたとして市に賠償を求めた事例がある。

　裁判所は，火葬場が近代的設備を備え，極力防煙・防臭に努めており，住民の生活利益の侵害は社会生活上一般に受忍すべき程度を超えたものとはいえず，また火葬場の存在に起因する心理的不快感もその設置が適法である限り，付近住民は受忍義務を負うとしている（広島地判昭和44年9月11日（下民集20-9.10-648））。

　ただし，住宅開発の宅地の事例からみると，斎場・火葬場に近接している宅地は減価して販売されており，通常，土地の減価要因として認知されている。

　各自治体における固定資産税の評価においても，「墓地等」は宅地に減価を及ぼすと考えられ，それに近接する宅地については減価を補正している。

　(財)資産評価システム研究センターによる「平成7年度・画地計画法における所要の補正に関する調査並びに用途地区別の宅地の画地計算に関する調査研究」で，各自治体が墓地・汚水処理場・ごみ焼却場を環境影響施設として当該施設に近接していることによる減価をしている自治体は人口ランク別集計で次表のとおりであり，人口ランクが上位になればなるほど，全市町村数に対する割合が高くなっている。すなわち，土地の減価をしている自治体が多くなって

人口ランク	合　計	
	計	当該ランクの全市町村数に対する割合（％）
5千人未満	2	0.3
5千人以上	8	0.9
1万人以上	21	2.9
2万人以上	3	1.1
3万人以上	10	3.7
5万人以上	15	6.7
10万人以上	11	9.8
20万人以上	10	27.0
30万人以上	13	29.5
50万人以上	2	22.2
100万人以上	3	27.3
合　計	98	3.0

いる。

　本来，「忌み」施設は市街地から離れたところに設置される。したがって，人口規模の小さい都市では「忌み」施設が土地価格に影響を及ぼすことは少ない。

　ところが，都市の発展とともに人口が増加し，市街地の拡大が「忌み」施設至近に及ぶことにより，「忌み」施設が土地の減価要因になっているものと推察される。

　補正対象の施設としては，墓地等（59団体），ゴミ処理場（25団体），汚水処理場（19団体），し尿処理場（8団体），変電所（13団体）等があった。

　主な補正方法としては，次のように区分される。

　・施設からの距離区分に応じて補正を行っている……64団体

　・一定距離内で一律に補正を行っている……34団体

　補正の減価率の例として，次ページに2例を掲げたが，「忌み」施設である墓地等についての補正率は，〈例1〉，〈例2〉とも減価を適用する範囲は「墓地

〈例 1〉

施 設 名	適 用 範 囲	補 正 率	
		商・併・住	中工・大工
墓地等	墓地等の周囲に接する 50m 以内	0.90	0.95
ゴミ処理場	焼却炉を中心とした半径 500m 以内	0.95	0.98
汚水処理場	処理槽を中心とした半径 200m 以内	0.95	0.98
し尿処理場	処理槽を中心とした半径 200m 以内	0.95	0.98
変電所	変電所の周囲に直接接している画地	0.98	1.00

(注)　以上のほか，公害が特に著しいと認められるものについては，上記に準じて 10%以内
の範囲で補正することができる。

〈例 2〉

施 設 名	適 用 範 囲	補 正 率
墓地等	墓地等の周囲に接する 50m 以内	0.90
塵芥焼却場	焼却場を中心とした半径 500m 以内	0.95
変電所	変電所の周囲に直接接している画地	0.98

等の周囲に接する 50m 以内」であり，補正率は 0.90～0.95，すなわち減価率は
△ 5%～△ 10%である。

〈例 1〉は，商業地区，併用住宅地区，住宅地区については 0.90，中小工場
地区，大工場地区については 0.95 と土地の種別で影響の強弱を補正している。

2　第 2 手法の適用

競売不動産において売却困難な物件とは，市場性の比較的高い資産と比べて
売却までの期間が相当に長い物件である。

その理由として，不動産自体に内在する個別的な固有の事情の他，市場限定
が余儀ないもの，地域の要因に左右されやすいもの，心理的要因があるもの等
の要素が考えられる。

通常，競売評価にあたっては，物件の個別的な要因を考慮してもなお，需要

第3章 心理的瑕疵による減価率の査定手法 *251*

が限定されると判断されるとき，マーケットに流通させることができる価格を
算出するため，市場性修正を行っている。

　売却が困難な物件の具体例のうち，実質的な土地利用の阻害はないが，心理
的な要因として売却が困難になっているものとして以下のものが掲げられる。

　　・墓地または斎場に近接

　　・暴力団関係者の利用する建物

　　・暴力団事務所に近接

　　・自殺等の事故物件

　　・墓地跡地

　このうち，自殺等の事故物件については，通常△30％〜△50％の減価が付
されている。

　個別事例としては，前項「2　心理的瑕疵における不動産の減価」の「(C)
不動産競売に関する裁判例」では，事例番号16，17は不動産価格の△30％，
事例番号18では土地約△7％，建物△30％とする評価人の意見が付されてい
る。

3　第3手法の適用

(1)　不動産業者に対するアンケート調査

　不動産業者10社に，「火事による焼死，もしくは自殺のあった不動産の売却
を依頼された場合，売却価格を減額するか否か」をヒアリング調査したとこ
ろ，以下の回答を得た。

（設問1）　火事による焼死，もしくは自殺のあった不動産の売却を依頼さ
　　　　　れた場合，売却価格を減額しますか。

（回　答）	減額する。	減額しない。	建物は減額するが，土地はしない。
	8	1	1

（設問 2）　減額する場合，どれ位の率を減額しますか。

（回　答）	△ 10%から減額して，売れなければもっと減額していく。	5
	概ね△ 10%～△ 30%	3

　いわゆる事故物件については，減額する回答が 8 割を占め，減額する率は△ 10%～△ 30%であるが，過半数は△ 10%から減額して，売れなければもっと減額する回答であり，概ね△ 10%をひとつの目安にしている。

(2)　実例調査

《事例 1》

（ア）　事件の経過

平成 X 年 8 月	調査地の所有者である A 不動産業者は，開発行為に関する工事の検査済証を取得し，物件ガイドに図示する不動産の宅地分譲を開始した。 1 号～3 号物件は，物件ガイドの③，④，⑮に該当する。1 号～3 号物件は，一級河川○○川左岸堤防敷上に敷設された市道××線より約 4m 低い位置にある（位置図参照）。
平成 X 年 8 月 27 日午前 5 時 40 分頃	市道○○○○左岸線上を走行中であった大型貨物自動車が，2 号物件に転落，衝突し，2 号物件の基礎コンクリート部分を破損した。
平成 X＋1 年 12 月 13 日午後 3 時頃	市道○○○○左岸線上を走行中であった大型貨物自動車が，1 号物件の北東部に転落し，運転手は事故 2 時間後に救出されたが，死亡が確認された。
平成 X＋1 年 12 月 19 日	大型貨物自動車が 2 号物件に転落した後，基礎コンクリート部分を修復して 2 号物件の売出価格 1,490 万円を 1,350 万円に値引して平成 X＋1 年 11 月 27 日に売買契約が成立したが，平成 X＋1 年 12 月 13 日の事故後，平成 X＋1 年 12 月 19 日に買主より契約解除の申出があり，契約を解除した。

（イ）　その後の分譲地の成約状況

　　　　1 号物件……事故後 3 年が経過して成約。売出価格の約△ 50%。

　　　　2 号物件……事故後 1 年が経過して成約。売出価格の△ 20%。

　　　　3 号物件……事故後半年が経過して成約。売出価格の△ 7%。

第3章　心理的瑕疵による減価率の査定手法　　253

〈位置図〉

〈物件ガイド図〉

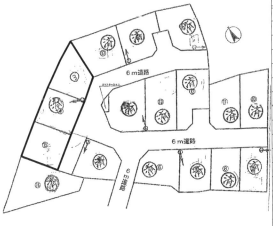

号地	面積(㎡)	坪数	価格(万円)
1	153.54	46.45	1,390
2	153.68	46.49	1,580
3	149.97	45.37	1,390
4	144.97	43.85	1,490
5	159.03	48.11	済
6	142.78	43.19	1,350
7	150.50	45.53	1,290
8	148.24	44.84	1,270
9	146.75	44.39	1,190
10	153.20	46.34	1,380
11	143.00	43.26	1,460
12	143.01	43.26	1,470
13	150.66	45.57	1,580
14	142.80	43.20	1,360
15	147.94	44.75	1,430
16	230.57	69.75	1,380
17	170.00	51.43	1,580

《事例2》

　(ｱ)　事件の経過

平成 X 年 6 月	甲は甲の所有する地上 12 階建ての賃貸マンション 1 棟を売却するため，不動産業者乙に価格査定を依頼し，一般媒介契約を結んだ。査定額 2 億 500 万円（税込）
平成 X 年 8 月	当賃貸マンションに住民でない女性が侵入し，屋上から投身自殺を図った。
平成 X 年 9 月	当賃貸マンションの住民のうち，2 室が投身自殺があったことにより退去を申し出た。

　(ｲ)　売買契約の成約

　　平成 X 年 11 月に第三者である丙が投身自殺の事実を承知して 1 億 7,500 万円（税込）で購入。

　(ｳ)　不動産業者の査定額と売買契約金額の格差

$$\frac{1 億 7,500 万円}{2 億 500 万円} = 0.86 \cdots \triangle 14\%$$

4　第 4 手法の適用

　前項「2　心理的瑕疵における不動産の減価」で収集した裁判例から導き出した減価率を建物種別・利用目的別にまとめると下表のとおりである。

種　別	利用目的	減　価　率	
土地・家屋マンション	居住用家屋	△ 12.60％（事例番号 1） △ 20.00％（事例番号 5） △ 20.00％（事例番号 11）	平均 △ 17.50％
	賃貸用家屋	△　1.00％（事例番号 6） △　4.36％（事例番号 7） △ 14.30％（事例番号 8）	平均 △　6.60％
	販売用家屋	△ 25.00％（建物取壊し前提） （事例番号 4） △ 10.00％（中古マンション） （事例番号 9）	平均 △ 21.10％

		△ 28.30％（一戸建） （事例番号 10）	
土　地	販売目的	△　5.00％（事例番号 12） △ 10.00％（事例番号 14） △ 11.50％（事例番号 15）	平均 △　8.80％
	自宅建設目的	△ 100.0％（事例番号 11）	

5　土地の減価率の考え方

　上記の各手法について検討する。

　第1手法は，固定資産税評価で採用されている土地減価率を参考とするものであり，「忌み」という心理的要因である「墓地等」の減価率は△5％〜△10％である。

　第2手法は，競売事例であり，土地・建物価格の△30％〜△50％と減価率が大きい。競売とは，民事執行法に基づき，債権回収のために債権者が裁判所に申し立て，裁判所がその不動産を売却するシステムであり，期間の制約，不落の際の回数制約（3回が限度）があるため，その減価率は大きいものと考えられる。

　ただし，事例番号18では，土地の減価と建物の減価を分けて，土地約△7％，建物△30％とする評価人の意見が付されており，土地に対する減価率は建物の減価率の1/3以下という判断であった。

　第3手法の（1）のアンケート調査は，不動産流通に関わる不動産業者の意見を求めたものであり，市場性を反映しているが，△10％〜△30％の回答が得られた。ただし，回答の過半数は△10％から減額していき，売れなければさらに減額するという考えで，△10％を一つの基準としている。

　また，（2）の実例調査の《事例1》では，死亡事故のあった地点から遠いところから売却が成立しており，事故現場に近づくと売却までの時間がかかり，かつ減価率が大きく，事故至近地は事故後約3年経過時点で約半値で売却できた。ここで，現場との距離も重要なファクターであることがわかる。なお，減

価率は△ 7%～△ 50%であった。

《事例2》は，1棟の賃貸マンションを売却中にマンションの住民以外の人間による投身自殺事件がおこったため，仲介業者が査定した価格より△ 14%下落して成約した事例である。周辺は中高層マンションが林立する都心部で，賃貸市場でも人気エリアにあるため，事件はあったものの，事件後2か月以内で売買が成立している。

第4手法では，土地・家屋のうち，賃貸用家屋の減価率が総じて小さく，居住用家屋，販売用家屋の減価率が大きい傾向がみてとれる。

土地は，販売用不動産の目的で△ 5%～△ 10%であったが，自宅建設目的で購入した50年前の凄惨な殺人事件のあった土地（建物は取壊し）について，売買代金全額（減価率100%）を損害額と認定した事例（事例番号13）も存する。

これは，50年という時の経過にもかかわらず，事件の場所が農村地帯であったことを重視しているが，事件後，すぐに建物が取り壊されていることを考えると，売主にとってやや過酷な判決と思える。

心理的瑕疵が認められる土地の減価率の判断については個別に状況を分析していくことになるが，第3手法の（2）の実例調査のように，実際に心理的瑕疵のある物件の売買事例（競売を除く）を多数収集できれば，瑕疵がない場合と瑕疵があった場合の価格差を調査できて実証性が一番高い手法として採用できるのであるが，こうした事案の収集は困難である。時間をかけて地道に収集していく必要がある。

不動産業者へのアンケートにおいても，まずは事例があるか否かからヒアリングしたが，こうした案件は取り扱ったことはない，もしくは取り扱わないという回答であった。

業者が取り扱いたくないと思う背景には，監督官庁では，「建物内で発生した自殺，火災による死亡については期限に関係なく重要事項として説明する必要がある。」と指導しているところがあり，安易な調査では業者責任を問われかねないことがあるためと考えられる。

以上の各手法から求めた結果を総合考量すると，心理的瑕疵が認められる土

地は，概ね△5％～△50％の範囲内で，この減価率に事件の起こった土地の地域性，時間の経過，事件の態様（自殺か殺人か），売買目的等に減価率の強弱をつけていく作業になると考える。

　また，「土地・家屋一体」あるいは「マンション」では，土地の減価率に比べると，事件のあった家屋自体が存することによる市場性減価は，「土地」よりも大きいと判断されるが，不動産業者および不動産鑑定士にヒアリングしたところ，競売で採用されている減価率（△30％が多い）が広く流布しており，一つの目安となっている。

　しかしながら，競売減価においては，地域性，時間の経過，事件の態様，売買目的等についての検討はなされていないことから，実際の評価にあたっては土地と同様，これら要因による強弱をつけることが必要となろう。

④ 評　価　例

　以下に戸建住宅の評価例を記す。

〈事件の概要〉

　平成○年○月○日，対象不動産（夫婦共有：持分1/2）たる自宅にて，夫が妻と子供2人を殺害し，自らも自殺を図ろうとした。夫は××地裁にて無期懲役が言い渡され，上告棄却により第一審無期懲役の判決が確定している。

〈評価の手順〉

　「自用の建物及びその敷地」として，心理的瑕疵のない価格を鑑定評価方式を適用して求めた後，心理的瑕疵による市場性減退による減価を控除して鑑定評価額を決定する。

〈対象不動産の市場性減退による減価率の査定〉

　瑕疵には物理的・法律的・環境的・心理的瑕疵があるが，このうち心理的瑕疵については，殺人事件の他，建物の内部で縊首自殺があったなど，目的物にまつわる嫌悪すべき歴史的背景に起因する心理的欠陥も，建物として通常有す

べき住み心地の良さを欠くものとして瑕疵となる（大阪高裁昭和 37 年 6 月 21 日判決，横浜地裁平成元年 9 月 7 日判決）。

　また，「目的物の通常の用法に従って利用することが心理的に妨げられるような主観的な欠陥をも含む」としている（東京地裁平成 21 年 6 月 26 日判決）。

　不動産の交換価値は，たとえば建物であれば再調達原価から物理的・機能的減価を控除して求めた物理的な価値のみで決定されるものではない。心理的な欠陥は購買意欲を減退せしめる。自殺，殺人事件のみならず，隣人の脅迫的言辞によって事実上建物建築が制限されることについても，「宅地としての効用を物理的又は心理的に著しく減退させ，その価値を減ずるであろうことは，社会通念に照らして容易に推測される。」として，瑕疵と認めている（東京地裁平成 19 年 12 月 25 日判決）。

(1)　心理的瑕疵と認められるための判断基準

　心理的瑕疵と認められるための判断基準としては，自殺や殺人などの嫌悪すべき歴史的背景に起因する心理的瑕疵のある不動産売買の目的については，㋐通常一般人において「住み心地の良さ」を欠いており，㋑「居住の用に適さないと感じることに合理性があること」がキーワードとなっている。そして，「住み心地の良さ」の具体的な判断項目としては，以下の如くまとめられるが，どれかひとつで判断が導き出されるものではなく，各事項が総合考慮されているものである。

①　嫌悪すべき歴史的背景たる事件が起こった場所と建物の存否

　（例）　建物内なのか，ベランダなのか，付属家（物置）なのか。敷地の中か外か。建物は現存するのか，取り壊されているのか。

②　事件の起こった土地の地域性

　（例）　死亡場所が山間農村地か，病院か，大都会のマンションの一室か。

③　事件が起こった時点と契約時との時間の経過

　（例）　1 年未満もあれば 50 年もある。

④　事件の当事者

　（例）　売買の目的物たる不動産の前所有者なのか，前所有者の親族なの

か，賃貸マンションの賃借人なのか。

⑤　事件の態様

（例）　自殺か，殺人か。

⑥　売買目的

（例）　居住目的か，収益目的か。

　本件事件については，以下のとおり，通常一般人において「住み心地の良さ」を欠いており，「居住の用に適さないと感じることに合理性がある」と判断できる。

①　対象不動産内で殺人事件が起こり建物は現存する。

②　事件の起こった土地の地域性は中小規模の低層住宅が立ち並ぶ最寄駅，都心への接近性も良好な閑静な住宅地域である。

③　事件が起こったのは平成○年○月○日で，価格時点から約6年前である。

④　事件の当事者は加害者が対象不動産の所有者（共有・夫）で，被害者は同じく対象不動産の所有者（共有・妻）と未成年の子供2人である。被害者は全員死亡している。

⑤　事件の態様は殺人である。

⑥　対象不動産は居住目的の住居（戸建）である。

(2)　減価率の査定

①　第1手法：裁判例から比較して当該減価率を査定する手法

　(ア)　東京地裁八王子支部平成12年8月31日判決（『詳解・不動産仲介契約』434頁，大成出版社）では，約50年前，かつて存した建物内で凄惨な殺人事件が発生し，その後建物は取り壊されていたものの，自宅建設の目的では本件土地上に新居を建築し，そこに居住することに「住み心地の悪さ」むしろ「住みたくない」と感じるのは自然の感情で，かつ，一般人においても同様の感情を抱くであろうと判断されるとして，売主の不動産業者に対し，売買代金全額，仲介業者に仲介手数料を損害額と認定した。

(イ)　東京地裁平成29年5月25日判決（Westlaw japan 2017 WLJPCA 05258004）では，約10年8か月前，かつて居住していた住人が縊首自殺し，その後転売が繰り返されたが，裁判所は本件土地・建物の存する地域が古くから居住する高齢者が多く閉鎖的な地域であり，自殺後も本件建物は建て替えられていない。本件自殺は10年余り前に発生したものであるが，本件における心理的瑕疵が自殺という極めて重大な歴史的背景に起因するものであることの他，本件土地・建物の現在の立地状況，原告が本件自殺を知った経緯，本件土地・建物の近隣の住民の発言からは上記期間が経過した後も本件自殺の記憶を容易に払しょくすることができないものとし，本件建物が自殺後も建て替えられていないことを勘案すると，本件自殺が心理的瑕疵にあたり，契約解除は適法であり，本件自殺の売主の不告知は債務不履行にあたるとし，契約解除と解除に基づき違約金として本件契約の売買代金の20％相当額の支払義務と手付金の返還義務を命じた。

② 第2手法：競売における市場性減退から当該減価率を査定する手法

東京競売不動産評価事務研究会編『競売不動産評価マニュアル』（判例タイムズ社）によると，事故物件の評価について，以下のように記している。

「事故物件とは，競売の目的物件の内外で自殺や殺人事件等の不自然死があったことにより，買受希望者の心理的側面から買受の申出を躊躇すると予測される物件をいう。目的物件内での不自然死が判明している場合には，原則として市場性修正による減価を行う。目的物件外での不自然死については，目的物件と自殺等の現場が近接していること等により，建物の交換価値の減少をきたしていると認められる場合には，市場性修正において減価をすることができる。減価の程度は，不自然死があった時からの経過年数，不自然死の態様，周囲の環境等を総合的に考慮して，個々の事案に応じて判断する。不自然死のあった事実が判明している場合には，評価書の建物の概況及び利用状況の特記事項欄に『不自

第 3 章　心理的瑕疵による減価率の査定手法　　*261*

然死』という表現で，死亡の時期や死亡した場所等を記載するのが相当
であるが，その際，関係者のプライバシー等に十分配慮すべきである。」
　具体の減価率について記載はないが，不動産競売にかかる判例では，交
換価値の減少率について評価人の意見として△ 30％が多く採用されてい
る（下表参照）。

瑕疵の内容	瑕疵の事実からの時間の経過	判決結果の要約	交換価値減少についての評価人の意見	裁判所判決年月日　出　典
最低売却価額決定の 1 年前に建物内でリンチ殺人事件があったケース	1 年 5 か月	民事執行法 75 条 1 項の類推適用により売却許可決定の取消しを認めた。「同条にいう「天災その他による損傷」とは，直接的には地震，火災，人為的破壊等の物理的損傷を指すわけであるが，同条の立法趣旨に照らすと，このような損傷がない場合でも不動産の交換価値が著しく損われたときや，損われていることが判明したときは，同条が類推適用されるものと解すべきである。」	△ 30％	仙台地裁昭和 61 年 8 月 1 日判時 1207-107
もと所有者の自殺	7 年	売却許可決定の取消し。「自殺があったそのことが当該物件にとって一般的に嫌悪すべき歴史的背景であるとか，自殺によって当該物件の交換価値が直ちに損なわれるものであるとかいうことは，とうてい客観的な法的価値判断というに値するものではない。」「しかし，以上のような問題にかかわり，人の居住用建物の	△ 30％	福岡地裁平成 2 年 10 月 2 日判タ 737-239

		交換価値が減少をきたすというためには買受人本人が住み心地のよさを欠くと感ずるだけでは足りず，通常一般人において，住み心地のよさを欠くと感ずることに合理性があると判断される程度にいたったものであることを必要とすると解すべきである。」		
昭和60年9月下旬～昭和63年6月ころまでの間に4件の嬰児殺人事件が発生し，平成3年3月31日～同4月15日までに死体4体が発見。	約3年8か月乃至6年5か月前に事件発生。死体発見から9か月乃至10か月	売却許可決定の取消し。「本件土地，建物に居住した場合，前記事件があったところに居住しているとの話題や，指摘が人々によって繰り返され，これが居住者の耳に届く状態や奇異な様子を示されたりする状態が永く続くであろうことは容易に推測できるところである。」「してみると，本件土地，建物については，一般人において住み心地のよさを欠くと感ずることに合理性があると判断される程度にいたる事情があり，交換価値の減少があるということは否定できない。」	土地 △7% 建物 △30%	新潟地裁 平成4年3月10日 判時1419-90

　また，大阪地方裁判所民事執行研究会，大阪競売不動産評価事務研究会編『大阪地方裁判所における競売不動産評価運用基準』（判例タイムズ社）（以下，「運用基準」と称する）によると，市場性修正（評価手順に従って算定した目的不動産の「基礎となる価格」について，競売市場修正の前に行う「物件自体に固有に内在する市場性制約要因」による価格修正）を考慮すべき要因として，「事故物件（自殺・殺人又は死後，相当期間経過後に遺体が発見

された物件等）については，原則として30%を上限とする割合による減価を行う」とある。当該市場性修正を行って，競売市場修正（上記「運用基準」では，手続きの迅速性の要請，買受希望者や債権者から見た分かりやすさ等を考慮し，実務上は70%を目処とした修正率）を乗じるものとするとしている。

すなわち，事故物件にかかる市場性修正があるのであれば，競売にかかる「基礎となる価格」（競売市場修正をする前の完全所有権価格であり，一般市場を前提とした価格）に0.7を乗じ，さらに競売市場修正0.7を乗じるので，「基礎となる価格」の0.49が競売にかかる価額となる。

③ 第3手法：類似する売買事例から当該減価率を査定する手法

同類型の取引事例は収集し得なかったが，△△市にて事故死のあった分譲住宅地では事故現場の宅地は約50%下落して成約した。また□□市にて，高層賃貸マンションの屋上から投身自殺した案件では，その土地・建物仲介業者査定額より約14%下落して成約した。

④ 減価率の査定

第1手法：損害額　売買代金の10〜100%

第2手法：30%減　ただし，競売市場修正も考慮すると51%減

第3手法：土地のみ約50%減，1棟の高層賃貸マンション　14%減

ア．第1手法の(ア)東京地裁八王子支部平成12年8月31日判決は約50年も前の殺人事件で，建物は取り壊されていても心理的瑕疵を認めている。

(イ)の東京地裁平成29年5月25日判決は約10年前の自殺事件で，その後，土地・建物は何回か転売されていても心理的瑕疵を認めている。

本件事案は，価格時点から約6年前の殺人事件で，被害者には子供2人が含まれており，本件土地・建物は閑静な住宅街に存することから，衝撃的な事件であり，地域に与える影響は極めて大きく，事件後約6年ではまだ事件は風化されるに至っていない。

また，事件のあった建物自体が現存する以上，地域住民からその事件の記憶が払拭されるには相当な時間の経過を要すると推察される。

したがって、(ア)東京地裁八王子支部平成12年8月31日判決の売主に対して売買代金を損害額と認めた事例に近い減価額が発生しているものと思料される。

ただし、上記判決の対象となった土地は農山村地帯で、特異な猟奇性を帯びた事件であるのに対し、本件事件の土地・建物は最寄駅・都心への接近性が良好で、周辺も建売住宅の開発が活発で、新しい住民が増加している住宅街であることを比較すると、本件事件の土地・建物の方が市場流通性はあると考えられる。

イ．第2手法の競売にかかる減価率は、市場性修正として△30％が多く採用されているが、競売評価ではさらに競売市場修正を乗じるので、大阪地方裁判所の修正率を採用するのであれば、一般市場を前提とした価格の51％減となる。

ウ．第3手法は心理的瑕疵のあった不動産の売買事例から査定したものであるが、更地の売買事例約50％減より、事件が発生した建物が現存する本件事案の方が減価率は高いと思料する。

さらに、複数住戸が集合する都心の1棟の高層賃貸マンションの売買事例の14％減と比較すると、戸建住宅である本件事案の方が減価率は高いと考えられる。

エ．本件事案の建物は平成○○年築で、価格時点から築12年で経済的残存耐用年数は約13年存するが、事件が発生した建物に残存耐用年数を反映する価値での市場流通性は認められないことから、本件では土地・家屋のそれぞれに減価は発生しているものと判断するも、土地よりも建物についての減価率がより高いと判断し、上記各手法の分析も踏まえ、土地については△50％、建物については△80％の減価率と査定した。

〈対象不動産の価格の認定〉

上記により得られた心理的瑕疵を考慮しない価格に、心理的瑕疵を考慮した市場性減退による減価率を乗じて、対象不動産の価格を求めた。

（土地価格）　（土地減価率）　（建物価格）　（建物減価率）

X 円　×（1 − 0.50）+　Y 円　×（1 − 0.80）≒ Z 円

第4章 心理的瑕疵のある賃貸用不動産の取扱い

近年，「孤独死」，「孤立死」等についてのマスコミ報道が増え，これらを含めた事故物件に対する社会的な注目度が高くなっている。

本章では，[1]で心理的瑕疵のある不動産が発生する背景を概観し，[2]で心理的瑕疵に関する最近の動向を，[3]で心理的瑕疵のある不動産が賃貸市場でどのように取り扱われているかを述べる。

[1] 心理的瑕疵のある不動産が発生する背景

1 孤立死・孤独死

心理的瑕疵とは，心の働きに関する傷，欠点をいうとされており，心理的瑕疵物件とは，販売や賃貸を予定している不動産で，自然死，自殺，殺人等があった不動産をいう。

このような心理的瑕疵物件が発生する要因のなかで最近関心が高くなっている事象に孤立死や孤独死がある。

「孤立死」とは，社会（家族や周囲の人間関係等）から孤立した状態で亡くなり，長期間気づかれない死をいう。孤立死は，近年，独居高齢者や老老介護世帯だけでなく，若年層の家族がいる世帯や生活困窮世帯でも発生している。

一方，「孤独死」とは，主に一人暮らしの人が誰にも看取られることなく，突発的な疾病等によって室内で死亡することをいう。特に発症直後に助けを呼べずに死亡するケースを孤独死といっているが，最近では，孤独であるか否かは本人の感じ方次第であるということから，孤立死という呼び方の方が増えている。

このような孤立死が年々増加しており，最近では家族ごとの孤立死も発生している。老老介護や障害者を抱える世帯など，社会とのつながりを失った家族が共倒れになるなど，複数人が死亡するケースが多発している。

『平成 25 年度版高齢化白書』（内閣府）によると，60 歳以上の一人暮らしの

図表1　困ったときに頼れる人がいない人の割合

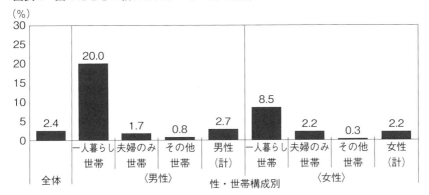

資料：内閣府「高齢者の経済生活に関する意識調査」（平成23年）
（注）対象は60歳以上の男女

　男性の5人に1人が「困ったときに頼れる人がいない」状況であり，女性でもほぼ10人に1人の割合である（**図表1**）。このことから，高齢の一人暮らしの男性が病気等になった場合は孤立死になる確率が非常に高いといえよう。

2　自　殺

　図表2は，『平成30年度版高齢化白書』（同）による自殺者数の推移である。
　一般的に，自殺者数は景気動向や社会構造の変化等との関連性が強いといわれている。平成9年頃までは全国総数で年間2.5万人程度であったが，平成10年を境に年間3万人を超える状態となった。この年は日債銀や長銀等の金融機関が倒産した年であり，決して潰れないといわれていた銀行の倒産という新たな社会構造の変化が発生した年であった。近年は景気動向の良さを踏まえ，減少傾向にある。
　図表3は，高齢者（60歳以上）の自殺者数の推移である。60歳以上の高齢者の自殺者数も，上記と同様に減少傾向にある。
　平成29年度の60歳以上の自殺者数は8,521人で，前年に比べて約4％減少

図表2　自殺者数の年次推移

○平成26年度の自殺者数は25,427人となり，対前年比1,856人（約6.8%）減。平成10年以来，14年連続して3万人を超える状況が続いていたが，3年連続で3万人を下回った。
○男女別にみると，男性は5年連続，女性は3年連続で減少した。また，男性の自殺者は，女性の約2倍となっている。

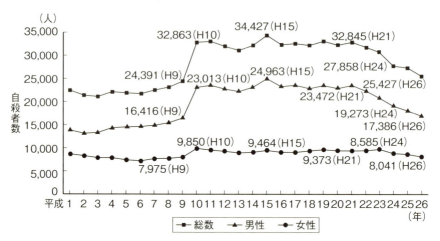

資料：警察庁「自殺統計」より内閣府作成

図表3　高齢者（60歳以上）の自殺者数の推移

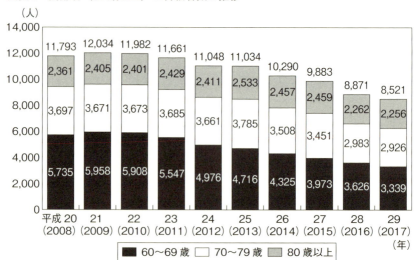

資料：厚生労働省・警察庁「平成29年中における自殺の状況」

図表 4　平成 27 年における年齢階級別の自殺場所の割合

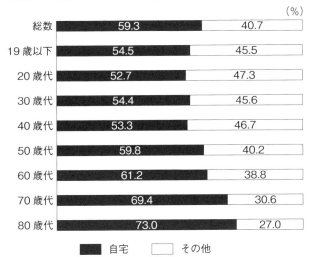

資料：警察庁「自殺統計」より内閣府作成（一部修正）

した（60〜69 歳は 3,339 人と，前年に比べて約 8％減少している）。

なお，年間の自殺者総数のうちの概ね 3 分の 1 が 60 歳以上の高齢者である。

図表 4 は，平成 27 年における男女別・年齢階級別の自殺場所の割合であり，各年代とも自宅が圧倒的に多い。特に自宅にいる時間が相対的に長い高齢者層の割合が高く，若年から 40 歳代の割合は概ね同割合となっている。

3　公営住宅等における孤独死数の増加傾向

平成 21 年度の公営住宅（都道府県・政令指定都市・県庁所在地の計 98 自治体）における孤独死数の調査（65 歳以上の単身世帯のうちの孤独死数）によると，東京都 62,000 戸のうち 400 人，大阪府 26,726 戸のうち 130 人，神戸市 14,678 戸のうち 73 人，名古屋市 12,591 戸のうち 42 人，北九州市 7,000 戸のうち 29 人と報告されている（なお，98 自治体の公営団地の総戸数は約 143 万戸であり，全国

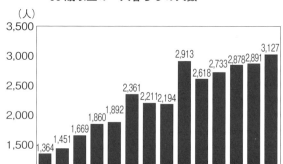

図表5 東京23区内における自宅で死亡した
65歳以上の一人暮らしの人数

資料：東京都福祉保健局東京都監査医務院「東京都23区内における一人暮らしで65歳以上の人の自宅での死亡者数の推移」
(注) 平成27年のデータでは，3,000人を超えている。23区内だけで1日あたり8.5人が孤独死で亡くなっている計算となる。

の公営団地の総戸数（約179万戸）の約8割に当たる）（2010年10月27日付け毎日新聞）。

すなわち，平成21年度中に，98自治体の総戸数（約143万戸）のうち，上記の都市だけで約0.05％（674人）の孤独死が発生しており，これは1日当たりに換算すると約1.8人の孤独死数である。

また，UR都市機構の報告によると，平成21年度の孤独死数（自殺や他殺を除いて1週間を過ぎて発見された件数）は管理戸数約76万戸のうち169件であり，平成23年度は200件（65歳以上に限ると131件）となっており，その件数は年ごとに増加している（図表5，6）。

図表6 単身居住者で死亡から相当期間経過後に発見された件数

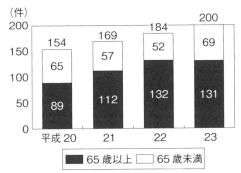

（注）UR都市機構が運営管理する賃貸住宅で，「団地内で発生した死亡事故のうち，病死又は変死の一態様で，死亡時に単身居住している賃借人が，誰にも看取られることなく賃貸住宅内で死亡し，かつ相当期間（1週間を超えて）発見されなかった事故（ただし，家族や知人等による見守りが日常的になされていたことが明らかな場合，自殺の場合及び他殺の場合は除く。）」を集計したもの。

4　事故物件数の推定

　前述のように，年間で約2.5万人～3万人の自殺者が発生し，その約半数が自宅での自殺である。つまり，一人暮らしの単独世帯数を全世帯数の約3割とすると，年間で約4,000人～5,000人の単身者が自宅で自殺している計算となる。ただし，自殺は全死亡原因の数％であることを考えると，事故物件の数はさらに増加することとなる。

② 心理的瑕疵に関する最近の動向

キーワード：心理的瑕疵の一般化，ネットの影響，孤独死対策委員会，孤独死現状
レポート，孤独死サミット 2019，新住宅用賃貸総合補償保険（特約か
ら標準へ），国の取組み（ガイドライン作成），ポックリ物件 .com

　ここ数年，心理的瑕疵に関する社会的な注目がさらに高くなり，様々な団体
でいろいろな取組みが行われている。前回に比べると，今回の業者ヒアリング
でも，全般的に心理的瑕疵，孤独死に関する会話がスムーズに進む状況にあっ
た（心理的瑕疵の一般化）。これは，ネット情報，マスコミ報道などが影響して
いる。特に今回のヒアリングでは，「ネットの影響」という言葉が多く聞かれ，
今はネット情報を確認せずに事故物件対応を考えることが極めて難しくなった
模様。また，著名な事故物件サイトは，1 日のページビューが 100 万単位とも
いわれており，ネットの影響の大きさがうかがえる。

　一般社団法人日本少額短期保険協会 (注1) では，2015 年 6 月に協会内に「孤
独死対策委員会」を新設し，年に 1 度，「孤独死現状レポート」(注2) を発行し
ている。現在までに 4 回発行されており，会員企業が持ち寄った実際のデータ
を分析し，社会的に活用することを目的にしている。また，2019 年 5 月に孤独
死対策サミット (注3) が「孤独死対策委員会」により開催されている。孤独
死の現状から早期発見につながる取組みを紹介するイベントで，当日は満員だ
った模様。

　株式会社宅建ファミリー共済では，2018 年 7 月に「新住宅用賃貸総合補償
保険」新ハトマーク補償 (注4)，「拡大特約付新住宅用賃貸総合補償保険」新ハ
トマーク補償ワイド (注5) を発売。これは，住宅内での入居者の死亡により，
汚損等の損害が発生した場合の特殊清掃費用や遺品整理費用を補償するもので
ある。2013 年 9 月に孤独死に関わる補償を新設して以来，5 年ぶりとなる。従
来は，住宅内での入居者の死亡により，その賃貸住宅に汚損等の損害が発生した

第4章　心理的瑕疵のある賃貸用不動産の取扱い　*275*

場合の特殊清掃費用と遺品整理費用を特約で補償していたが，今回の新商品では，特殊清掃費用，遺品整理費用を普通約款に組み込んだ。孤独死関連費用はあくまでも特約扱いであったものが，ここにきて標準装備と変化してきている。

　また国では，心理的瑕疵に関する問題について取組みを開始。告知事項の研究に対する調査費が2019年度予算に計上された模様 (注6)。

　さらに，入居者が自然死した賃貸物件のみを取り扱うインターネットサイトのポックリ物件.com (注7) が2019年3月頃にオープンした。ポックリ物件とは，前入居者が居室内で自然死した賃貸物件（自殺や他殺は除く）。それをポックリ割でお得に住める，リフォームによって綺麗に住める物件を仲介するサイト。心理的瑕疵物件に一石を投じるサイトが開設されている。

(注1)　一般社団法人日本少額短期保険協会：一般市民および消費者に対して，少額短期保険等を通じて日常生活における安全・安心を提供し，様々なリスクから身を守るための啓発活動を推進するとともに，消費者保護ひいては国民生活の安定に寄与すること，およびわが国の少額短期保険業の健全な発達および信頼性の維持を図ることを目的とする団体。

(注2)　孤独死現状レポート：初回は2016年3月発行。協会所属の各社が持ち寄った孤独死案件のデータを統計化し，賃貸住居内において「孤独死の実像を統計データで示した」初めての資料。1回目の特徴は以下の通り。

　　孤独死の平均年齢が平均寿命より20〜30年若くして亡くなっていること，60歳代が最も多いが，女性については30〜40歳代も多い。コミュニケーション能力の差により，亡くなってから放置される期間が男性は女性に比べ約3倍長い。さらに特筆すべきは，入居者の孤独死に直面した家主のリスクとして，孤独死が発生したときの損害として，原状回復費用が平均21万円，残置物処理費用が平均39万円と明示しているなど画期的な内容となっている。

　　現在まで4回レポートが出ており，たとえば損害額や保険金等が時系列的に読み取れ，今後，データ数が蓄積するにつれて社会的価値が高いものになると思料される。

(注3)　孤独死対策サミット2019：2019年に東京で初めて開催された。内容は，孤独死対策委員会の取組み，孤独死の現状レポートの報告，孤独死の現場の実態，孤独死保険の紹介など。オーナー，入居者，地域と様々な目線でプログラムは構成されている。国土交通省住宅局より基調講演が行われた模様。

(注4)

新住宅用賃貸総合補償保険（新ハトマーク補償）	
特殊清掃費用保険金 （住宅内における被保険者の死亡を直接の原因として汚損等の損害が生じた場合の清掃，消臭，消毒費用）	特殊清掃費用の実費 ・1事故につき30万円（限度）

(注5)

新住宅用賃貸総合補償保険＜住宅内入居者死亡費用拡大特約セット＞（新ハトマーク補償ワイド）	
特殊清掃費用保険金 （住宅内における被保険者の死亡を直接の原因として汚損等の損害が生じた場合）	特殊清掃費用の実費 ・1事故につき50万円（限度）
遺品整理費用保険 （被保険者の死亡を直接の原因として住宅の賃貸借契約が終了する場合）	遺品整理費用の実費 ・1事故につき50万円（限度）

(注6) 国の取組み：国土交通省・社会資本整備審議会・産業分科会・不動産部会
（第37回）（平成31年1月30日の議事録より抜粋）（下線・筆者）

　【内山委員】　宅建業者としては，死亡していますよ，どういう状況で亡くなりましたとかいうことを重要事項で説明しているわけですけれども，実はそれが死んでから何年間説明しなければならないのかが明確になっていないと，裁判事例でいろいろ変わっているものですから，そういったところから大家さんが高齢者に貸すのを嫌がるとかいった問題もありますので，そういったところを心理的瑕疵という問題につきましても，これから若干議論していただいて，方向性を示していただければよろしいかなと思います。

　【須藤不動産業課長】　先ほど，内山委員より心理的瑕疵の重要事項説明の話がございました。確かにこの部分，どこまでを説明するのかというのは大きな問題となってくると思いますので，これについては，<u>私ども予算の調査費を計上しておりまして，新年度，検討に入りたいと思っております。でき上がったものが例えばガイドライン</u>とか，そのような形でお示しできればと思いますが，いずれにしろ検討に入りたいと思っておりますので，ご紹介をさせていただきます。

第4章　心理的瑕疵のある賃貸用不動産の取扱い　*277*

(注7)　ポックリ物件.com：高齢者専門の仲介業者R 65より開設されている。ポックリ物件.comサイトの作成理由は，現在の日本では，自然死も事故物件のくくりとなる場合もあるが，寝ているように穏やかに亡くなられたなどの自然死まで事故物件とはおかしいことから，このサイトの運営を始めたとのこと。調査時点では，まだ物件募集中のようではあるが，今後，運営如何によっては，重要事項説明の告知範囲の決定に大きな影響を及ぼすかも知れない。

③　心理的瑕疵のある不動産の取扱い

　次に，心理的瑕疵のある不動産が実際にどのように取り扱われているかをヒアリング調査した結果を紹介する。

1　心理的瑕疵物件の呼び方

　まず，心理的瑕疵を有する不動産の呼称についてヒアリングしたが，民間企業のほとんどの回答は「事故物件」であり，その他には，「いわくつき物件」とか「心理的瑕疵物件」などの呼称もあった。

　また，公的団体での呼称は次の通りである。
・大阪府営住宅……「事故住宅」
・大阪府住宅供給公社……「特定募集住宅」
・東京都住宅供給公社……「特定物件」
・UR 都市機構……「特別募集住宅」

「特別」や「特定」という呼称は，先住者が死亡した物件ということから，一定の期間家賃が割り引かれたり，募集方法が他の物件とは違うという意味で使用されている。

　次に，ヒアリングしたすべての企業は事故物件の定義を作成していなかった。逆に，調査者の方から，「住人が周りの人に看取られずに死亡した物件」等と例示したところ，「まぁ，そんな感じですよ」という回答があった。

　企業が明確な定義を作成していないのは，各企業単位で見ると事故物件の発

生件数が少ないことによる。すなわち，仮に事故が発生しても，状況に応じて個別的な対応で十分に乗り切れるため，定義まで作成する必要はないとの企業側の判断がある。特に管理戸数が少ない宅建業者の場合には，建物のオーナーの意向で事故物件への対応方法が決定される傾向が強いようである。

一方，公的団体の中には，管理戸数が大量であることから，事故物件の定義を作成しているところもある。ただし，その内容は「周囲の人に看取られずに亡くなった」という一般的なものである。イメージとしては，周囲に人がいなかった状態で亡くなったケースをいい，たとえば妻が2週間ほど海外旅行に行っている間に夫が亡くなった場合は事故物件に該当するという。ただし，妻が近所に買い物に行っている間に夫が亡くなった場合は事故物件には該当しないという。

また，室内等での死亡事故による住居を事故物件というとする団体もある。この場合は，周囲に人がいてもいなくても関係なく，死亡という事実に重点が置かれている。その他に，孤独死で発見が遅れた住宅，自殺等のあった住戸，前入居者のときに住戸内で孤独死等の人身事故が発生した住宅等がある。

2 建物賃借人に対する告知

宅建業者の間では，建物賃貸借契約にあたって，事故物件の内容をどこまで説明する必要があるのかが重要な問題となっている。

なぜならば，宅建業者は賃借人に対する説明義務が課されている一方で，説明によって賃貸物件の運用に支障が発生するからである。

なお，すべての企業が，建物賃借人に事故物件についての告知をするとの回答であった。

その告知の内容については，詳細説明か概略説明かの2パターンで調査した。

「詳細説明」とは，いつ・どこで・誰が・どのように死亡して，結果として事故物件になったのかを説明するものであり，「概略説明」とは，この部屋で

図表7

タイプ	内　容
一定期間経過型	１年なり２年なり継続して入れば，その後は説明しない。 《後続の入居者が事故物件にある程度の期間，居住することにより，心理的な瑕疵はある程度解消するであろう。》
後続入居型	とりあえず一回入れば，その次は説明しない。 《後続の入居者が一度居住すれば，期間に関係なく，心理的な瑕疵はある程度解消するであろう。》
風評消滅型	風評がなくなるまで。 《風評がなくならなければ，事実上，当該物件を賃貸することは困難である。》
10年型	漠然と10年くらい。 《10年も経過すれば，世の中も変化しており，心理的瑕疵も消滅しているであろう。》
総回転型	そのマンション全体が一回転するまでは告知しないといけない。 《事故の発生当時に居住していた住民がすべて退出すれば，心理的瑕疵はある程度消滅しているであろう。》
三世代型	三代目まで。 《賃借人が三度入れ替わって居住すれば，心理的瑕疵は消滅しているであろう。》
永久型	ネット上に情報が永久に残るため

　事故が発生した程度の説明である。大半は概略説明に留まっており，詳細説明は少数である。

　ただし，告知内容の程度は地域によって全体的な流れがあり，そこに各社の社風が相まって，その程度が決定されていると思われる。

　たとえば，「告知の不備が会社を破綻させるのではないか」と用心深く考えている回答から，「そのへんはほどほどにしないと仕事がなくなるよね」という回答まで，相当な幅があるようである。

　また，賃借人が何回入れ替われば告知をしなくてよいのか──つまり，「告

知の限界」——が，実際の取引現場では大きな問題である。

　図表7に掲げた意見は，各企業の管理物件の数（対象マンションの規模等），地域性（ファミリー層か単身者層か）を前提としているものであり，固定された考え方ではないが，各企業が置かれている地域等によって取扱いのスタンスが異なることを読み取ることができよう。

　なお，心理的瑕疵の解消までに相当な期間を要する対応（10年型・三世代型等）については，経営との整合性上，大きな問題であるとの指摘も聞かれた。

　次に，公的団体の告知方法には，次の三つがある。

① 　概要説明……たとえば前入居者が住戸内で孤独死をしたこと，すなわち死亡事故があったということは説明するが，病死か自殺か殺人か等の具体的な状況は説明しない。

② 　詳細説明……住居内でいつ・どんな状況で亡くなったのかということを詳細に説明する。

③ 　①と②の折衷方法……たとえば40代男性の病死という程度までを説明する。

　このように告知の方法も若干ヴァリエーションがあるが，どのケースにおいても賃借人に同意書（事故住宅であることを承知して入居する）を出してもらっている。

　なお，原則として，事故後の入居者が平均契約期間継続して入居した場合には，三次入居者には説明しないが，事故後の入居者の入居期間が平均契約期間よりも短期であった場合には，三次入居者にも説明するとのことであった。

　このような取扱いの区別は，自殺後の最初の賃借人には自殺事故があったことを告知すべきであるが，当該賃借人がごく短期で退去した等の事情がない限り当該賃借人が退去したあとの賃借希望者に対しては告知義務はないという東京地裁の判例（110ページの【24】判決参照）を根拠にしている。

3　具体的ケースへの対応

　下記の4つの仮想のケースが発生した場合，新規入居者に対してどのように対応するか，あるいは対応するべきかについてヒアリングした（**図表8，9**）。

《ケース1》　5階のベランダから4階のベランダの中に落ちて死亡した。

　《ケース1》の回答

　5階のベランダから4階のベランダの中に落ちて死亡した場合，出発点と終点があり，4階に遺体がある場合は終点の4階のみに告知するのか，それとも，5階と4階の両方の階に告知すべきかについての質問である。

　回答は，4階に遺体があるとしても，その事象は5階から発生したものであり，関連性を有しているから，「両方の階に告知する」が大半であった。

　なお，自殺の場合は，5階の部屋に魂が戻ってくる，あるいは怨念が残っているから，4階も告知するが，5階は絶対に告知しないといけないとの回答があった。

《ケース2》　5階のベランダから1階のベランダの外に落ちて死亡した。

　《ケース2》の回答

　5階のベランダから落ちて1階のベランダの外側――たとえば1階の掃出し窓のすぐ外の植え込みや駐車場等――で死亡した場合は，1階の当該部屋の新入居者にのみ告知するのか，また，その他の部屋の入居者にはどのような対応をするのかという質問である。

　回答は大きく二つに分かれた。

①　専用部分（ベランダ含む）以外であるので告知しない（共用部分非告知）。

②　全体共用部分であるので全入居者に告知する（専・共用部分告知）。

　①は，植え込みや駐車場等は共用部分であり，直接的には日常生活に関係しない部分であるから告知しないでよいという意見であり，②は，共用部分の管理費も徴収しているのであるから，すべての入居者に告知すべきという意見である。

図表8

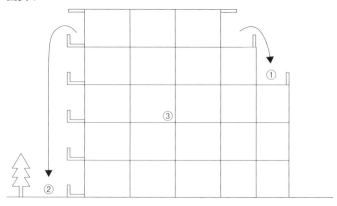

《ケース3》 301号室前の共用廊下で死亡した。

《ケース3》の回答

301号室前の共用廊下で死亡した場合は，《ケース2》と同様に共用部分ではあるが，植え込みや駐車場等と異なり，専用部分前の一定の閉鎖された空間の共用部分では考え方が異なるのかというのが，この質問の狙いである。

回答は《ケース2》と同様に①と②の二つに分かれたが，共用部分については，場所によって差をつける必要はないという結果となった。

共用部分には，植え込みや駐車場の他に，屋上や機械室等のように人の往来の少ない場所がある。これらの場所についてはヒアリングしていないので現場の意見は不明であるが，機械室などは意見が分かれるのではなかろうか。

《ケース4》 対象室（事故室）はどこまで告知するか。

《ケース4》の回答

対象室（事故室）には上下・左右等の部屋が接地している（接地面積には大きな差がある）が，どの範囲まで告知するかについての質問に対する回答は次のように大きく三つに分かれた。

① 対象室のみ

図表9

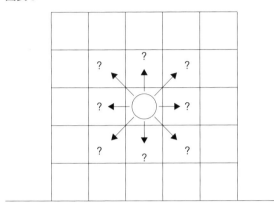

②　上下・左右の部屋
③　接続しているすべての部屋

①は，それぞれの部屋は独立して使用できることから対象室のみ告知すればよい，②は，対象室とは壁・床・天井で接しているのだから，上下・左右の部屋にも告知すべきである，③は，さらに斜め上下・左右の部屋にも告知すべきではないか，という回答である。

ただし，このケースの場合には，死亡の態様──孤独死なのか，殺人なのか──によって，告知の範囲は違ってくるのではなかろうか。

また，その他には，「マンション一棟の部屋数が少ない場合は，全部の部屋に告知すべきである」とか，「そのような場合は監督官庁に確認する」などの回答があった。

さらに，「管理戸数が少ない物件で全入居者に告知すると建物管理契約を解除される恐れがあり，そのようなことは不可能である」という意見や，逆に，「建物のオーナーが告知しないでほしいと言った場合，大手の管理会社だと，建物管理契約を解除する可能性もある」という回答があった。

4 賃料への影響

　賃料への影響については，①家賃を3割程度割り引くが約80%，②2割程度割り引くが約10%，③1割程度割り引くが約10%，という回答であった。

　さらに，新規賃料の50%減という公的団体の割引は大きすぎるのではないかという意見があった。

　このような減額幅は，「死亡の態様」，「地域」，「居室のタイプ」，「建物所有者等の運営方針」によって相当に異なると考えられる。すなわち，孤独死か殺人か，大都市か地方都市か，その都市の中でも中心部かそれ以外か，ワンルームかファミリータイプか，また建物オーナーの空室に対する許容度等によって違ってくる点に留意が必要となる。

　公的団体では，事故物件の賃料の半額期間は次のように取り扱われている(調査時点)。

　・大阪府住宅供給公社……2年間

　・東京都住宅供給公社……3年間

　・UR都市機構……関東地区：1年間，中部地区：2年間，関西地区：1年間，九州地区：1年間

　民間における賃料の減額期間は，①契約期間2年の場合，初回の契約期間のみが30%，②当該入居者の入居期間中が70%である。

　どれくらいの期間が経過したら市場賃料に戻せるかは，現在の賃貸市場の動向や次の入居者にも告知しなければならないことを考えると，難しい問題である。

　なお，公的団体からの影響についてはヒアリング対象企業では認められなかった。一部の公的団体では事故物件の賃料を半額に設定しているため，民間企業に半額物件の問い合わせがあるという。

　公的団体は事故物件の賃料をホームページで公開していることから，今後，大都市圏や単身者向け物件は影響を受ける可能性がある。

次に，死亡原因——病死と自殺・殺人——の違いによる賃料差については，自殺・殺人の場合は病死に対して1～2割くらい減額している。

一方，公的団体では死亡原因による賃料差はおそらくないと思われるが，賃借人からみれば当然あってしかるべきだろう。ただし，厖大な管理戸数からすれば，一律減価とならざるを得ない事情も考えられる。

5　再募集までの期間

再募集までの期間についても一概に論じられるものではないが，①6か月程度が80％，②1年程度が10％，③社会的に有名な事件の場合は2年程度で10％である。

通常，事故物件はある程度期間が経過しないと貸し出せない状態にある。周囲の状況が落ち着くまで，あるいは死臭がなくなるまでなど，ある程度寝かす期間が必要である。

なお，再募集の方法については，レインズ等の募集要項で要告知物件等を記載している。また，公的団体では，ホームページに「特定募集物件」等の名称で掲載している。

6　リフォームの内容

リフォームについては，①該当箇所のみの修復が90％，②当該部屋全体が10％であり，水回りを全て替えるというケースはない。これは，経済合理性から考えると当然だろう。

なお，公的団体では，故人の親類縁者等の関係者あるいは警察官の立会いのもとに部屋を開錠する。修繕費等の保証人への請求はケース・バーイ・ケースである。

修繕内容には，①通常の退去時の原状回復工事を原則とするが，たとえば浴槽に血糊がべっとりついていて取れない場合には浴槽を取り替える，また②先

住者が最後に触れた箇所は必ず取り替える，③死亡した場所は必ず取り替える，④水周り，キッチン・バス・洗面台を全て取り替える等々，いろいろなケースがある。

7　お祓い

お祓いをするが90％で，しないが10％である。

お祓いは，次の入居者のための安心感ということもあるが，二度とそういう事件が起きてほしくないという建物オーナーの願いを込めてするケースが多い。

お祓いの費用は，3万円〜10万円程度である。

なお，一部では，このお祓いを"魂抜き"ともいっている。

公的団体では，お祓いをしない場合と，新規の賃借人が費用を負担して賃貸人がする場合がある。お祓いをしない理由として，特定の宗派を使用することの問題が指摘されている。

8　遺族に対する損害賠償の請求

遺族に対して損害賠償を求めるが30％，求めないが70％である。

近年，賃貸住宅で自殺した場合，建物オーナーが遺族に対して損害賠償を求める事例が新聞等で報道されているが（損害賠償の中身は，家賃の減少分や原状回復費用である），これも一概に論じられるものではなく，ケース・バイ・ケースというのが現実である。

遺族に対して損害賠償を求めるか否かは，建物オーナーと相手方のタイプによる。すなわち，明確性を求めたいタイプなのか，気の弱いタイプなのか，また相手方に負担能力があるのかがポイントとなる。

9 心理的瑕疵に対応した保険への加入

調査時点では，保険に加入している企業はなかった。

保険の知名度はまだ低いようであるが，「必要があれば保険の加入を検討したい」という回答がある一方で，一部の企業からは，「この保険を建物オーナーに薦めている会社は聞いたことがない。事故物件の保険の加入を薦めると，事故が発生するような賃借人を入れるのかと思われるのではないか」との回答もあった。

10 賃貸借契約書の記載方法

賃貸借契約書の記載方法は，①本文中に減額賃料を記載するが70％，②特約で記載するが20％，③別紙に記載するが10％である。

賃貸借契約書のどの部分に記載するかによって法的な問題が異なるのかどうかは不明であるが，特約や別紙方式を採用するケースは，できるだけ特別なケースとして処理したいという意識が働いているものと思われる。

11 新賃借人の属性

新賃借人の属性については，外国人が80％で，日本人が20％である。

外国人は，日本人と違って，事故物件であっても気にならないし，家賃が安いのを喜ばしく感じるケースが多い。

［参考］心理的瑕疵物件に関する保険について

　心理的瑕疵物件に関する保険については，下記の３つの保険が販売されている。

番号	名　　　称	発売元 （発売時期）	内　　　容
①	賃貸管理リスクガード	エース保険 （平成22年3月）	保険契約者：賃貸住宅管理業者 被保険者：賃貸住宅管理業者 補償内容：管理会社が家主に払う見舞金等 保険料：1戸当たり月額200円程度
②	賃貸住宅管理費用保険	アイアル少額短期保険 （平成23年8月）	保険契約者：オーナーまたは賃貸住宅管理業者 被保険者：オーナーまたは賃貸住宅管理業者 補償内容：空室期間の家賃保証，遺品管理・清掃・消臭費用 保険料：1戸当たり月額270円〜480円
③	オーナーズ・セーフティ	エース保険 （平成24年1月）	保険契約者：賃貸住宅管理業者 被保険者：家主・転貸人 補償内容：空室期間の家賃保証，遺品管理等の原状回復費用，事故再発防止費用 保険料：1戸当たり月額50円〜310円

① 　賃貸管理リスクガード

　エース保険が平成22年3月に発売した保険で，保険契約者と被保険者がともに賃貸住宅管理業者である。補償内容は管理会社が家主に払う見舞金等というものであり，保険料は1戸当たり月額200円程度である。

　この保険は賃貸管理リスクガードという名称の通り，賃貸住宅管理業者の保険であり，家主と遺族間で問題が起こった場合に責任の一部を管理会社が負わされる現状に鑑み商品化されたものである。

　1戸当たり月額200円の保険料で，賠償責任が500万円，見舞金等が100万円相当である。

③ 　オーナーズ・セーフティ

　エース保険が平成24年1月に発売した商品で，保険契約者が賃貸住宅管理業者，被保険者が家主または転貸人である。補償内容は，空室期間の家賃保証，遺品整理等の原状回復費用，事故再発防止費用等である。保険料は1戸当たり月額50円から310円程度である。

　この保険はエース保険の商品であるが，住宅管理業者向けに賃貸管理リスクガードを商品化したが，住宅管理業者ではなく直接家主に支払う商品の希望があり，つくられた保険であり，家賃減収や敷金を超える原状回復費用，遺品整理費用，防犯カメラ設置・オートロック設置費用等を担保する。

　補償金額は最大1年分，家賃の80％補償であり，隣接住戸の賃料の減少分も補償する。

　なお，②の賃貸住宅管理費用保険は，③のオーナーズ・セーフティとほぼ同じ内容である。

用語索引

【ア・カ行】

いわくつき物件　277
異状死　216
一定期間経過型　279
忌み施設　247, 248, 249
隠れた瑕疵　2
瑕疵の種類　7, 233
瑕疵の定義　233
瑕疵担保責任　232
貸主の責任　96
借主の相続人の責任　109
環境的瑕疵　3, 8, 234
客観説　6
契約責任説　233
契約不適合とは　6
契約不適合責任　2, 12
　――の内容　6
孤独死　216, 219, 268
孤立死　216, 268
後続入居型　279

【サ・タ行】

斎場・火葬場　248
債務不履行責任　2
三世代型　279
事故住宅　277
事故物件　221, 277
自殺　269
住宅の品質確保の促進等に関する法律
　95条　9

【ナ・ハ・ワ行】

重要事項説明　217
重要事項説明義務　13
主観説　6
消費者契約法8条　8
心理的要因による減価率の査定　247
心理的瑕疵　3, 7, 234
心理的瑕疵物件　268, 277
心理的瑕疵物件に関する保険　288
説明義務違反　9, 12
総回転型　279
宅地建物取引業法（宅建業法）40条
　8
担保不動産競売　165
仲介業者の責任　14, 96
特定物件　277
特定募集住宅　277
特別募集住宅　277

任意売却　220
風評消滅型　279
物理的瑕疵　3, 7, 234
保証人の責任　109
墓地・霊園　248
法定責任説　233
法律的瑕疵　3, 7, 234
訳あり物件　221

10年型　279

裁判例索引

【大審院・最高裁判所】

大判大 4·12·21 ················· 8
大判昭 5·4·16 ················· 8
大判昭 8·1·14 ················· 6
最判昭 41·4·14 ················· 8
最判平 23·4·22 ················· 10

【高等裁判所】

大阪高判昭 37·6·21 ············· 31, 234
東京高判昭 57·4·28 ············· 13, 97
大阪高判昭 58·7·19 ·············· 14
札幌高決平 4·6·15 ············· 178, 244
仙台高決平 8·3·5 ················· 179
東京高決平 8·8·7 ················· 183
札幌高判平 10·8·27 ··············· 245
東京高決平 14·2·15 ··············· 189
大阪高判平 16·12·2 ············· 14, 69
大阪高判平 18·12·19 ············ 36, 239
名古屋高決平 22·1·29 ············· 197
福岡高判平 23·3·8 ·················· 4
高松高判平 26·6·19 ················ 50
大阪高判平 26·9·18 ··············· 102
東京高判平 29·1·25 ··············· 140

【地方裁判所】

松山地判昭 35·8·5 ············· 4, 245
広島地判昭 44·9·11 ··············· 248
東京地裁八王子支判昭 54·7·26 ······· 234
仙台地決昭 61·8·1 ············· 167, 243
横浜地判平元·9·7 ········· 56, 234, 236
福岡地決平 2·10·2 ············· 170, 243
新潟地決平 4·3·10 ············· 174, 244
東京地判平 7·5·31 ············· 15, 235
東京地判平 9·7·7 ················ 3, 8
浦和地裁川越支判平 9·8·19 ······ 18, 235
札幌地決平 10·8·27 ··············· 186
大阪地判平 11·2·18 ············· 26, 235
東京地裁八王子支判平 12·8·31
··············· 33, 240
東京地判平 13·11·29 ··············· 110
東京地判平 14·6·18 ··············· 193
東京地判平 16·11·10 ··············· 113
東京地判平 18·4·7 ················· 97
東京地判平 18·7·27 ············· 28, 236
東京地判平 18·12·6 ··············· 100
東京地判平 19·3·9 ················· 116
東京地判平 19·7·5 ················· 40
東京地判平 19·8·10 ··············· 118
東京地判平 19·12·25 ··············· 234
東京地判平 20·4·28 ············· 59, 237
東京地判平 21·6·26 ······· 63, 234, 237
名古屋地決平 21·11·25 ············· 199
大阪地判平 21·11·26 ············· 68, 238
横浜地判平 22·1·28 ············· 71, 237
東京地判平 22·3·8 ············· 42, 241

東京地判平 22・9・2 …………………… 122

東京地判平 22・12・6 ………………… 127

東京地判平 23・1・27 ………………… 130

東京地判平 23・5・25 …………………… 74

東京地判平 25・3・29 …………… 46, 242

東京地判平 25・4・24 ………………… 201

東京地判平 25・7・3 …………………… 78

東京地判平 26・3・18 ………………… 133

東京地判平 26・8・5 ………………… 136

神戸地判平 28・7・29 …………… 21, 238

東京地判平 28・8・8 ………………… 140

東京地判平 29・2・10 ………………… 140

東京地判平 29・4・14 ………………… 149

東京地判平 29・5・25 …………… 24, 239

山口地判平 29・11・28 ……………… 154

```
┌─────────────────〈執筆者紹介〉─────────────────┐
│ 宮崎　裕二（弁護士・宮崎法律事務所）：第1章                │
│ 仲嶋　　保（不動産鑑定士・堂島総合評価システム株式会社）：第2章  │
│ 難波　里美（不動産鑑定士・株式会社難波不動産鑑定）：第3章        │
│ 髙島　　博（不動産鑑定士・株式会社谷澤総合鑑定所）：第4章        │
└──────────────────────────────────────┘
```

[新版] 不動産取引における心理的瑕疵の裁判例と評価
──自殺・孤独死等によって，不動産の価値はどれだけ下がるか？

2014年3月20日　初版発行
2019年8月25日　新版発行

著　者　宮崎裕二／仲嶋　保／難波里美／髙島　博 ©

発行者　野々内邦夫

発行所　**株式会社プログレス**

〒160-0022　東京都新宿区新宿1-12-12-5F
電話03(3341)6573　FAX03(3341)6937
http://www.progres-net.co.jp
e-mail: info@progres-net.co.jp

＊落丁本・乱丁本はお取り替えいたします。　　　　　　　モリモト印刷株式会社

本書のコピー，スキャン，デジタル化等の無断複製は著作権法上での例外を除き禁じられています。本書を代行業者等の第三者に依頼してスキャンやデジタル化することは，たとえ個人や会社内での利用でも著作権法違反です。

ISBN978-4-905366-92-8　C2034

*各図書の詳細な目次は，http://www.progres-net.co.jp よりご覧いただけます。

借家をめぐる66のキホンと100の重要裁判例
●家主と借家人とのヤッカイな法律トラブル解決法
宮崎裕二(弁護士) ■本体価格4,600円＋税

共有不動産の33のキホンと77の重要裁判例
●ヤッカイな共有不動産をめぐる法律トラブル解決法
宮崎裕二(弁護士) ■本体価格4,000円＋税

固定資産税の38のキホンと88の重要裁判例
●多発する固定資産税の課税ミスにいかに対応するか！
宮崎裕二(弁護士) ■本体価格4,500円＋税

Q&A 重要裁判例にみる
私道と通行権の法律トラブル解決法
宮崎裕二(弁護士) ■本体価格4,200円＋税

土壌汚染をめぐる重要裁判例と実務対策
●土壌汚染地の売買契約条文と調査・処理の実際
宮崎裕二(弁護士)／森島義博(不動産鑑定士)／八巻 淳(技術士[環境])
■本体価格3,000円＋税

変われるか！
都市の木密地域
●老いる木造密集地域に求められる将来ビジョン
山口幹幸(不動産鑑定士・一級建築士) ■本体価格3,000円＋税

詳解
民法[債権法]改正による不動産実務の完全対策
●79の【Q&A】と190の【ポイント】で不動産取引の法律実務を徹底解説!!
柴田龍太郎(深沢綜合法律事務所・弁護士) ■本体価格7,500円＋税

新版
定期借地権活用のすすめ
●契約書の作り方・税金対策から事業プランニングまで
定期借地権推進協議会(大木祐悟) ■本体価格3,000円＋税

【住総研住まい読本】
壊さないマンションの未来を考える
■本体価格1,800円＋税
住総研「マンションの持続可能性を問う」研究委員会

マンション法の現場から
●区分所有とはどういう権利か
丸山英氣(弁護士・千葉大学名誉教授) ■本体価格4,000円＋税

逐条詳解
マンション標準管理規約
大木祐悟(旭化成不動産レジデンス・マンション建替え研究所)
■本体価格6,500円＋税

マンション再生
●経験豊富な実務家による大規模修繕・改修と建替えの実践的アドバイス
大木祐悟(旭化成不動産レジデンス・マンション建替え研究所)
■本体価格2,800円＋税

マンションの終活を考える
浅見泰司(東京大学大学院教授)
齊藤広子(横浜市立大学国際教養学部教授) ■本体価格2,600円＋税

コンパクトシティを考える
浅見泰司(東京大学大学院教授)
中川雅之(日本大学経済学部教授) ■本体価格2,300円＋税

民泊を考える
浅見泰司(東京大学大学院教授)
樋野公宏(東京大学大学院准教授) ■本体価格2,200円＋税

★2014年度日本不動産学会著作賞(学術部門)受賞
都市の空閑地・空き家を考える
浅見泰司(東京大学大学院教授) ■本体価格2,700円＋税

▶不動産の取引と評価のための
物件調査ハンドブック
●これだけはおさえておきたい土地・建物の調査項目119
黒沢 泰(不動産鑑定士) ■本体価格4,000円＋税

▶すぐに使える◀
不動産契約書式例60選
●契約実務に必ず役立つチェック・ポイントを[注書]
黒沢 泰(不動産鑑定士) ■本体価格4,000円＋税